わが家の 宗教を知る シリーズ

うちのお寺は
浄土真宗
JODOSHINSHU

双葉社

親鸞聖人

わが家の宗教を知るシリーズ

うちのお寺は浄土真宗

JODOSHINSHU

もくじ

第1章 ここを見ればすべてわかる「浄土真宗早わかり」

親鸞と法然 24

浄土真宗の発展 28

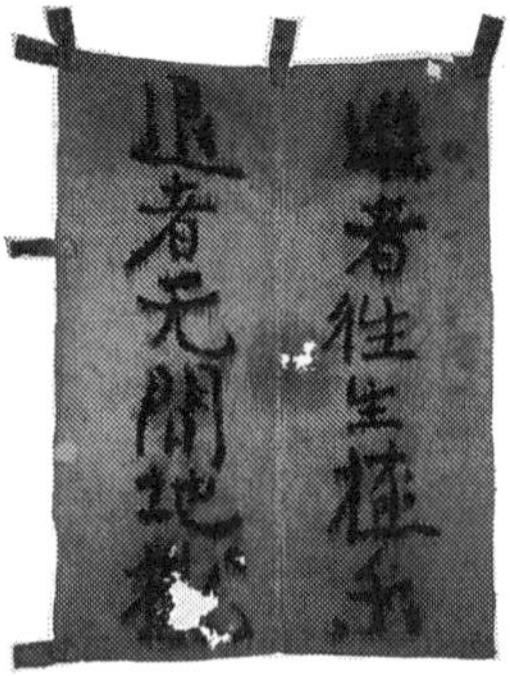

◎本書は『うちのお寺は浄土真宗』(1997年初版)を加筆・修正した新装版です。お寺の写真等は災害、改修などにより現状と異なる場合があります。

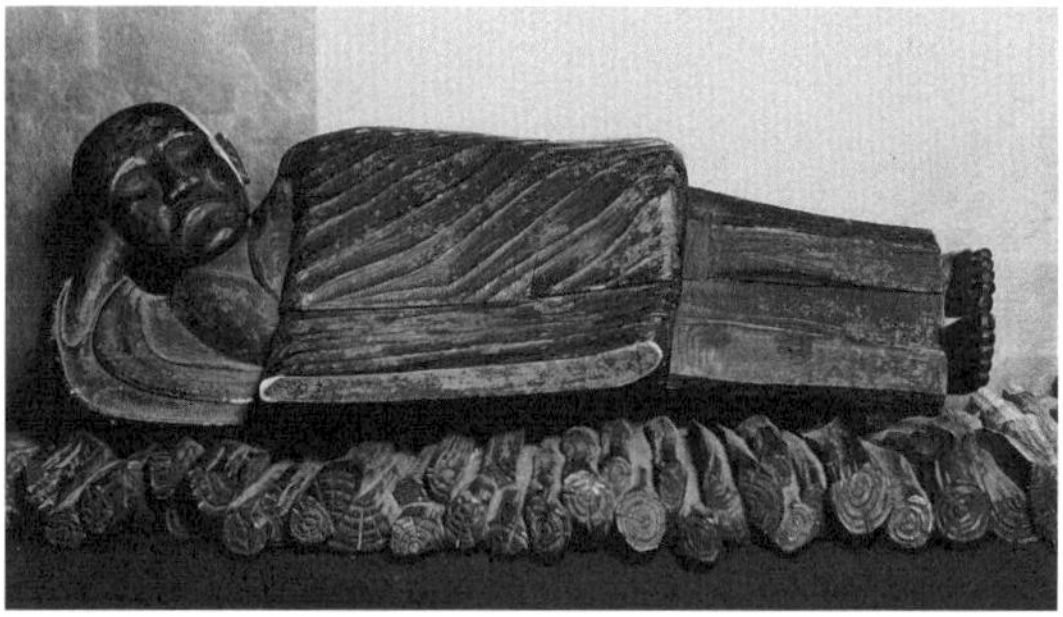

第5章 ぜひ訪ねたい「浄土真宗ゆかりのお寺」

関東二十四輩寺院

第6章

知っておきたい

「浄土真宗の仏事作法・行事」

民衆仏教の開花
浄土真宗の特徴
浄土真宗の源流
親鸞と法然
浄土真宗の発展

第1章

ここを見ればすべてわかる

「浄土真宗早わかり」

親鸞聖人童形像　京都府・日野誕生院

民衆仏教の開花

平安中期以降、戦乱・天災・疫病が続き世は乱れ、民衆は末法《まっぽう》の世におびえていた。そんななか天台宗《てんだいしゅう》・真言宗《しんごんしゅう》は国家権力からの自立をはかり、栄西《えいさい》や道元《どうげん》が宋《そう》から禅《ぜん》を伝え、浄土教の隆盛、法華《ほっけ》信仰もひろまって、新仏教が相次いで出現した。

平安時代
794～
1185年

天台宗《てんだいしゅう》

最澄《さいちょう》 766-822
805年（40歳）唐《とう》より帰国、
翌年、天台宗を開く

真言宗《しんごんしゅう》

空海《くうかい》 774-835
806年（33歳）唐《とう》より帰国、
真言宗を開く

末法とは

お釈迦《しゃか》さまの死後を正法《しょうぼう》・像法《ぞうほう》・末法《まっぽう》の３つの時代に分ける仏教思想。お釈迦さまの教えが正しく行われている時代が正法で、やがて形だけの像法の時代となり、末法になると仏道修行をしても効果がないとされる。最澄《さいちょう》が書いた『末法灯明記《まっぽうとうみょうき》』には、1052（永承《えいしょう》７）年に末法に入るとあり、戦乱や災害が続く毎日に、貴族も僧も民衆もいよいよ危機感を抱いた。

最澄・空海の平安仏教

七九四（延暦《えんりゃく》一三）年、桓武《かんむ》天皇は腐敗した仏教界に毒された奈良時代の律令体制《りつりょうたいせい》の立て直しをはかり、都を平安京《へいあんきょう》（京都）に移す。

平城京《へいじょうきょう》（奈良）遷都《せんと》では有力寺院も新都に移されたが、平安京に移るときは寺院は奈良に残された。だが、宮廷貴族のあいだにはすでに呪術としての仏教が浸透していたため、南都（奈良）仏教に代わる新しい仏教が切望されていた。

そこへ登場したのが、唐《とう》から帰った最澄《さいちょう》と空海《くうかい》の二人の留学僧だ。

最澄が開いた天台宗《てんだいしゅう》と空海が開いた真言宗《しんごんしゅう》はともに鎮護《ちんご》国家の仏教としての役割を果たしたが、それだけではなく、得度《とくど》・授戒《じゅかい》の権限を国家から取り戻し、民衆救済の実践仏教の基盤となった。それは現代につながる日本仏教の源である。

鎌倉新仏教の登場

鎌倉時代になると、浄土宗《じょうどしゅう》、臨済宗《りんざいしゅう》、曹洞宗《そうとうしゅう》、浄土真宗《じょうどしんしゅう》、日蓮宗《にちれんしゅう》など、わが国独自の仏教宗派が成立する。

念仏か禅か題目かどれか一つの行《ぎょう》を選んで行うこれらの仏教の教えはわかりやすく、だれにでもできることから民衆の心をつかんでいった。

万民を救済の対象としており、平安時代までの国家や貴族中心の「旧仏教」に対して「鎌倉新仏教」と呼ばれる。

また、開祖がいずれも天台宗比叡《ひえい》山《ざん》で修学し、そこから離脱して新しい教えを創立したのは興味深い。

鎌倉新仏教の特徴は、次の三つにまとめられる。

①みだりに時の政権に近づかなかったこと。②南都や比叡山など既成教学の権威によらなかったこと。③他行との兼修を否定したこと。

浄土真宗の特徴

親鸞《しんらん》は、阿弥陀仏《あみだぶつ》の本願を信じ念仏申す身となれば、往生《おうじょう》が決定するという絶対他力の教えをもって、浄土真宗を打ち立てた。肉食妻帯《にくじきさいたい》・非僧《ひそう》非俗《ひぞく》の立場を自ら実践し、今日の在家仏教を確立する。

Q 浄土真宗の本尊は？

A 本尊とは信仰のよりどころとなる仏さまのことで、浄土真宗は派を問わずすべて阿弥陀仏《あみだぶつ》一仏である。本尊の形態には、木像や絵像と、名号《みょうごう》がある。

名号本尊としては、「南無阿弥陀仏《なむ(も)あみだぶつ》」の六字名号のほか、「南無不可思議光如来《なむ(も)ふかしぎこうにょらい》」の九字名号や、「帰命尽十方無碍光如来《きみょうじんじっぽうむげこうにょらい》」の十字名号などがある。

現在の一般寺院にある本尊はほとんどが木像だが、門信徒の家庭の仏壇は大部分が絵像か名号を本尊としている。

いずれにしても本尊は、阿弥陀仏の智慧と慈悲のお心を仰ぐために礼《らい》拝《はい》の対象とするものである。

Q 「南無阿弥陀仏」ってどういう意味？

A もとはインドの言葉で、「阿弥陀」は、限りない命(無量寿《むりょうじゅ》)と、はかりしれない光明(無量光《むりょうこう》)をあらわす。また「南無《なむ(も)》」には「頼りにする、信ずる、帰依《きえ》する」といった意味があることから、「南無阿弥陀仏」とは「無限の命と光明をそなえた仏さま、あなたを信じ、頼りにします」という意味になる。

なお、阿弥陀仏は阿弥陀如来ともいうが、「如来」とは「真如の世界から救うために来てくださる」ということを意味している。

Q よりどころとする経典は？

A 浄土教の流れにある諸宗派と同じく、浄土三部経(『仏説無量寿経《むりょうじゅきょう》』『仏説観無量寿経《かんむりょうじゅきょう》』『仏説阿弥陀経《あみだきょう》』)を根本聖典《せいてん》とするが、なかでも『仏説無量寿経』は、親鸞が「真実の教えはこの経典である」と位置づけ、浄土真宗ではもっとも重要なものとされる。

『仏説無量寿経』(『大無量寿経』または『大経《だいきょう》』ともいう)には、衆生を救わずにはおかないという、阿弥陀仏の四八の誓願《せいがん》(誓い)が説かれているが、なかでも一八番目(本願《ほんがん》)はその根本をあらわすもので「念仏往生の願」とも呼ばれ、阿弥陀仏の真実心を領受し、念仏をとなえる身となったならば、必ず浄土へ生まれる

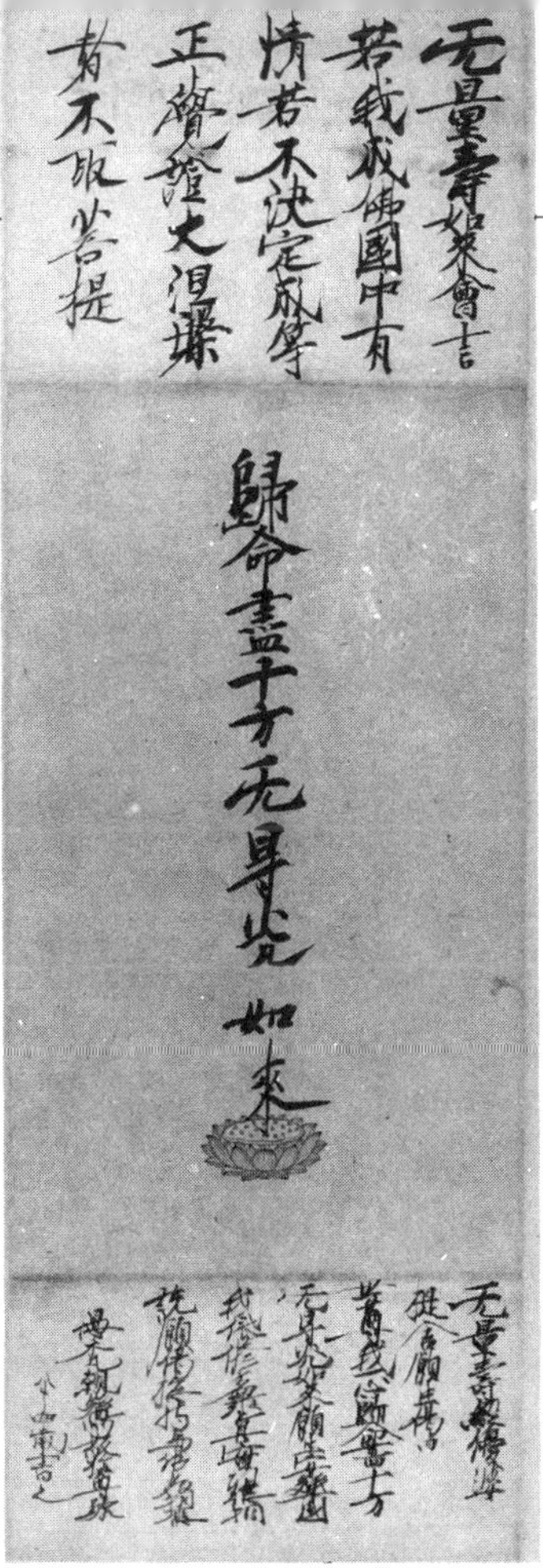

十字名号《みょうごう》　親鸞《しんらん》筆　三重県・専修寺《せんじゅじ》蔵　末尾に「愚禿《ぐとく》親鸞敬信尊号八十四歳書之」とある

ことができるとする。『仏説観無量寿経』（略して『観経《かんぎょう》』ともいう）は、「王舎城《おうしゃじょう》の悲劇」といわれる物語を中心にお釈迦《しゃか》さまが、悩み苦しむ人間にとって念仏が大切であることを説かれている。

『仏説阿弥陀経』（略して『小経《しょうきょう》』ともいう）は、極楽浄土の荘厳たる様子が描かれ、「浄土に生まれるためには阿弥陀仏の名号を一心不乱にとなえよ」と念仏の行をすすめ、さらに十方の諸仏たちが念仏による救いの正しさを証明していることを説く。

Q　他宗とどう違うの？

A

浄土真宗が他宗と際立って違う特徴を、思想・仏事・作法・堂舎から見ると次のようになる。

①〝自力〟の念仏と〝他力〟の念仏を区別

自分の心や自分の修する善根を積んで、浄土へ往生しようとするのが〝自力〟の念仏。

これに対し、阿弥陀仏の衆生を救わずにおれないという願力に、疑うことなく信順し、感謝の心とともにとなえるのが〝他力〟の念仏。

②在家仏教を貫く

親鸞は肉食妻帯《にくじきさいたい》して非僧非俗《ひそうひぞく》を宣言。出家・在家の選びなく、阿弥陀仏の本願を信じれば救われる道があることを身をもって実践し、在家仏教を確立する。

③迷信を排除し、占いや祟りを否定

阿弥陀仏の本願を信じ、一心に念仏をとなえることによってのみ救われるとし、現世祈禱《げんぜきとう》・まじない・占いを行わず、お守り札・日の吉凶などを一切頼りとしない。

④戒名ではなく法名という

浄土真宗には戒がないため戒名とはいわず、法名《ほうみょう》という。また本来、位牌《いはい》を用いる習慣がなく、過去帳や法名軸《ほうみょうじく》が掛けられる。

⑤焼香の作法

抹香《まっこう》をつまんで香炉に入れるとき、額《ひたい》の位置で〝香をいただく〟という動作をしない。

⑥数珠は礼拝の法具

数珠（念珠）は阿弥陀仏を礼拝するときの道具であり、念仏の回数を数えるために珠《たま》をくったり、すり合わせて音を出したりという使い方をしない。

このほか、⑦施餓鬼《せがき》（飢えに苦しむ生類や弔う者のいない死者の供養）を行わない⑧板塔婆《とうば》供養を行わない⑨お盆のときに死者の霊を迎える精《しょう》霊棚《りょうだな》を安置する習慣がない⑩堂舎の特徴として、本尊を安置する内陣《ないじん》より参詣者を収容する外陣《げじん》が広くなっているケースが多い。これは浄土真宗が念仏道場を中心に発展したことによる。

Q 浄土真宗は、現在いくつに分かれているの？

A 「真宗十派」といわれる一〇派があり、真宗教団連合が結成されている。それらはさらに親鸞の血縁の本願寺ゆかりの宗派と、親鸞の高弟を中心とする門徒集団の流れをくむ宗派とからなる。

本願寺は、覚如《かくにょ》（親鸞の末娘覚信《かくしん》尼《に》の孫）が親鸞の祖廟を寺院化したもので、自らの血縁と法脈を合わせ、本願寺別当職として代々これを相承していくこととした。この流れにあるのが、京都の本願寺《ほんがんじ》派（通称、西本願寺）・大谷《おおたに》派（通称、東本願寺）である。

一方、親鸞には関東を中心とする多くの高弟たちがおり、真仏《しんぶつ》を中心とする高田《たかだ》門徒（栃木県）、順信《じゅんしん》を中心とする鹿島《かしま》門徒（茨城県）がよく知られている。こうした門徒集団の流れをくむ諸派は、高田派・佛光寺《ぶっこうじ》派・興《こう》正《しょう》派・木辺《きべ》派・出雲路《いづもじ》派・誠照寺《じょうしょうじ》派・三門徒《さんもんと》派・山元《やまもと》派の八派となっている。

なお宗派の名称に「浄土真宗」と冠するのは本願寺派だけで、ほかは「真宗〇〇派」という。

真宗十派以外では、親鸞の布教の拠点稲田の草庵跡の西念寺《さいねんじ》（単立別格本山・茨城県）、浄興寺《じょうこうじ》（浄興寺派・新潟県）、願入寺《がんにゅうじ》（原始真宗・茨城県）を本山とする宗派などがある。

Q 本山は？

A 本願寺派の本山の本願寺（西本願寺）と、大谷派の本山の真宗本廟（東本願寺）は、ともに京都市下京区にあって、それぞれ「お西さん」「お東さん」の呼び名で親しまれている。

他の八派の本山と所在地は、次のとおり。

●高田派　専修寺《せんじゅじ》（三重県津市）
●佛光寺派　佛光寺《ぶっこうじ》（京都市下京区）
●興正派　興正寺《こうしょうじ》（京都市下京区）
●出雲路派　毫攝寺《ごうしょうじ》（福井県越前市）
●誠照寺派　誠照寺《じょうしょうじ》（福井県鯖江市）

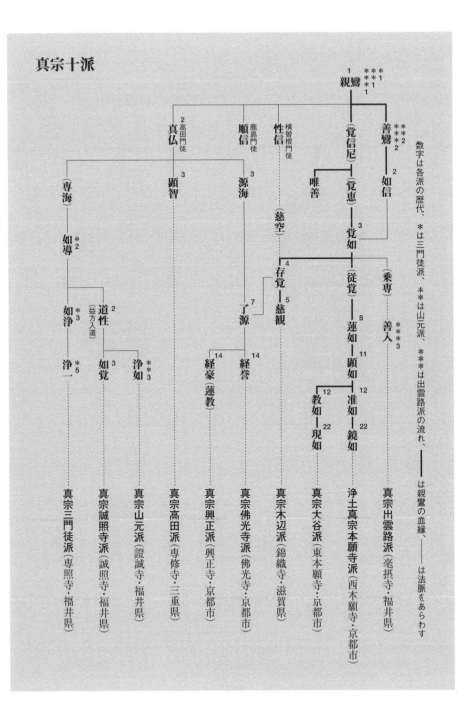

真宗十派

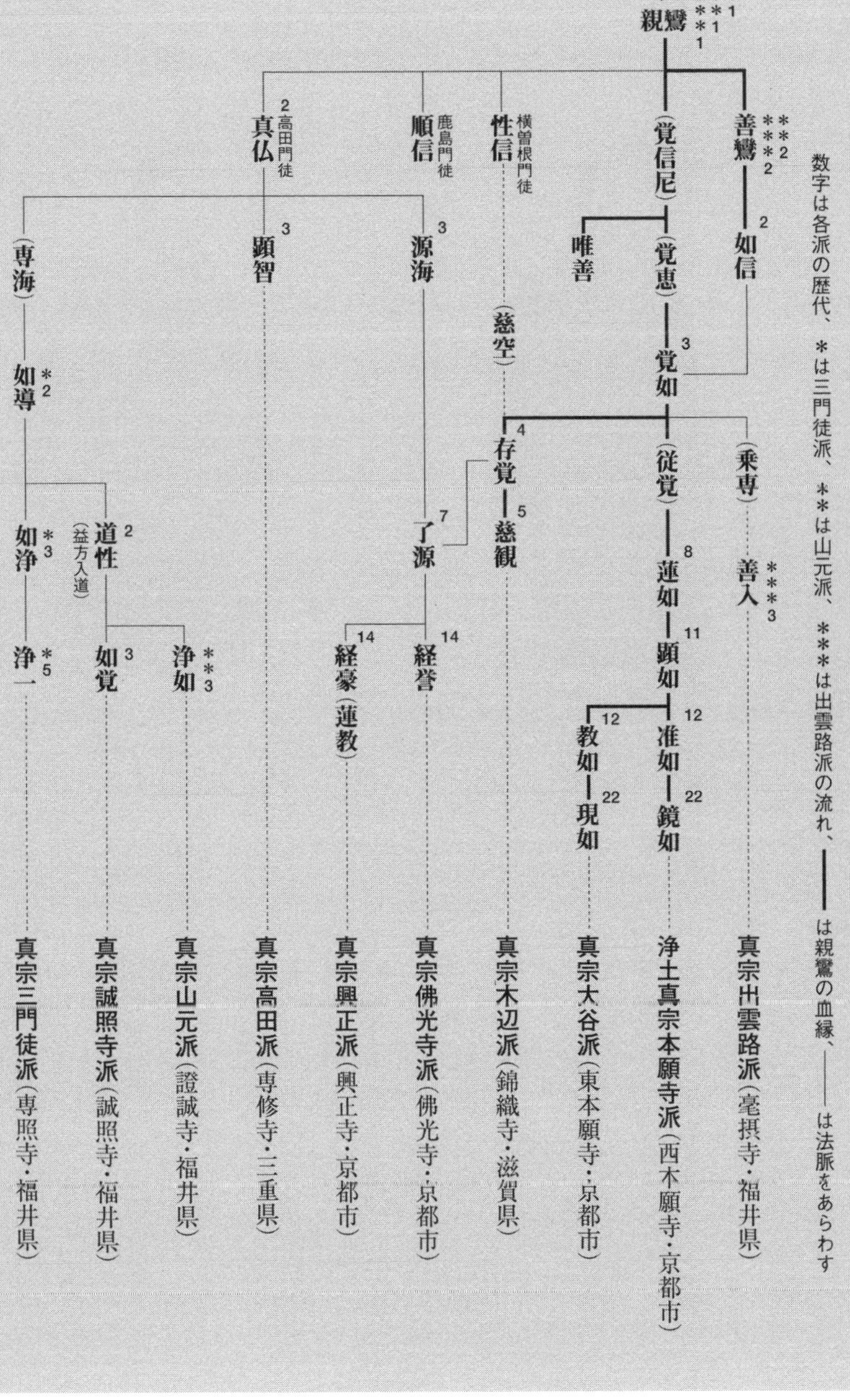

1 親鸞 ＊＊＊1 ＊＊＊1 ＊＊1 1
善鸞 ＊＊2 ＊＊＊2
（覚信尼）
性信 横曽根門徒
順信 鹿島門徒
2 真仏 高田門徒
2 如信
（覚恵）
唯善
3 覚如
3 源海
3 顕智
（専海）
（慈空）
如導 ＊2
4 存覚
（従覚）
（乗専）
5 慈観
7 了源
8 蓮如
善入 ＊＊＊3
如浄 ＊3
道性 2（益方入道）
11 顕如
14 経誉
14 経豪（蓮教）
浄一 ＊5
如覚 3
浄如 ＊＊3
12 准如
12 教如
22 鏡如
22 現如
真宗三門徒派（専照寺・福井県）
真宗誠照寺派（誠照寺・福井県）
真宗山元派（證誠寺・福井県）
真宗高田派（専修寺・三重県）
真宗興正派（興正寺・京都市）
真宗佛光寺派（佛光寺・京都市）
真宗木辺派（錦織寺・滋賀県）
真宗大谷派（東本願寺・京都市）
浄土真宗本願寺派（西本願寺・京都市）
真宗出雲路派（毫摂寺・福井県）
数字は各派の歴代、＊は三門徒派、＊＊は山元派、＊＊＊は出雲路派の流れ、━は親鸞の血縁、──は法脈をあらわす

③本願寺派のふだんの服装の一例

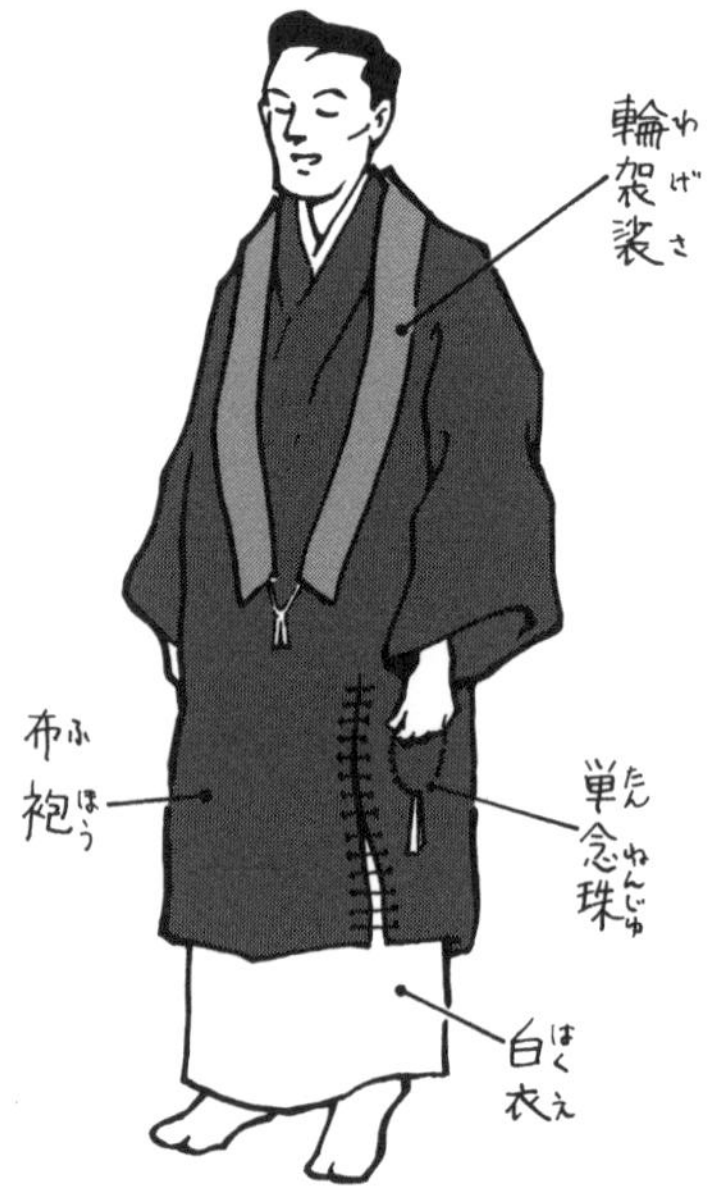

④大谷派のふだんの服装の一例

●山元派　證誠寺《しょうじょうじ》（福井県鯖江市）
●三門徒派　専照寺《せんしょうじ》（福井県福井市）
●木辺派　錦織寺《きんしょくじ》（滋賀県野洲市）

Q 僧侶の服装の特徴は？

A 浄土真宗の服装は、天台・真言系に属するが、派によって違いがある。本願寺派と大谷派の正装と略装は次の通り。

図①は本願寺派の正装。法衣は色衣を着用し、五条袈裟をかける。図②は大谷派の法主の服装。小道服《こどうふく》に三緒袈裟《みつおげさ》は法主だけが用いることができる。図③は本願寺派の略装。白衣に布袍、輪袈裟をかける。そして単念珠を持つ。本願寺派では、他宗でいう畳袈裟《たたみげさ》を輪袈裟といっている。図④は大谷派の略装。間衣（「まごろも」ともいう）に畳袈裟または輪袈裟をかけている。間衣とは、正式の直綴と一般服装の中間という意味。

浄土真宗の僧侶の服装

①本願寺派の正装の一例

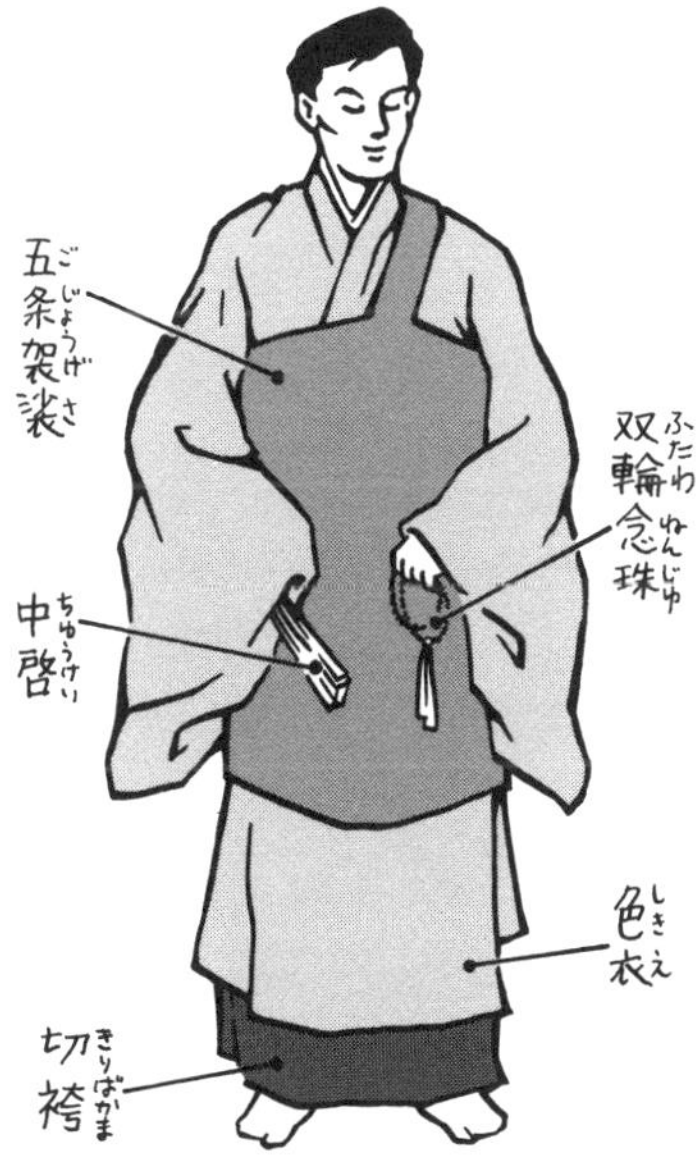

②大谷派の法主の服装

Q 浄土真宗の法名とは？

A 浄土真宗は、受戒ということがないため「戒名《かいみょう》」とはいわず、「法名《ほうみょう》」という。

受戒とは、出家して仏教徒になるときに、仏・法・僧に帰依《きえ》し、「殺生をしない」など五つの戒めの遵守を誓うこと(三帰五戒)である。しかし、浄土真宗では阿弥陀仏の本願のはたらきによって救われるとするため、戒を必要とせず、したがって戒名はないというわけだ。

法名は二字で、その上に「釈《しゃく》」をつけ、「釈○○」とする。「釈」は真宗に帰仏する者が等しくお釈迦《しゃか》さまの弟子(仏教徒)であることを示す。なお女性の場合、「釈尼○○」と「尼」の字を入れる場合もある。他宗のように居士《こじ》・大姉《だいし》・信士《しんじ》・信女《しんにょ》などの位号《いごう》はつけないのが本来である。

浄土真宗の源流

浄土真宗は、浄土教を源流としている。親鸞《しんらん》は、仏教の始祖釈尊《しゃくそん》から師法然《ほうねん》にいたる、インド・中国・日本の七人の高僧を選んで、真宗の教えを受けつぎ伝えた高僧としてたたえた。

Q 阿弥陀信仰のルーツは？

A 日本で浄土教が花開いたのは平安時代中期以降だが、『仏説無量寿経《むりょうじゅきょう》』などの経典類はすでに飛鳥《あすか》時代に伝わっていた。

『仏説無量寿経』は紀元一世紀ころにインドで成立したとされ、中央アジアから中国・チベット・韓国・日本に伝わった大乗《だいじょう》仏教の経典だが、注目すべきは、お釈迦《しゃか》さま以外の仏さまのことが語られていることだ。過去・現在・未来を通じて、無数の仏《ぶっ》陀《だ》(悟りを開いた人、真実に目覚めた人)が存在すると考えられていたのである。

これは、すべての人がお釈迦さまと同じ仏になれるという、大乗仏教の基本理念によるものである。

だから、仏さまの数だけ仏国土《ぶっこくど》たる浄土が存在するのであり、阿弥陀《あみだ》仏《ぶつ》の極楽浄土も、そのひとつなのである。

しかしながら、阿弥陀仏の浄土は諸仏の浄土に抜きんでて優れた世界で、『仏説無量寿経』のなかでお釈迦さまは、自らこの世に出現した目的が、阿弥陀仏の本願を説くことにあったとまで述べている。

『仏説無量寿経』には、法蔵菩薩《ほうぞうぼさつ》が苦悩に迷う衆生を救う願い(本願)をおこし、はかりしれない期間の厳しい修行ののち、智慧と慈悲の体現者たる阿弥陀仏となられ、壮麗な浄土を建立したことが述べられる。

そしてその本願力によって、衆生はこの阿弥陀仏の御名《みな》である「南無《なむ》阿弥陀仏《あみだぶつ》」を聞いて信じとなえる身となれば、命終わったときには、必ずや浄土に生まれ、阿弥陀仏と同じ悟りを開くことができると説く。

また『仏説観無量寿経《かんむりょうじゅきょう》』には、阿弥陀仏の極楽浄土に往生する方法を一六通りに分けて具体的に示しつつ、本願にもとづく名号《みょうごう》「南無阿弥陀仏」をとなえる道を説きすすめる。

さらに『仏説阿弥陀経《あみだきょう》』には、浄土の壮麗な様子が述べられ、十方の諸仏も阿弥陀仏の徳を称賛し念仏に生きる人を護《まも》ることが説かれている。

Q 浄土真宗の七高僧って？

A 親鸞は、インド・中国・日本の三国から、念仏の教えを

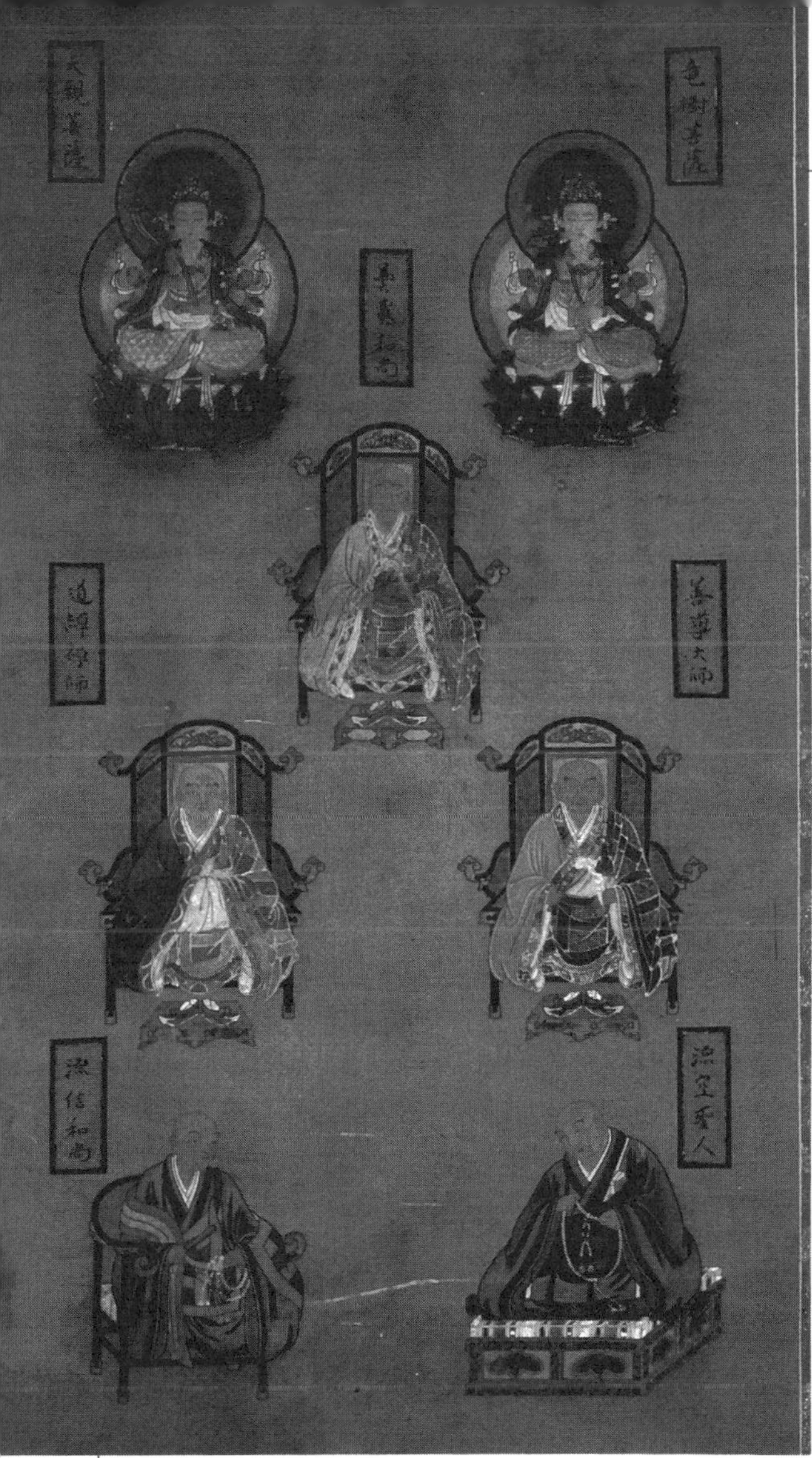

七高僧連座御影《ごえい》　茨城県・法専寺《ほうせんじ》蔵
右上から左へ龍樹《りゅうじゅ》・天親《てんじん》・曇鸞《どんらん》・善導《ぜんどう》・道綽《どうしゃく》・源空《げんくう》(法然《ほうねん》)・源信《げんしん》

伝えた高僧七人を選んだ。彼らのことを「七高僧」と呼ぶ。

七人の高僧とは、龍樹《りゅうじゅ》(インド・二〜三世紀)、天親《てんじん》(世親《せしん》ともいう・インド・四世紀)、曇鸞《どんらん》(中国・四七六〜五四二年)、道綽《どうしゃく》(中国・五六二〜六四五年)、善導《ぜんどう》(中国・六一三〜六八一年)、源信《げんしん》(日本・九四二〜一〇一七年)、源空《げんくう》(法然のこと・日本・一一三三〜一二一二年)。

親鸞は、この七高僧によって阿弥陀仏の本願と、これを信知することをすすめるお釈迦さまの本意が展開されてきたと説き、わが師源空(法然)こそ阿弥陀仏の化身にほかならないとして、阿弥陀仏―源空―親鸞と続く宗教的系譜を描いた。

Q 龍樹って、どんな僧?

A 龍樹(ナーガルジュナ)は八宗の祖といわれるインドの僧で、仏教の修行を〈難行道《なんぎょうどう》〉と〈易《い》行道《ぎょうどう》〉とに分類した。

難行道というのは、苛酷な修行を自己に課し、自力で悟りの境地をめざす苦しい道。

これに対して易行道は、阿弥陀仏を信じ、真実の心をもって念仏をとなえれば、浄土に往生できる身(正定聚《しょうじょうじゅ》不退転《ふたいてん》の位《くらい》)に定まるというもの。信心による悟りへの道であるので、どんな人間でも容易に行えることから、この名がついた。浄土教が易行道と呼ばれる根拠とされる。

Q 天親って、どんな僧？

A 天親（ヴァスバンドゥ）は、浄土教の根本聖典のひとつ、『仏説無量寿経』を註釈した『浄土《じょうど》論《ろん》（往生論《おうじょうろん》）』を著す。天親は同書のなかで、自ら「一心に阿弥陀仏に帰《き》依《え》することによって、安楽国《あんらくこく》（極楽浄土）に生まれたいと願います」と述べ、極楽浄土へ往生する五つの方法を五念門（礼拝門《らいはいもん》・讃嘆門《さんだんもん》・作願門《さがんもん》・観察門《かんざつもん》・回向門《えこうもん》）で示した。

なお親鸞の「親」は、天親の一字をとったとされる。

Q 曇鸞って、どんな僧？

A 称名《しょうみょう》念仏によって、中国に浄土教をひろめた高僧。天親の『浄土論』を解説した、『浄土論註《ちゅう》』（『往生論註』ともいう）を著す一方、中国の民衆に称名念仏の素晴らしさを説いた。また曇鸞の臨終は劇的で、夕刻、阿弥陀仏のいる西方《さいほう》浄土に沈む夕日に向かって端座し、民衆がとなえる念仏に送られながら静かに息をひきとったという。

親鸞の「鸞」は、曇鸞の一字をとったとされる。

Q 道綽って、どんな僧？

A 曇鸞死後、その系譜を引き継いだのが道綽だ。彼は『安《あん》楽集《らくしゅう》』を著して仏教を〈聖道門《しょうどうもん》〉と〈浄土門《じょうどもん》〉に分け、曇鸞の教えをさらに論理づけることで浄土門による救いを説いた。

聖道門とは、難行をつみ、自力で悟りを得ようとするもので、聖者にしか行うことのできない道である。

これに対し、浄土門とは、阿弥陀仏の本願を信じ、その力によって浄土に往生して仏となる教えで、念仏をとなえることによって、凡夫《ぼんぷ》も悟りにいたることがかなう道である。

Q 善導って、どんな僧？

A 道綽の弟子。道綽の時代に大いに発展した浄土教であったが、〝出る杭《くい》は打たれる〟で、あちこちから異論が起こった。これに対し善導は、浄土教の教義体系をまとめて異論者たちを批判する一方、『観経疏《かんぎょうしょ》』や『往生礼讃《おうじょうらいさん》』など五部九巻の著書を著し、中国浄土教を大成させる。それはすなわち、「一心専念弥陀名号」という一心に阿弥陀仏の名号を念ずることによって極楽浄土に往生するというものであった。

法然は栄誉栄達から背を向け、万民救済の道を求めて懊悩《おうのう》しているときに、善導のこの『観経疏』によって忽然《こつぜん》と悟るのである。

Q 源信って、どんな僧？

A 地獄・極楽の思想に対して大きな影響を与えたのが、源信だ。幼年のうちに比叡山《ひえいざん》に入り、良源《りょうげん》のもとで出家、修行した。日本浄土教の基礎を築いた人物で、生涯の念仏は二〇億回と伝えられる。

彼の代表作『往生要集《おうじょうようしゅう》』は、約一六〇の仏教経巻《きょうかん》から極楽往生に関する要点を選び、漢文の問答体《もんどうたい》で書かれたもので、日本浄土教にとってもっとも重要な書物とされる。

源信は『往生要集』の評価により、中国の天台山《てんだいさん》から「日本小釈迦源信如来」の尊称を送られている。

Q 『往生要集』には何が書かれている？

A 全一〇章からなり、厭離穢《おんりえ》土《ど》(地獄など六道の苦しみから逃れることを説く)、欣求浄土《ごんぐじょうど》(極楽浄土の素晴らしさを説く)など、浄土念仏について広く仏教の教えによって確かめたもので、巻頭の地獄の描写は、ダンテの『神曲《しんきょく》』との対比で語られることもあり、平安期の浄土教美術に大きな影響を与えるなど、日本が誇る代表的古典ともなっている。

Q 法然(源空)の教えとは？

A 法然の教えをひと言でいえば、「専修念仏こそが、極楽浄土への往生を約束する」というもの。専修念仏とは、他の一切の行《ぎょう》を捨てて、念仏だけをとなえることをいう。法然以前の仏教は、難解な教義を学び、修行を重ねなければ悟りを得ることができないとされていた。これに対して法然は、末法《まっぽう》の世の人間は、知恵も力も劣っているから、自力で修して解脱することなど不可能であることを善導の書『観経疏』によって忽然《こつぜん》と悟るのである。

法然の思想は、彼の遺書である『一枚起請文《いちまいきしょうもん》』にも明確に記され、称名念仏の大切さを強調している。

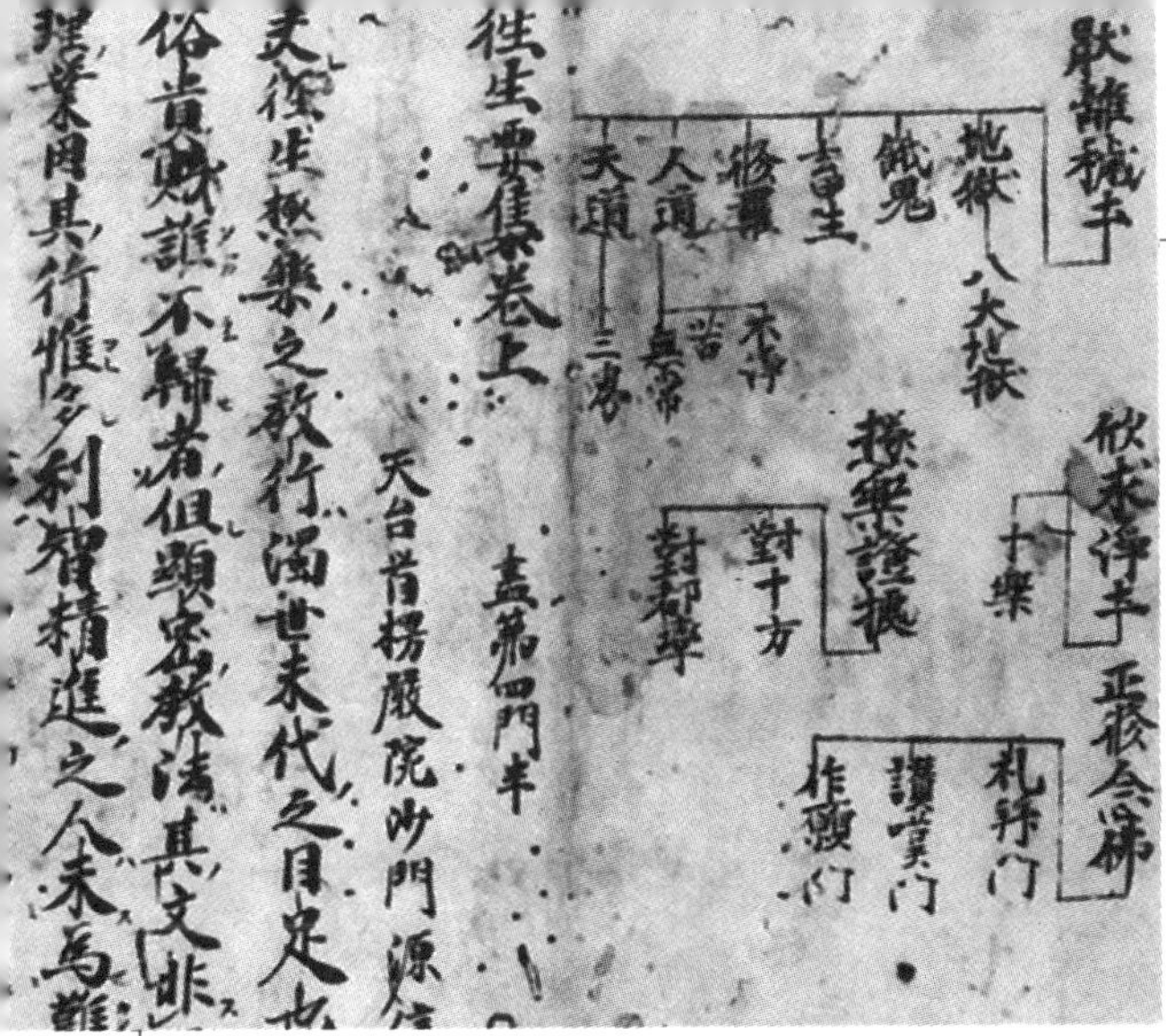

源信の著書『往生要集《おうじょうようしゅう》』 滋賀県・延暦寺《えんりゃくじ》蔵 鎌倉時代の書写本

親鸞と法然

天台宗の僧として比叡山《ひえいざん》で修行に励んでいた親鸞《しんらん》は、自力修行の限界と、貴族階級に迎合する天台宗の堕落ぶりに懊悩《おうのう》。新たな道を求めて六角堂《ろっかくどう》にこもる。このとき夢告《むこく》によって、親鸞は法然《ほうねん》に導かれる。

Q 法然との出会いは?

A 九歳で出家し、以後二〇年間を比叡山《ひえいざん》で修行した親鸞《しんらん》は、やがて自力修行に限界を感じ、新たな教えを模索して悩んでいた。また仏教の聖域でありながら、当時の比叡山が、貴族の利己的な欲望のための祈りの宗教になり果ててしまっていたことも、親鸞が比叡山に絶望した原因のひとつであった。

そんなある日、親鸞は自分の進むべき道を求め、聖徳太子《しょうとくたいし》にゆかりの深い京都烏丸《からすま》の六角堂《ろっかくどう》にこもって、一〇〇日間の参籠《さんろう》祈願をした。

そして、参籠祈願の九五日目の明け方のこと。親鸞は聖徳太子(救世《くせ》観音《かんのん》の化身)より「東山吉水《ひがしやまよしみず》で念仏の布教に生きる法然《ほうねん》に凡夫《ぼんぷ》の救いの道を求めよ」との夢告《むこく》を得る。親鸞はその朝、夜が明けるのを待って法然の草庵を訪ねる。これが、親鸞と法然の出会いである。法然六九歳、親鸞二九歳であった。

Q なぜ、法然の弟子になったの?

A 夢告によって法然を訪ねた親鸞は、それから一〇〇日間、法然のもとに通いつめ、なにゆえ極楽往生《おうじょう》が念仏ひとつに限られるかなど、あらゆる質問をぶつけた。

これに対して法然は、「阿弥陀仏《あみだぶつ》の本願はもとより凡夫を救うためにおこされたものであるから、信じて御名《みな》をとなえるばかりである」「末法《まっぽう》の世の人間は、知恵も力も劣っているので、自分の力で悟りきれるものではない。妻帯して念仏がとなえ

真宗と聖徳太子信仰

聖徳太子《しょうとくたいし》は、わが国における仏教の始祖とされ、法隆寺《ほうりゅうじ》や四天王寺《してんのうじ》等、多くの寺院を建立した。その精神は太子の制定した十七条憲法にもみられ、「和をもって貴しとなす」や「あつく三宝を敬う。三宝とは仏法僧なり」などの文言が知られる。
親鸞は太子を「和国の教主」と崇《あが》め、太子をたたえる和讃も著している。親鸞が救世観音《くせかんのん》をまつる六角堂《ろっかくどう》にこもり、聖徳太子の夢告《むこく》を受けて法然に会いに行くことになったのは、有名なエピソードだ。

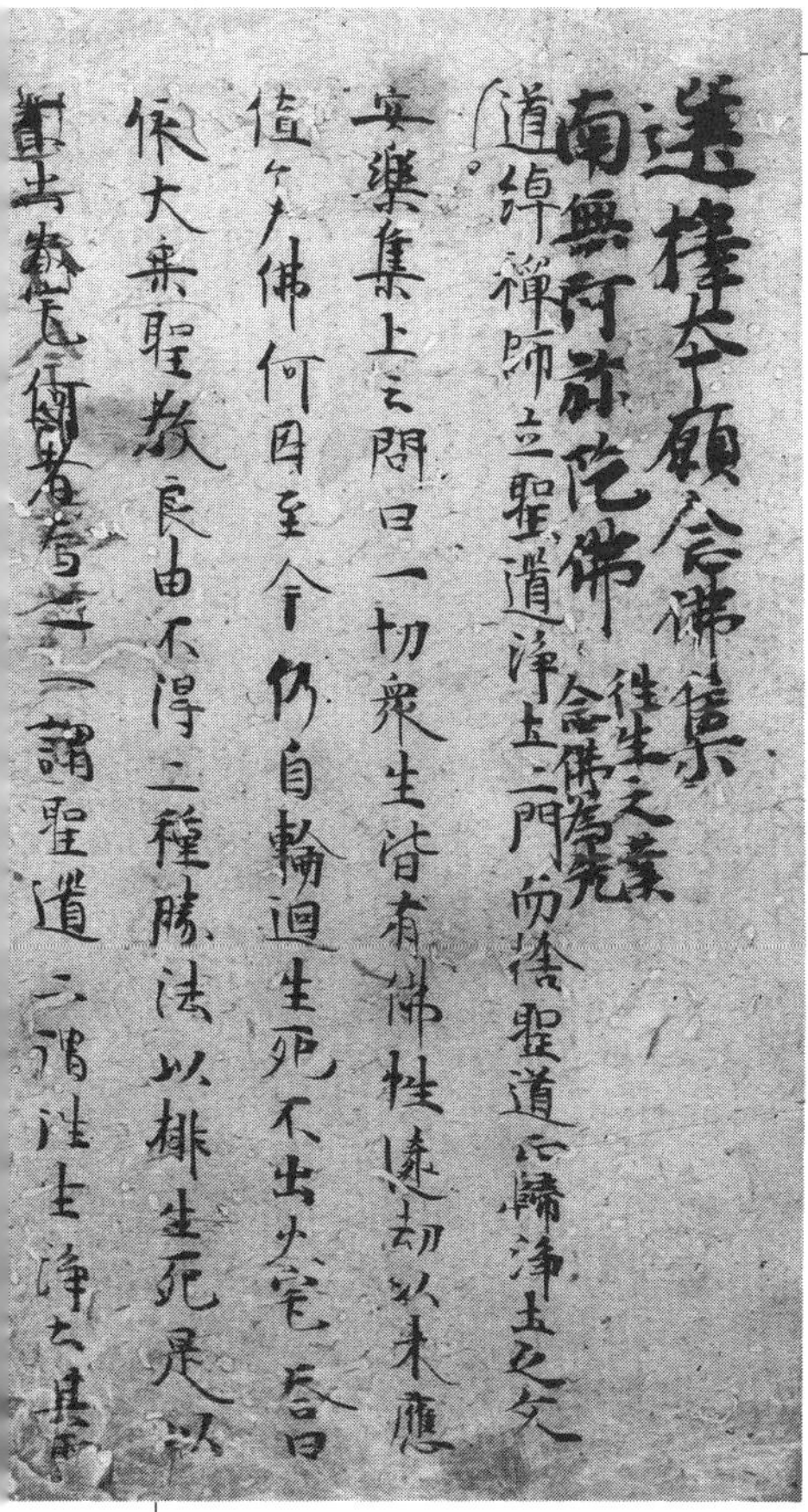
選擇本願念佛集
南無阿彌陀佛 往生之業念佛爲先
道綽禪師立聖道淨土二門而捨聖道正歸淨土之文
安樂集上云問曰一切衆生皆有佛性遠劫以來應
値多佛何因至今仍自輪廻生死不出火宅答曰
依大乘聖教良由不得二種勝法以排生死是以
不出火宅何者爲二一謂聖道二謂往生淨土其

『選択本願念仏集《せんじゃくほんがんねんぶつしゅう》』草稿本　重文／京都市・廬山寺《ろざんじ》蔵

られるなら、妻帯するがよい」と答えた。僧侶の妻帯など当時の仏教界では考えられないことであったが、念仏生活と日常生活を別々に考えるのではなく、念仏生活を送れるような日常生活をすすめられたことに感動し、専修念仏こそ自分が救われる道だと確信する。

「たとえ、法然上人にすかされまいらせて(だまされて)念仏して地獄に堕《お》ちようとも、後悔することはない」と決断し、親鸞は二度と比叡山に戻ることはなかった。

Q 法然のもとでの親鸞は?

A 法然の「ただ念仏せよ」との教えのもとに念仏の道を求めた親鸞は、法然から『選択本願念《せんじゃくほんがんねん》仏集《ぶつしゅう》』の書写を許される。この本は、法然が九条兼実《くじょうかねざね》の求めによって念仏の教えの根本を著したものだが、「一読されたのちは、壁の底に埋《うず》めて机上に残さないように」とその結びに書かれるように、一般に公開されることも少なく、法然の門弟でも書写を許された者はわずかだった。

親鸞はその喜びを深く感じ、法然の「おおせ」のもとに生き抜いていく身となっていったのである。

法然の開いた浄土宗に対して、やがて弾圧が加えられるが、親鸞はこのとき、法然ともども流罪に処せられる。法然の浄土宗に対して当時の既成仏教はさまざまな批難を加え、時の後鳥羽上皇は、法然の門弟の四人を死罪、師の法然ほか七人を流罪とした。これは、専修念仏の人気に危機感を抱いた興福寺(奈良県)を中心とする既成仏教が後鳥羽上皇に専修念仏停止《ちょうじ》を要求したことが大きな引き金になったものである。

流罪になった七人のうちの一人が、入門わずか六年目の新弟子、親鸞であった。このことでも親鸞が法然門弟のなかで、重要な位置にあったことがうかがえる。この弾圧によって法然は四国へ、親鸞は越後《えちご》(新潟県)へ配流となる。

Q 流罪となった親鸞は？

A 一二〇七（建永《けんえい》二）年、越後配流に際して親鸞は僧籍を剝《はく》奪《だつ》され、「藤井善信《ふじいよしざね》」の俗名《ぞくみょう》を与えられた。当時は出家者を罰することができなかったため、いったん還俗させ、俗名で刑を執行した。

親鸞は、三五歳から約六年を越後の国府の地（現在の新潟県上越市）で過ごすことになるが、この間、恵信《えしん》尼《に》（越後の豪族の娘といわれる）と結婚して子供をもうける。

明治以後は、あらゆる宗派が僧侶の妻帯を認めるようになったが、ましてや鎌倉時代、親鸞にいたるまでの千数百年の戒律を重視してきた仏教の歴史のなかで、妻帯は考えられないことだった。

ところが親鸞は肉食《にくじき》妻帯という在家者の生活を送りながら、〝非僧非《ひそうひ》俗《ぞく》〟の立場から、念仏による救いを確かめ、在家仏教を確立していくのである。

Q なぜ、愚禿親鸞と名乗ったの？

A 親鸞は僧籍を剝奪され、俗人として越後に配流《はいる》になって以後、「愚禿《ぐとく》」と名乗るようになる。

愚禿《ぐとく》とは、親鸞が僧籍を剝奪されて越後に配流されて以後、生涯を通じて名乗った字《あざな》である。「禿」は、僧籍に身をおかない求道者《ぐどうしゃ》をあらわすといわれる。「僧籍がない以上、僧ではない。しかし、求道者である限り俗人ではない」という非僧非俗《ひそうひぞく》の立場を親鸞はこの名前にこめた。

Q 法然没後、親鸞はどうしたの？

A 親鸞が法然とともに流罪を許されたのは、四年後の一二一一（建暦《けんりゃく》元）年暮れ。しかし赦免《しゃめん》か

親鸞聖人《しんらんしょうにん》妻子御三体像　茨城県・信願寺《しんがんじ》

らわずか二カ月後に法然が逝去したため、親鸞は京都へは帰らず、越後でさらに二年を過ごしたのち、布教のため妻子を連れて関東の常陸《ひたち》(茨城県)へ移る。

当時、関東の村々は山伏《やまぶし》や修験者《しゅげんじゃ》たちが根を張っており、彼らに再三命を狙われるなど宗教対決は苛烈《かれつ》なものがあったが、親鸞の説く専修念仏の教えは次第にひろまっていった。

そして、その間親鸞は主著『顕浄《けんじょう》土《ど》真実《しんじつ》教行《きょうぎょう》証《しょう》文類《もんるい》』六巻(『教行信証《きょうぎょうしんしょう》』と略称する)を著した。

この著作年次ははっきりしないが、従来、法然の十三回忌にあたる一二二四(元仁《げんにん》元)年、五二歳のときに常陸の稲田で起草したものと伝えられ、近年の研究でも六〇歳ころにはすでに著されたとされる。

なお後年、浄土真宗の各教団は、この一二二四年を立教開宗の年と定めた。

Q 親鸞が最後に到達した思想は?

A

親鸞は、法然の説く専修念仏の教え(念仏為本)は、阿弥陀仏の本願を信じることからとなえられる念仏(信心為本)にほかならないことを明らかにした。それは親鸞が『尊号真像銘文』において、称名《しょうみょう》正定業《しょうじょうごう》(称名が往生の正しく決定する業因《ごういん》である)を注解して「浄土にむまれて仏にかならずなるたねとまふすなり」と述べるとともに、信心についても「信心は菩提《ぼだい》のたねなり」と述べて、称名も信心も不離であることを明らかにしている。

親鸞は、浄土へ往生するための因《たね》は、本願を疑うことなく信ずる心により決定するとし、その信心というも阿弥陀仏の大慈悲心が衆生の心にいたり届いたことをさすのであって、ひとえに阿弥陀仏のはたらきにより救われることを喜んだ。

すなわち、〝いずれの行もおよびがたき身〟である煩悩具足の我々にあっては、ひたすら、阿弥陀仏の願いを聞きひらき、その智慧と慈悲がこめられた「南無阿弥陀仏」の名号をとなえる道しかないことを説いた。

この念仏の思想を〈自然法爾《じねんほうに》〉とも表現し、凡夫の自力のはからいのない信仰態度のことであり、かつ凡夫のはからいがうち捨てられるのも他力(仏力)によるものであるとする境地がこの言葉に示されている。親鸞が長い求道生活をへてたどりついたのは、本願真実の世界に抱かれていながら、真実に背いていた〝虚仮《こけ》不実のわが身〟の自覚であったとともに、この虚仮不実のわが身をこそ、救いの対象として、かねてより働きづめに働いてくださっていた阿弥陀仏の存在への目覚めであった。この本願真実のはたらきが自然法爾にほかならない。

浄土真宗の発展

親鸞《しんらん》には教団をつくる意志がなかった。子孫や門徒によって、のちの教団のかたちをとる動きが起こるのは親鸞没後一〇〇年をへてからである。その後、寺院のかたちが整えられ、とくに蓮如《れんにょ》の時代に大きな転換が起こる。

Q 初期の真宗教団は、どんなだったの?

A 流罪を許された親鸞は、常《ひ》陸《たち》(茨城県)にあって二〇年の布教活動ののち、京都へ帰るが、九〇歳で亡くなるまでの約三〇年は著述に専念した。

したがって、当時の弟子の多くは常陸時代に縁を結んだ人々が中心で、関東に集中していた。親鸞は教団を組織する意志がなかったため、高弟たちはそれぞれの地域で門徒集団を形成していた。

真仏《しんぶつ》を中心とする下野《しもつけ》(栃木県)の高田門徒、順信《じゅんしん》を中心とする常陸《ひたち》(茨城県)の鹿島《かしま》門徒、性信《しょうしん》・善性《ぜんしょう》を中心とする下総《しもうさ》(茨城・千葉県)の横《よこ》曽根《そね》門徒などが有力であった。

とくに真仏を中心とする高田門徒の教線は東北地方から東海地方にまで及んだ。

一方、京都では、親鸞の末娘である覚信尼《かくしんに》が、親鸞の遺骨を安置する大谷廟堂《おおたにびょうどう》を創建するが、教団の中心勢力が関東にあり、また相続争いが起こるなど、経済的事情も含め、初期の段階では真宗教団の求心力にはなり得なかった。

Q 本願寺の起源は?

A 一二六二(弘長《こうちょう》二)年に亡くなった親鸞は、京都東山《ひがしやま》の鳥《とり》辺野《べの》に納骨されたが、一二七二(文《ぶん》永《えい》九)年、末娘の覚信尼は遺骨を大《おお》谷吉水《たによしみず》の北へ改葬して廟堂を建てた。これが本願寺の始まりである。

親鸞の廟堂を建てたその地は、もともと覚信尼の亡夫禅念《ぜんねん》(再婚相手)の所有地だった。ここを関東の門徒に寄付し、門徒の共有地とし、覚信尼自身は大谷廟堂の管理者たる留守《るす》職《しき》(別当職)となり、世襲とする協定を結んだ。

この留守職は、覚信尼―覚恵《かくえ》(覚信尼と前夫日野広綱《ひのひろつな》の長男)―覚如《かくにょ》(覚恵の子)と受け継がれていくが、覚如が継承するにあたり、関東の門

覚信尼

親鸞《しんらん》・如信《にょしん》・覚如《かくにょ》連座像　重文／京都市・西本願寺蔵

徒たちに対して、「あなた方の意向に反しない」という旨の懇望状《こんもうじょう》（誓約書）を差し出している。

これは、継承をめぐって覚恵と異父弟である唯善《ゆいぜん》（覚信尼と禅念の子）のあいだで争いが起こり、門派を二分する大騒動に発展したことを背景とするものであったが、関東の門徒との力関係を示すエピソードである。

実際、大谷廟堂は、関東の門徒たちの援助で成り立っていた。

ところが、留守職についた覚如は〝三代伝持の血脈《けちみゃく》〟を主唱。大谷廟堂を全国の真宗門徒の本山にすべく、「本願寺」という寺号を掲げて、寺院化した。これが本願寺の誕生である。そして覚如は、本願寺一世を親鸞、二世を如信《にょしん》（親鸞の孫）、自らを三世と定めた。

Q　一方、関東の弟子たちは？

A　親鸞直系の血縁を切り札にした覚如の廟堂の寺院化は、関東の門徒たちに反発をもたせてしまった。廟堂ではなくなった本願寺への参拝をとりやめてしまう。

覚信尼によって世襲の留守職の地位を得たものの、大谷廟堂は関東の大集団である高田門徒や横曽根門徒の援助を常に仰がなければならなかった。だからこそ〝唯善騒動〟をおさめ、あとを継ぐとき覚如は誓約書を差しだしたのであった。

唯善騒動のさなか、唯善は親鸞の影像と遺骨を鎌倉に持ち去り、大谷の堂舎を破壊するのだが、その後、廟所の復興を果たしたのも、覚如ではなく、高田派の顕智《けんち》をはじめとする関東の門徒たちであった。こうした大谷廟堂を寺院化して一宗の本山にするという覚如との確執もあって、関東の門弟集団は、それぞれ独自のあり方をとっていくのである。

絵系図　重文／京都市・佛光寺《ぶっこうじ》蔵　佛光寺門侶の絵像入り系譜。絵像は本格的で美術的にも秀逸

Q 当時、最大勢力を誇っていたのは?

A 三世覚如が、本願寺こそ親鸞の正当な継承者であるという論理を打ち出していったころ、関東の門徒はそれぞれ独自に自分たちの拠点をつくっていく。

関東の高田門徒を率いた真仏《しんぶつ》の系譜には、今日の高田派・佛光寺《ぶっこうじ》派・三門徒《さんもんと》派などがあるが、なかでも当時最大勢力を誇ったのが佛光寺派である。

佛光寺を継承した了源《りょうげん》は、真仏の五代目の弟子にあたり、関東から京都にのぼって、本願寺の存覚《ぞんかく》(覚如の長男)に教えを受けた人物だ。

佛光寺派が繁栄した理由は、了源が創案した「名帳《みょうちょう》」と「絵系図《えけいず》」である。絵系図とは、法脈を伝持する僧侶の系譜を肖像画で図示したものである。この伝道によって、佛光寺派の宗勢は急速に拡大していった。

やがて佛光寺は、一四世経豪《きょうごう》が本願寺八世蓮如《れんにょ》に帰依《きえ》して本願寺に転じ、末寺の多くもこれにならうことになる。

本願寺は、三世覚如から八世蓮如が登場するまで、一〇〇年間におよぶ沈滞期であった。

Q 本願寺を再興したのは?

A 一〇〇年におよぶ沈滞を吹き飛ばし、〝本願寺王国〟とも呼ばれる大教団を築きあげたのが、八世蓮如である。

蓮如は七世存如《ぞんにょ》の長男だが、幼くして母と生き別れ逆境に育つ。四三歳で八世を継ぐと、親鸞の明らかにした教えのあり方からは逸脱してしまっていた本願寺をもう一度親鸞の教えに帰って確かめ直し、その誤りを正していった。

また自ら北陸や関東・東北をめぐ

って教化したり、手紙でわかりやすく教えを説くなど、精力的に宗勢の拡大をはかった。伸張した真宗の力は戦国大名をもしのぐほどであった。

Q 一向一揆はどうして起こったの？

A 室町時代、蓮如の精力的な布教活動によって、北陸や関東・東北に伸長した真宗の教勢は、やがて各地域ごとに強く結集し、これを本願寺が組織化したことによって巨大なものになった。

そして巨大組織となった門徒集団は、農村の支配を強めつつあった大名権力や他宗派と各地で衝突して、一向一揆《いっこういっき》が起こる。

〝一向〟とは真宗教団のことで、「一向宗」と呼ばれた。それは一四六五（寛正《かんしょう》六）年、近江《おうみ》（滋賀県）の一向一揆に始まる。

教勢を伸ばす真宗教団に対し、比《ひ》叡山延暦寺西塔《えいざんえんりゃくじさいとう》の僧たちが「本願寺は三宝誹謗《ひぼう》の邪教をひろめている仏敵・神敵だ」として本願寺を襲撃。これに対抗して近江堅田《かただ》の真宗門徒たちが立ち上がったものである。

以後、日本各地に一向一揆の嵐が吹き荒れる。加賀《かが》（石川県南部）の一向一揆など、数十万ともいわれる門徒が参加し勝利し、一世紀にわたって支配する。

これら一揆を蓮如はむしろ、いさめようとしていた。だが結果として、一向一揆は真宗門徒による、民衆が自らの力で自分たちの生活を守っていくことをめざした自覚的な運動であったともいえる。

Q 石山合戦って何？

A 全国各地で吹き荒れる一向一揆の嵐は、やがて織田信長《おだのぶなが》と衝突する。

〝天下布武《てんかふぶ》〟の野望に燃え、旧権力の象徴である比叡山を焼き討ちした信長にとって、本願寺は残る最大の敵であった。それだけ本願寺の武力・財力は脅威であった。

両者の戦いは、一五七〇（元亀《げんき》元）年に始まった、石山合戦《いしやまかっせん》を天王山《てんのうざん》とする。

寛正の法難で京都の本願寺が戦火に焼かれたため、蓮如が創建した大坂石山本願寺に移った、〇世証如《しょうにょ》は、石山本願寺を中心に「進まば往生極楽、退《の》かば無間地獄」をスローガンに戦い、数十万という屍《しかばね》を築く。一一世顕如は、信長と対立関係にあった毛利《もうり》・朝倉《あさくら》・三好《みよし》など諸大名と同盟して戦った。

開戦から一〇年後の一五八〇（天正《てんしょう》八）年、両者は天皇の詔勅によって和解するが、実質的には本願寺の敗北であった。顕如《けんにょ》は大坂から紀州《きしゅう》鷺森《さぎのもり》（和歌山市）に隠棲する。

Q 東西本願寺に分立した理由は?

A 石山合戦の和解に際し、その応諾をめぐって本願寺内で確執があった。本願寺一一世顕如の長男教如《きょうにょ》があくまで信長との和解に反対の立場を貫いたのである。やむなく顕如は、教如を一時的に勘当するが、これがのちの東西本願寺分立の遠因となる。

石山合戦の和解からまもなく、信長は京都本能寺《ほんのうじ》で討たれ、豊臣秀吉《とよとみひでよし》が天下を統一する。秀吉は、信長と違って本願寺を敵視せず、むしろ友好関係をとった。石山合戦から五年後の一五八五(天正一三)年、顕如は本願寺歴代ではじめて大僧正《だいそうじょう》に任ぜられる。そしてさらに一五九一(同一九)年、秀吉から六条堀川の地を与えられ、本願寺は再び京都へ移された。

翌年、顕如没後、長男の教如が一二世を継いだが、さらに翌年、秀吉の後押しもあって弟の准如《じゅんにょ》に代わった。教如はやむなく隠棲するが、秀吉に代わって天下をとった徳川家康《とくがわいえやす》から、一六〇二(慶長《けいちょう》七)年、京都六条烏丸《からすま》に土地を与えられ、本願寺を別立した。こうして教如の東本願寺と准如の西本願寺が分立することになったのである。

Q 江戸時代以降の真宗は?

A 東西両本願寺に分立したものの、江戸時代の真宗は、寺院の本末制度の確立と、学林・学寮と呼ばれる僧侶養成機関の整備によって安定期に入る。

また、宗学の研究が盛んになるとともに、学僧たちは熱心に教えを説き、在家の求道者《ぐどうしゃ》——すなわち「妙《みょう》好人《こうにん》」と呼ばれる篤信の信者を奨励した。

しかし明治になると、江戸時代の保護政策は一変し、維新政府は神道《しんとう》復活と呼応して神仏分離政策をとり、廃仏毀釈《はいぶつきしゃく》が行われる。

こうした歴史の激しいうねりのなかで、宗祖親鸞の精神を復興する運動が起こり、井上円了《いのうええんりょう》・清沢満之《きよざわまんし》・南条文雄《なんじょうぶんゆう》・島地黙雷《しまじもくらい》などの優れた学者や思想家が輩出し、近代の日本に親鸞の教えを伝えていった。

かくれ念仏

かくれ念仏は、一般的に薩摩藩や相良藩などで行われた念仏禁制をいう。真宗弾圧に対し、地下に潜って信仰を続けたことをさす。
たとえば薩摩藩では、農民一揆をおそれて、江戸時代初期から明治維新までの約250年ものあいだ、キリスト教とともに真宗は禁制されていた。
領民たちは、かくれキリシタンの「踏み絵」のように、毎年春秋の2回、真宗門徒でないことを誓うため村役人のところへうかがっていた。
そのため、念仏者たちは必然的に地下活動を余儀なくされたのである。

第2章

開祖はこんな人「親鸞聖人」

人間の愚かさを知り、
在家仏教の可能性を追及

作／多田一夫

一一七三(承安《じょうあん》三)年、
源氏と平家の争乱の時代を迎えようとするころ——
親鸞《しんらん》は、藤原氏の支族・日野有範《ありのり》の子として京都に生まれた。
幼くして両親を亡くし、九歳で青蓮院《しょうれんいん》にて出家したのち、
比叡山《ひえいざん》にのぼる。
当時、最高学府といわれた比叡山も、
世俗の政治権力と結びつき、
権力争いや、僧兵の横行など、
その堕落ぶりははなはだしかった。

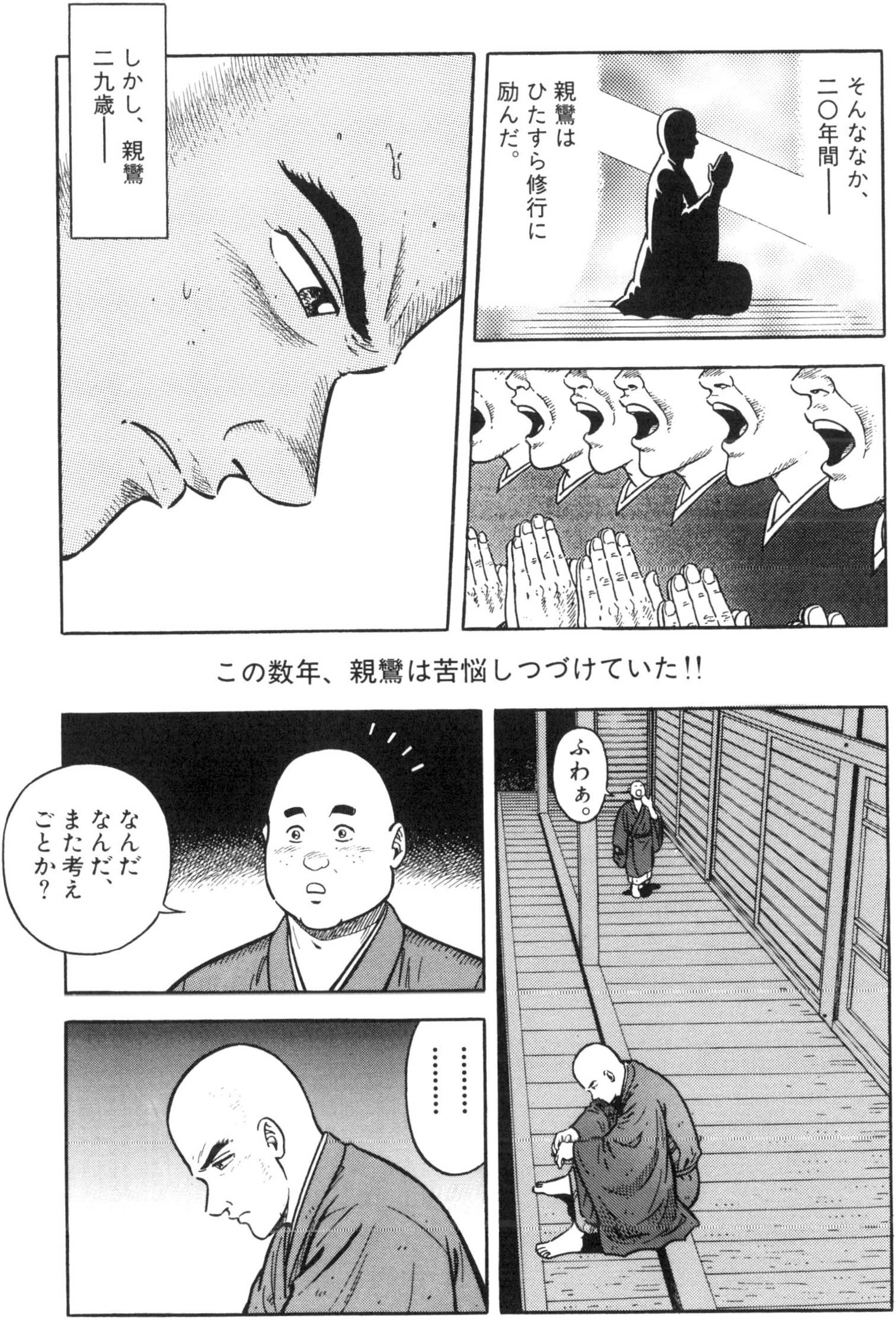
そんななか、二〇年間――
親鸞はひたすら修行に励んだ。
しかし、親鸞二九歳――
この数年、親鸞は苦悩しつづけていた!!
ふわぁ。
なんだなんだ、また考えごとか?
……
……

いったい毎夜何を考えてんだ?
……
いまの仏道修行で人は本当に救われるのだろうか?
はあ?
またむずかしいことを…
私はおよそ…
あらゆる修学につとめてきた。
毎日、日夜、勤行《ごんぎょう》に励み、
不断念仏をおこたることなくつとめ、
坐禅などの止観《しかん》の行《ぎょう》をおさめ、

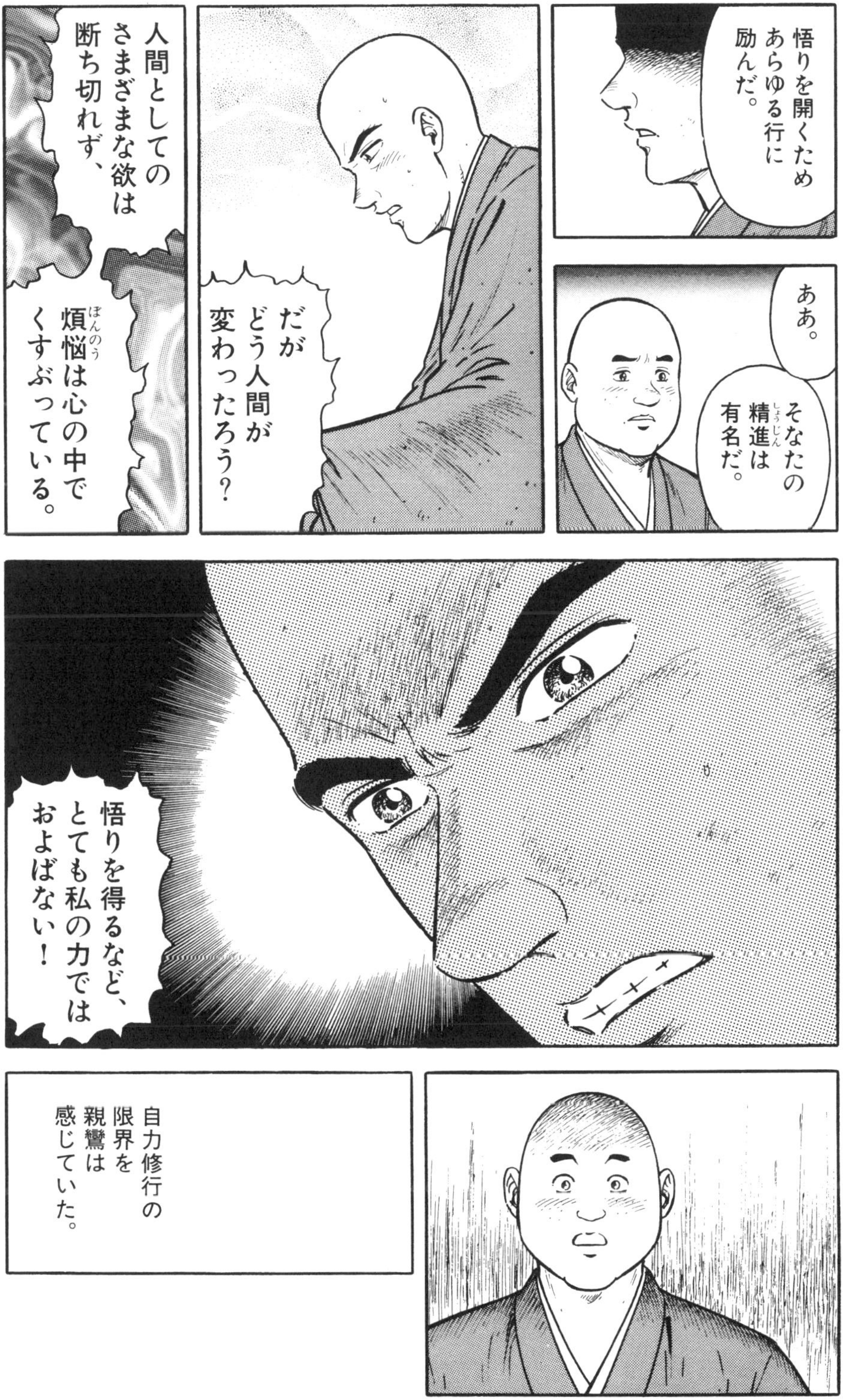

悟りを開くため あらゆる行に 励んだ。
ああ。
そなたの 精進《しょうじん》は 有名だ。
だが どう人間が 変わったろう?
人間としての さまざまな欲は 断ち切れず、
煩悩《ぼんのう》は心の中で くすぶっている。
悟りを得るなど、 とても私の力では およばない!
自力修行の 限界を 親鸞は 感じていた。

真剣に求めつづけたがゆえに、その絶望は大きかった。
そんなことを考えていたのか?
末法《まっぽう》の世末法の世、
悟りなどだれにも開けるわけがない。
そんなに深刻に悩まず、
ポン
おもしろおかしく過ごせばよいのだ。
二〇年にわたる修行がなんの結実もみせぬまま……
親鸞は袋小路に陥っていた。
救いへの道――悟りへの道を求めつづけた自力修行の二〇年であった。

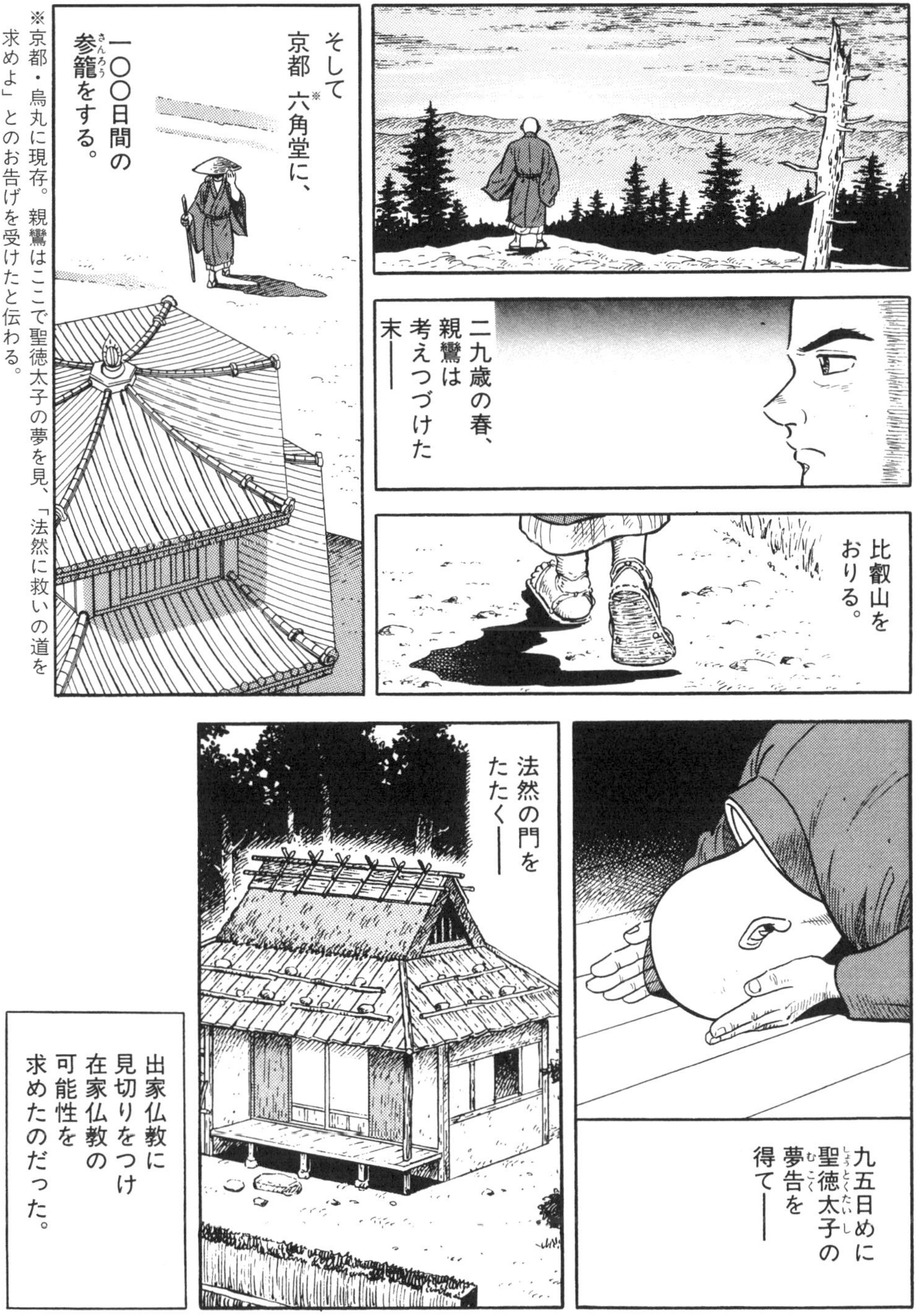
二九歳の春、
親鸞は
考えつづけた
末――
比叡山を
おりる。
そして
京都 六角堂に、※
一〇〇日間の
参籠《さんろう》をする。
※京都・烏丸に現存。親鸞はここで聖徳太子の夢を見、「法然に救いの道を求めよ」とのお告げを受けたと伝わる。
九五日めに
聖徳太子《しょうとくたいし》の
夢告《むこく》を
得て――
法然の門を
たたく――
出家仏教に
見切りをつけ
在家仏教の
可能性を
求めたのだった。

……
そうですか。
法然さまのおうわさは叡山でも耳にし……
ずっと気にかけてまいりました。
今日から毎日――
雨の日も風の日も、
み教えをうかがいにまいりとうございます。
はい楽しみにしております。
このころ京都では法然の画期的な専修《せんじゅ》念仏がものすごい勢いでひろまっていた。

法然の教えは、旧仏教から見捨てられていた一般民衆にも平等に救済の扉が開いていた。
仏教には、いろいろ道があります。
苦しい修行を必要とする聖道門《しょうどうもん》——
それは、
自力で悟りを開こうとする、
むずかしい道です。
私のとるところは、
ただひたすら※南無阿弥陀仏《なむあみだぶつ》ととなえて、
救っていただく浄土門《じょうどもん》です。
それは他力念仏※の教えであった。

※本願寺派などは「なもあみだぶつ」と発音する。

※他力念仏＝他力（阿弥陀仏の力）を信じ、ひたすら念仏をとなえれば浄土に生まれ変われるという教え。

来る日も
来る日も
………
親鸞は、法然の
説く浄土の教えを、
とことんまで
突きつめ
きわめようとする。
そして――
これだ!!
これしか
ない!
ただ
念仏こそが
真実だ!!
私を含め
末法の世の人々が
救われる道は、
これだ!!

入門を果たした親鸞は…
法然に絶対の信頼を寄せた。
私は、上人さまとともに!!
念仏とともに生きてゆく!!
門下では親鸞はまだ新参の弟子であったが、
日夜、真剣に教えを聞き、
研鑽《けんさん》に励み、
法然にも高く評価されるようになる。
しかし、専修念仏の教えが世にひろまるにつれ、
念仏を禁止させようぞ!!
お〜〜〜っ!!
比叡山や奈良の興福寺などの旧仏教側では危機感を抱いた。

彼らは朝廷に圧力をかけ…
ついに念仏者への弾圧が行われる!!
ダッダッダッ
大変です上人さまっ!!
朝廷の宣旨《せんじ》が下りましたっ!!
法然さまは四国に流罪と!!
そして四人が死罪!! 七人が流罪ですっ!!
なんと!?
このとき、親鸞も僧籍を剥奪《はくだつ》され俗名「藤井善信《よしざね》」とさせられ……
越後《えちご》（新潟県）に流罪となる!!

ときに親鸞三五歳。
ううっ！
上人さまっ!!
法然は七五歳の
高齢で……
ふたりは今生の
別れとなった。
びょお
おお
越後――

流人は最初の一年、一日につき米一升《しょう》と塩一勺《しゃく》を支給されるが、
ガッ
翌年からは与えられた種籾《たねもみ》をまいて耕し、自活しなければならなかった。
布教も公然とはできない。
しかしそのぶん、
求道《ぐどう》の生活を深めることができる。

この流罪は親鸞の信仰を強固なものにした。
親鸞は自身をこう語るようになる。
ご坊は、名は何といわれるんで?
私ですか。
私はすでに非僧非俗《ひそうひぞく》。
もはや僧に非《あら》ず、しかるに俗にも非《あら》ず…という身です。
そこで「愚禿親鸞《ぐとくしんらん》」と名告《なの》ることにしました。
ぐとく?

これは単なる謙遜《けんそん》や卑下ではなく、

ここに親鸞の思想の根底をみることができる。

在家仏教――

既成仏教からはずれてしまった自分を含め……

在家の人々――

軽蔑され、卑しめられる底辺の人々が救われてこそ、

真の仏教である――という……

この地で親鸞は結婚する。※

※当時、僧侶の結婚など考えられないことだった。だが親鸞は、「結婚する者が救われないのなら、民衆は誰ひとり救われないではないか」と主張した。

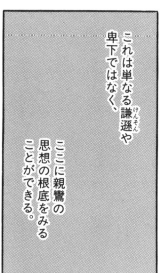

知ってのとおり私は……
仏教界では異端者破戒僧……
はい。
そしていまや流人の身。
こんな私で本当にかまいませんか?
……
……
私には、
あなたさまのお説きになる念仏の教えがわかります。
すばらしい信仰の方だと思いまする。
恵信尼によほどの理解と決意がなければこの結婚は成立しなかったと思われる。
ふたりは生涯の伴侶となった。

のちに恵信尼は、夫・親鸞が、観音菩薩の化身であるという夢をみたと書きのこしている。

流罪から五年目――

親鸞三九歳の年に、流罪は許される。

しかし、すぐ師の法然が死去したこともあって、
京都へ戻ることを断念する。

これからいかがいたしまする？

……………

私は…

辺地の人々に念仏の教えを、
布教伝道しようと思う。

そして親鸞は関東に向かう。
生まれた子供と妻とともに…

常陸《ひたち》（茨城県）に入り、下妻《しもつま》や※稲田《いなだ》に住んだ親鸞は、

その地域は現在の、
稲田
下妻
茨城県、栃木県から千葉県、埼玉県をはじめ、東北地方にまでも及んだ。

※現在の茨城県笠間市稲田。

以後二〇年にわたって布教を行う。

天変地異が続出し、戦乱に人々がおののいた時代———

飢饉《ききん》ともなれば分けあう食物もなく……

生きるために人々は、
他人のものを奪いあって生きのびた。
そんな時代そんな人々に――
親鸞の教えは無辺の光明を与えた。
生きる希望を与えた。
わしは……
わしは……
でき心から盗みをはたらいてしまいました。
みな苦しい生活と知りながら…
浅ましい自分にいやけがさし………
どうしてよいものやら…
………
………
それはさぞ……
つらいことでしょう。

私は、こう思うのです。
人間は、物があれば、財産や執着し、
なければ、また憂いがおきる。
ときと場合によっては、
何をしでかすかわからない。
知っていながら罪をおかしたり、
人間は生きているかぎり、
そんな人の世でどう生きるか？
知らないうちに罪をおかしたりする。
欲やいかりの心が絶えないのです。

その愚かさを知り、
ただ仏を信じ仏に身をまかせて生きるのです。
阿弥陀仏のお力、
救いの本願を信じて生きるのです。
弥陀《みだ》の本願は善人も悪人も、
いかなる人々をも見捨てることなく、
煩悩具足《ぼんのうぐそく》のままの姿で、
救ってくださるのです。
それが弥陀の本願なのです。

旧仏教からは完全に見放された人々……
さげすまれつまはじきにされる社会の底辺の人々に、

その教えは大きな心の支えを与えた。

善人なほもつて往生《おうじょう》をとぐ、
いはんや悪人をや。
しかるを世のひとつねにいはく、
悪人なほ往生《おうじょう》す、いかにいはんや善人をや。
この条《じょう》、一旦《いったん》そのいはれあるに似たれども、
本願他力の意趣《いしゅ》にそむけり。

（『**歎異抄《たんにしょう》**』）

［意訳］
善人でさえ極楽浄土に往生できるのだから、悪人が往生できるのはいうまでもないことです。ところが、世間の人は「悪人が往生するのであれば、どうして善人が往生しないはずがあろうか」と言っています。これは、一見そのように思われるでしょうが、本願他力の本意にそむくものです。

師の法然《ほうねん》上人から
念仏の教えを
受けついだ親鸞は、
念仏をとなえることは、
他力信心、つまり
阿弥陀仏の力に
まかせきることに
本意があるとした。
法然
親鸞
親鸞の教えは、
順調に
ひろまっていった。
しかし、親鸞の布教に
激しい敵意を燃やし、
殺そうと狙う男が
現れる。
山伏の
弁円《べんねん》である。

わしらは古くから、
この地で加持祈禱《かじきとう》を行ってきたのだ。
それが、きさまの念仏とやらのせいで……
民がわしらの所に来んようになった!!
…………
加持祈禱をせずして、どうして民が救われる!?
阿弥陀仏を信じた民は、
救われると信じております。
まやかしの教えをぬかすな!!

事と次第によってはわしは・・・
きさまを殺すつもりで来た!!
…………
それなのになんだ、その落ち着きよう!?
怖くはないのか!?
命がおしくはないのか!?
どこで、
どう命果てようと、
私は、
阿弥陀さまにすべておまかせの身です。
まだぬかすか!?
斬《き》るぞ!

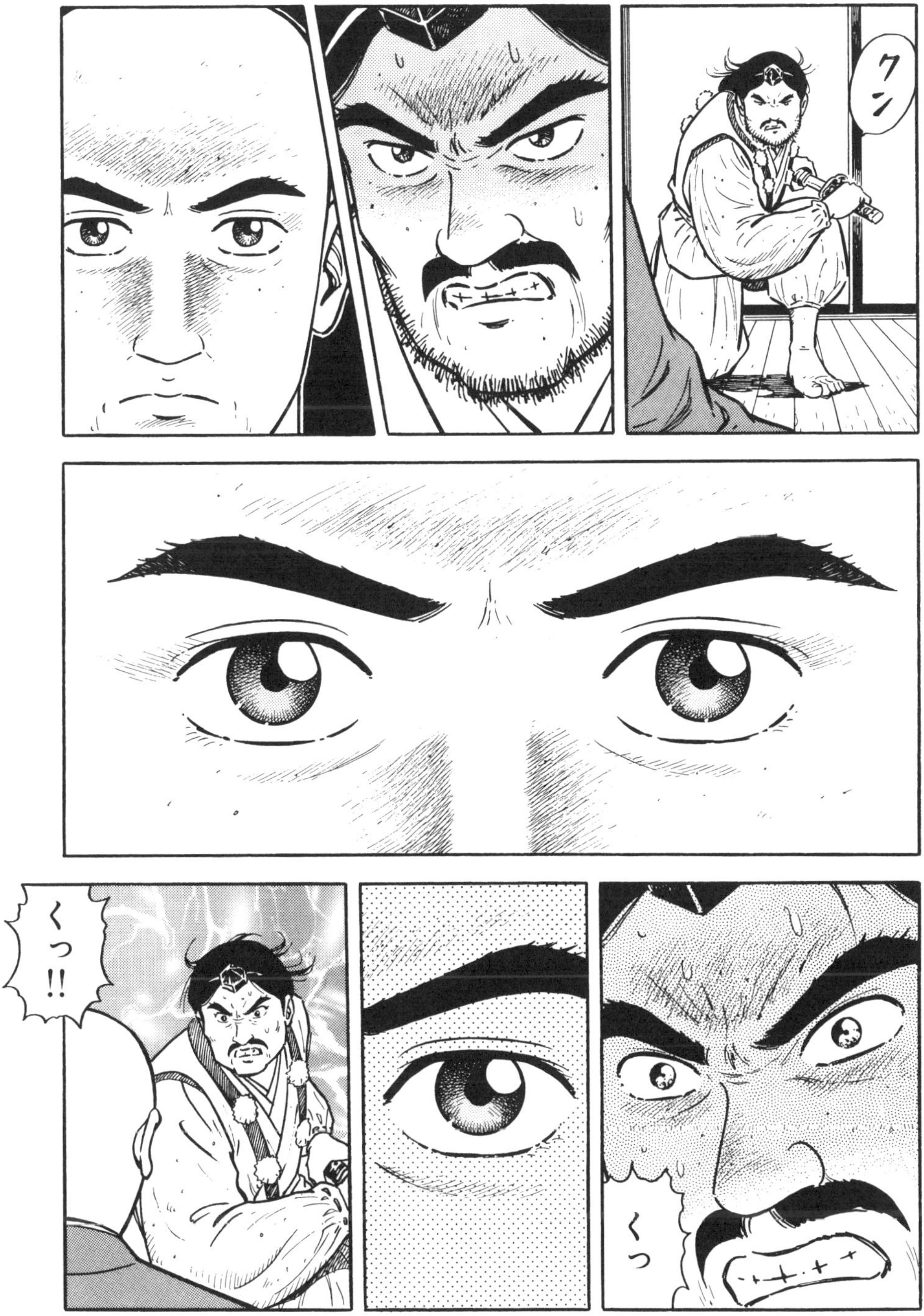
クン
くっ
くっ!!

ガバッ
すまなんだ どうか 許してくれ!!
!
弁円さん……
そなたの ようなお人の 命を奪おう とするとは……
なんと 愚かな!!
どうか わしを弟子に してくれ!!
親鸞は、
弟子をとる ほどの者では ございません。
ならば 仲間に!?
念仏の 仲間に!!
弁円さん…

……
もうおなりです。
弁円のエピソードは現在の茨城県石岡市あたりのことといわれる。
このころ親鸞は「教行信証《きょうぎょうしんしょう》」をしたためはじめた。
これは浄土の教えの真実を説きあかそうとした著述である。
同時に親鸞の布教も活発をきわめ、

農民や武士、商人のあいだにひろまっていった。

弟子の数も七〇人前後にもなり、

弟子たちが各地で教えをひろめた結果、
門徒の数は…
一万人を超えるまでになった。

しかし、その頂点にいる親鸞は、
サラリといってのける。
親鸞には、
弟子などひとりもおりません。
え!?
そんな……!?
人々が念仏するのは私のはからいではなく、
阿弥陀仏のおはたらきによるものなのです。
そういう人々をどうして弟子ということができましょうか?
だれが師でだれが弟子などということはないのです。
私もあなたたちもみな阿弥陀仏のお弟子、
私はただの凡夫なのです。

…………
そして…
阿弥陀仏の前には、
万人が平等でなければいけません。
親鸞には教団設立の意思もなかった。
あ！
親鸞さま。
また念仏の話を聞かせてください。
はいな。

非僧非俗を
つらぬき、
生涯
ひとつの寺も
建てることの
なかった親鸞。
縁によって集って来る人々を
貴賤の差別なく、御同朋《おんどうぼう》、
御同行《おんどうぎょう》と敬い……
あるときは路傍の
お堂で、
あるときは民家の
炉ばたで、
人々と膝をまじえて
仏法を語りあった
親鸞。
その著述に
残された、
深い自省と
鋭い
人間洞察から
つむぎだされた
言葉は、
いまもなお
人々の心を
とらえて
離さない。

—— 完 ——

SHINRAN

親鸞の人生

藤原氏を中心として栄えた貴族政治に陰りが見えた平安時代末期、親鸞《しんらん》は京都日野《ひの》の里で産声をあげた。時代は力が優先する武家政治への転換期。戦乱と、たび重なる天災や飢饉《ききん》に見舞われ、民衆は不安におびえていた。まさにその末法濁世《まっぽうじょくせ》において、親鸞は法然《ほうねん》の説く専修念仏《せんじゅねんぶつ》の教えに、すべての人々が救われていく道を見いだし、浄土真宗の教えを確立していったのである。

1173（承安《じょうあん》3）年

1歳

京都日野に誕生

親鸞は、四月一日（新暦では五月二一日）、藤原氏の支族である日野有範《ひのありのり》の子として誕生。幼名を「松若丸《まつわかまる》」といった。幼くして父と別れ、八歳で母を亡くしたといわれる。

1175（承安《じょうあん》5）年

法然、浄土宗を開く

親鸞三歳。

1180年〜1185年

源平の争乱

源頼朝《みなもとのよりとも》・義仲《よしなか》が挙兵。ついに平氏《へいし》は壇の浦で滅亡。親鸞八〜一三歳。

1181（養和《ようわ》元）年

9歳

天台宗青蓮院で得度

伯父範綱《おじのりつな》に連れられ、青蓮院《しょうれんいん》で得度《とくど》。得度式が翌日に延ばされようとしたとき、師慈円《じえん》に「明日ありと思う心のあだざくら　夜半《よわ》に嵐の吹かぬものかは」という歌を詠《よ》んで、式をいそいだ。

青蓮院《しょうれんいん》の境内に立つ
親鸞聖人童形像《しんらんしょうにんどうぎょうぞう》

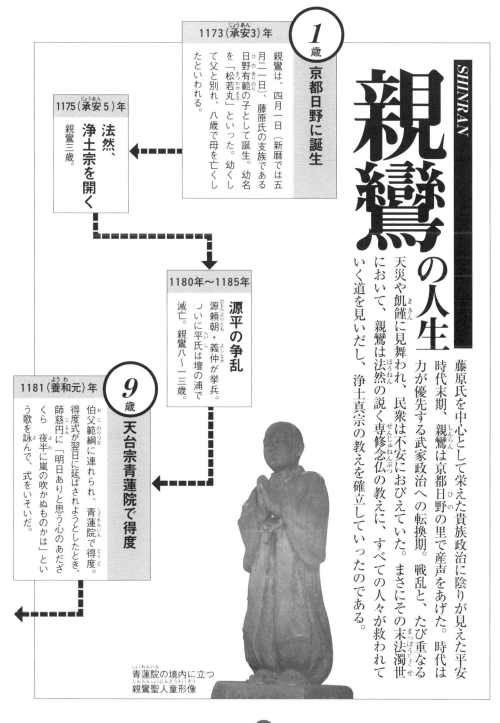

9～29歳

比叡山で二〇年間修行

得度して「範宴《はんねん》」と称し、以降二〇年間、比叡山《ひえいざん》で修行。横川《よかわ》の首楞厳院《しゅりょうごんいん》の堂僧として常行堂《じょうぎょうどう》で不断念仏の行《ぎょう》に励むが、修行を積めば積むほど、自分の浅ましい心を思い知らされるばかり。

救世観音《くせかんのん》の夢告を受けた六角堂《ろっかくどう》

1192（建久3）年

鎌倉幕府開かれる

源頼朝が征夷大将軍《せいいたいしょうぐん》となり、鎌倉に幕府を開く。親鸞二〇歳。

1198（建久9）年

法然《ほうねん》、『選択集《せんじゃくしゅう》』を著す

親鸞二六歳。

1201（建仁《けんにん》元）年　29歳

法然の弟子となる

比叡山の仏教に絶望し、京都六角堂《ろっかくどう》で百《ひゃく》日参籠《にちさんろう》を行う。九五日目に救世観音《くせかんのん》より夢告を受け、さっそく法然の吉水《よしみず》の草庵《そうあん》へ足を運ぶ。法然の専修念仏《せんじゅねんぶつ》の教えに感銘を受け、入門。「綽空《しゃっくう》」と名告《なの》る。

1205（元久《げんきゅう》2）年　33歳

『選択集』書写を許される

親鸞は努力を重ね、頭角をあらわす。法然はそうした親鸞に、ごく少数の門弟にしか見ることを許さなかった『選択集《せんじゃくしゅう》』の書写と、自分の肖像の描写を許す。この年「善信《ぜんしん》」と改名する。

1207（建永《けんえい》2）年　35歳

越後へ流罪となる

奈良興福寺《こうふくじ》のはたらきかけにより朝廷は専修念仏停止令を発令する。法然は四国に、親鸞は越後国府《えちごこくふ》へ流される。非僧非俗《ひそうひぞく》の立場を宣言し、自ら「愚禿《ぐとく》親鸞」と名告《なの》る。

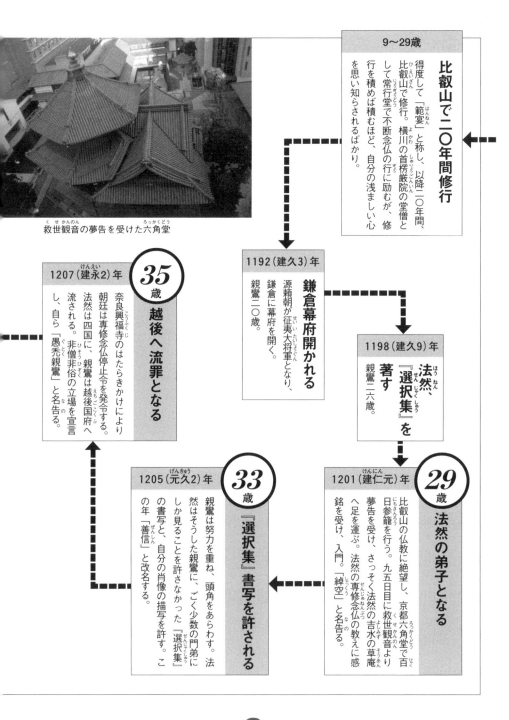

35〜36歳

恵信尼と結婚

結婚については諸説あり、一説に、越後の地で豪族三善為則《みよしためのり》の娘恵信尼《えしんに》と結婚したといわれている。恵信尼は親鸞より九歳年下で、高い教養をもち、敬愛の心で親鸞に仕えた。

1211（建暦《けんりゃく》元）年

39歳

流罪赦免

第四子信蓮房《しんれんぼう》が誕生。一一月には流罪を赦《ゆる》されるが、信蓮房が生まれたばかりだったことと、まもなく法然の訃報《ふほう》が届いたこともあってか、越後にとどまる。

1212（建暦2）年

法然、往生

親鸞四〇歳。

法然の吉水《よしみず》の草庵《そうあん》跡と伝わる安養寺《あんようじ》

1214（建保《けんぽう》2）年

42歳

関東へ移住

妻子を伴い関東へ出発。途中、衆生《しゅじょう》救済のために浄土三部経の千回読誦《どくじゅ》を試みたが中止する。常陸稲田《ひたちいなだ》に草庵を設け、以後二〇年にわたり滞在する。山伏弁円《べんねん》の有名な逸話は、この時期のものと伝えられている。

そば喰いの木像

親鸞が比叡山《ひえいざん》から京都の六角《ろっかく》堂《どう》へ百日参籠《ひゃくにちさんろう》をしていたころのこと。毎夜、外出する親鸞を同僚の僧たちは、京都の女性のところへ通っているのではないかと疑った。

ある夜、親鸞が出かけているときに、親鸞の好物のそばがふるまわれた。ところが、不在のはずの親鸞が、そばをおいしそうに食べていたとか。それは、親鸞自刻の木像が親鸞になりすましたものだといわれている。その木像は現在、比叡山無堂寺《むどうじ》谷《だに》の大乗院《だいじょういん》に保管されている。

そば喰いの木像
比叡山・大乗院蔵

1221（承久《じょうきゅう》3）年

承久の乱

三代将軍実朝《さねとも》の死を機に、後鳥羽《ごとば》上皇らが幕府打倒の兵を挙げるが失敗。親鸞四九歳。

信行両座

親鸞《しんらん》が法然《ほうねん》の門弟として学んでいたころのこと。ある日、親鸞は門弟たちに「お念仏の教えは、本願を信ずる一念に浄土往生が定まるのか（信不退《しんふたい》）、それとも、お念仏をとなえる功徳によって往生が定まるのか（行不退《ぎょうふたい》）」と問いかける。

多くの門弟たちが行不退の座を選んだようだが、親鸞を含め数人は信不退の座についた。

成り行きを見守っていた法然は、ほどなくして「私も信不退に」と判定を下したのだった。

稲田禅房西念寺《さいねんじ》（稲田御坊）

1224（元仁《げんにん》元）年

52歳

『教行信証』起草

稲田にて、主著『教行信証《きょうぎょうしんしょう》』を起草したといわれる。そのため、浄土真宗ではこの年を立教開宗の年としている。晩年、親鸞を看とることになった末娘の覚信尼《かくしんに》が、この年に誕生。

1231（寛喜《かんき》3）年

59歳

自力の心を反省

四月、親鸞は体調を崩して寝こむ。高熱にうなされるなか『仏説無量寿経《ぶっせつむりょうじゅきょう》』の経文が思い浮かび、かつて浄土三部経千回読誦を試みたときを回顧して、いまだに自力にとらわれた心が残っていることを深く反省する。

親鸞が京都に帰るとき、稲田の草庵を振り返ったという見返り橋(モニュメント)

63歳 京都へ帰る

1235(文暦《ぶんりゃく》2)年

鎌倉幕府から念仏者取締令《とりしまりれい》が出される。このころ、関東の門弟たちに別れを告げ、京都へ帰る。

京都から関東の門弟たちに送った書簡　重文／三重県・専修寺《せんじゅじ》蔵

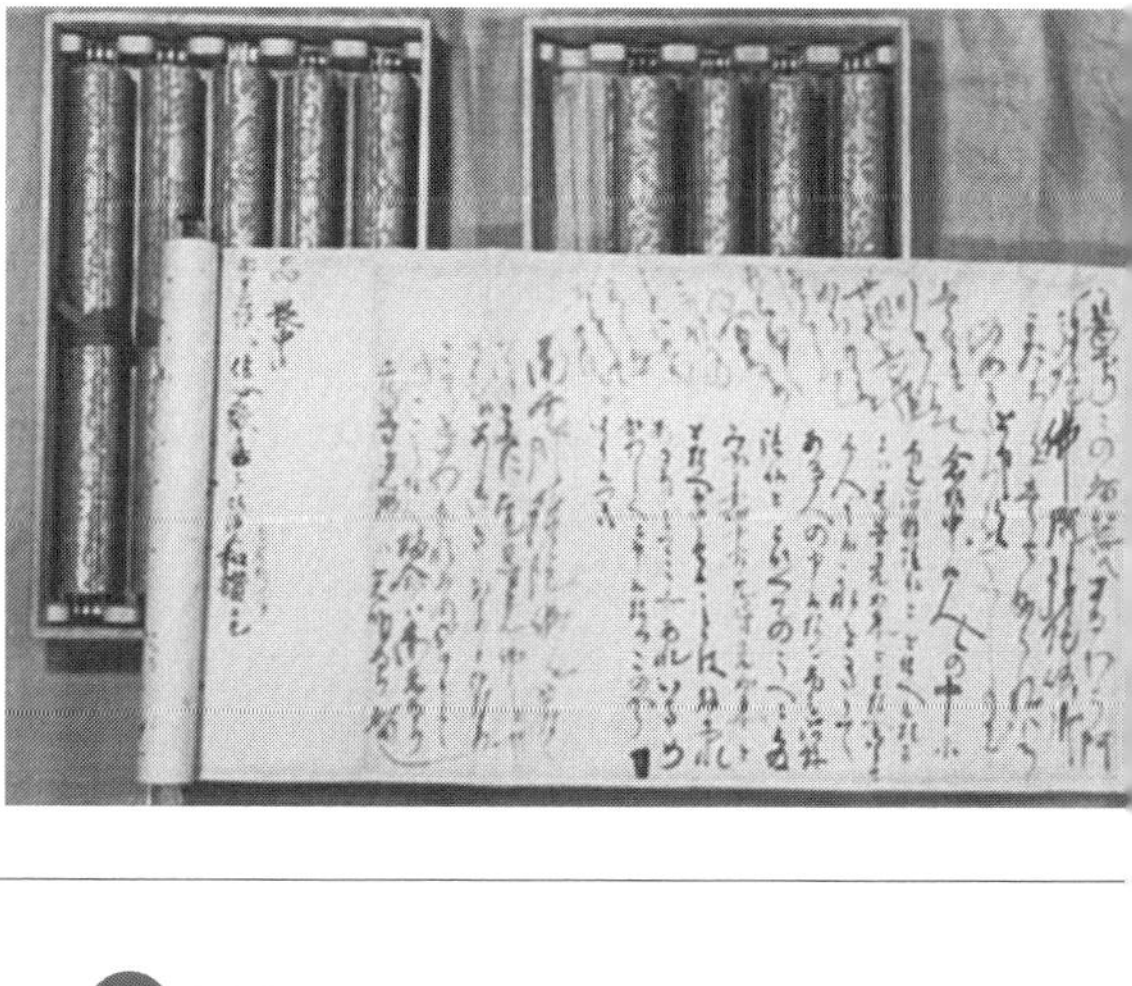

著作活動に励む

75〜88歳ころ

京都へ帰ったのちは、おもに著作活動に取り組みながら、関東から訪ねてくる門弟たちとの面接にも対応した。稲田の草庵時代の草稿本（一二二四年）以来、補訂・改訂を続けてきた『教行信証』六巻がほぼ完成したとみられ、門弟の尊蓮《そんれん》は、親鸞が加筆・訂正した部分を整理して清書する。七六歳のときには、民衆に親しまれていた七五調の和語を用いて『浄土和讃《じょうどわさん》』『高僧和讃《こうそうわさん》』を著す。その後も『唯信鈔文意《ゆいしんしょうもんい》』『浄土文類聚鈔《じょうどもんるいじゅしょう》』『愚禿鈔《ぐとくしょう》』『正像末和讃《しょうぞうまつわさん》』など多数の著書を執筆。また、念仏生活や教義についての書簡も多く、『親鸞聖人御消息《ごしょうそく》』として残されている。

82歳 恵信尼、越後へ

1254（建長《けんちょう》6）年

恵信尼は、身内の世話や生家である三善家の土地の管理もあってか、親鸞の世話を末娘の覚信尼に任せて越後へ戻る。以後、夫婦が再会する機会はなかった。

84歳 長男善鸞を義絶

1256（建長《けんちょう》8）年

親鸞は、信仰上の誤解が生じてきた関東の門弟たちのために、長男の善鸞《ぜんらん》を派遣する。しかし、善鸞が門弟たちの和合を乱したり、異義を説いたりしたため、親鸞は善鸞を義絶する。

大谷廟堂《おおたにびょうどう》はのちに覚如《かくにょ》が本願寺《ほんがんじ》とし、跡地には現在、浄土宗の崇泰院《そうたいいん》が建つ。

90歳 親鸞、往生

1262（弘長《こうちょう》2）年

一一月二八日（新暦では翌年一月一六日）、弟尋有《じんう》の善法院《ぜんぼういん》にて末娘の覚信尼や三男の益方入道《ますかたのにゅうどう》、門弟の顕智《けんち》らが見守るなか、念仏とともに静かに息をひきとった。当初、遺骨は鳥辺野《とりべの》に納骨されたが、一〇年後、覚信尼によって親鸞の影像を安置した大谷廟堂《おおたにびょうどう》が創建され、ここに改葬された。

第3章

「浄土真宗の教え」

経典・著書にみる教義

本願他力とは
浄土三部経
聖典『教行信証』
親鸞のおもな著書
歎異抄
御文章(御文)

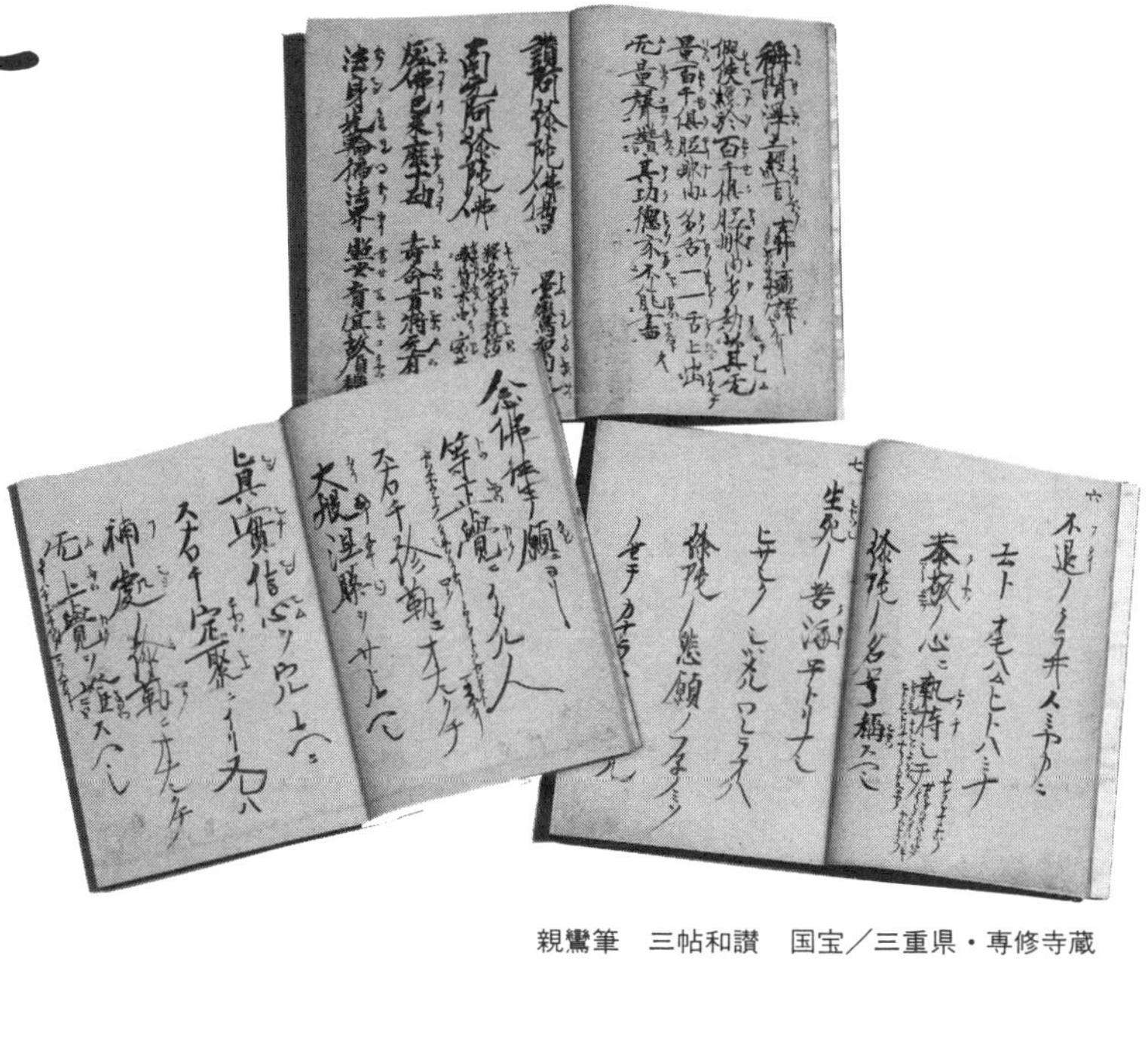

親鸞筆　三帖和讃　国宝／三重県・専修寺蔵

本願他力とは

「日々の暮らしに追われて、念仏をする時間すらない人は、救われないのか」――ひたすら念仏をとなえれば救われるという法然《ほうねん》の教えを受けた親鸞《しんらん》は、越後《えちご》(新潟県)に流されて以後、貧しい人々が懸命に生きる姿を見て、念仏に対する独自の思想を確立していく。

信心と念仏

一般的には、われわれが思いをこめて神仏に祈ることを信心というが、真宗ではそのようにはとらえない。

信心とは、どんなことがあっても、必ず浄土へ救うという、阿弥陀仏《あみだぶつ》の本願を聞きひらいた、疑いのない心をいうのである。

すなわち信心は、阿弥陀仏よりたまわる真実心のことであり、煩悩《ぼんのう》に根ざした凡夫《ぼんぶ》のはからい心をいうのではない。凡夫が往生《おうじょう》するのには、この仏の真実心をいただくこと以外にはないのである。

親鸞《しんらん》は、往生するための「行《ぎょう》」は凡夫にかわって阿弥陀仏が修し、凡夫がとなえやすいように「南無阿弥《なむあみ》陀仏《だぶつ》」の名号《みょうごう》として与えてくださるものであるとする。そしてその名号をすなおに受けとるという「信」も阿弥陀仏のはたらきによりいたり届くものであるとし、凡夫の側から起こすものではないと説く。

したがって、「行」も「信」も他力《たりき》回向《えこう》のものであり別のものではない。真実の信心をいただくということがそのまま、「南無阿弥陀仏」とお念仏申す身となることである。

本願他力

他力というと「他人まかせ」とい

他力といふは如来の本願力なり。
『教行信証《きょうぎょうしんしょう》』

う意味で誤解されがちだが、そうではない。他力とは阿弥陀仏の本願力のことをいう。

　本願とは、真宗の根本聖典《せいてん》である『仏説無量寿経《ぶっせつむりょうじゅきょう》』に説かれるもので、阿弥陀仏が悟りを開く前、まだ法蔵《ほうぞう》という菩薩《ぼさつ》のときに起こした四十八《しじゅうはち》願《がん》(誓い)をさす。

　そのなかでもとくに第十八願は、「私が仏となったとき、あらゆる衆生《しゅじょう》が、私のまごころを受けとって、疑いなく信じ、私の国(浄土)に生まれようと願って、南無阿弥陀仏と私の名前をとなえるであろう。もし生まれることができないのなら、私は仏《ぶつ》とならない」と誓っている。この誓いを、長期間の修行によって成しとげ、悟りを開いたのが阿弥陀仏である。

　このように、衆生に「南無阿弥陀仏」という名号を与えて救うという阿弥陀仏の本願のはたらきを、他力というのである。

　しばしば、他人まかせで何もしないという意味で「他力本願」と誤用されることがあるが、本当は、むしろ、阿弥陀仏のほうより智慧と慈悲を恵まれることによって、力強く、明るく、精一杯生き抜く人生が開かれてくるのである。

悪人正機

　悪人正機《あくにんしょうき》とは、悪人こそが阿弥陀仏の救いのめあてだとするものである。「善人なほもつて往生をとぐ、いはんや悪人をや」(『歎異抄《たんにしょう》』第三章)という言葉が、悪人正機を語るものとしてよく知られる。

ここでいう悪人とは、どんな行《ぎょう》によっても迷いを離れることのできない救われがたい凡夫のことである。その凡夫を見捨ててはおけないというのが本願の本意である。阿弥陀仏の願いは、このような悪人の救済のためにおこされたと説かれる。

ただし、悪人正機の教えは、悪行をすすめるものと誤解してはならない。真実に背を向けている悪人を、真実に向かわしめようとする阿弥陀仏の願いであることを、心得るべきである。

善人なほもつて往生をとぐ、いはんや悪人をや。

『歎異抄《たんにしょう》』

自然法爾

親鸞は、念仏を〝自然法爾《じねんほうに》〟という語でも表現している。これは、親鸞晩年の著書『正像末和讃《しょうぞうまつわさん》』自然法爾章に出てくる言葉である。

ここには、〝自然〟とは「自はおのづから」「然といふは、しからしむ」と示され、行者《ぎょうじゃ》のはからいをまじえないことをいう。〝法爾〟は「如来のおんちかひなるがゆゑに、しかしらむる」とあるように、如来(阿弥陀仏)の誓願のことである。

また親鸞は『歎異抄』第十六章で「わがはからはざるを、自然とは申すなり。これすなわち他力にてまします」と語っている。

すなわち自然法爾とは、凡夫の自力のはからいのないことであり、かつ、阿弥陀仏が真実に帰入せしめようとするはたらきを示す言葉である。

親鸞が説く現世において信心の人に恵まれる一〇種の利益《りやく》

一、冥衆護持の益《みょうしゅごじのやく》――目に見えぬ方々から護《まも》られる

二、至徳具足《しとくぐそく》の益――このうえもなく尊い功徳が身にそなわる

三、転悪成善《てんあくじょうぜん》の益――罪悪を転じて念仏の善と一味になる

四、諸仏護念《ごねん》の益――諸仏に護られる

五、諸仏称讃《しょうさん》の益――諸仏にほめたたえられる

六、心光常護《しんこうじょうご》の益――阿弥陀如来《あみだにょらい》の光明《こうみょう》につつまれて、常に護られる

七、心多歓喜《しんたかんぎ》の益――心が真の喜びに満たされる

八、知恩報徳《ちおんほうとく》の益――如来のご恩を知らされ、報謝の生活をする

九、常行大悲《じょうぎょうだいひ》の益――如来の大悲を生活のなかに表現していくことができる

一〇、入正定聚《にゅうしょうじょうじゅ》の益――やがて仏《ぶつ》になると定まった正定聚《しょうじょうじゅ》の位《くらい》に入る

現生正定聚《げんしょうしょうじょうじゅ》

平安時代の阿弥陀仏信仰には、臨終に念仏をとなえることで、阿弥陀仏が浄土から迎えにくるという考え方があった。これに対して親鸞は、臨終のときにではなく、この世の生あるうちに阿弥陀仏の信心をいただくことによって、やがて命尽きたとき、かならず真実報土の浄土に生まれることができるのだとした。このような身となった人々を、現生正定聚《げんしょうしょうじょうじゅ》――現在の生存において浄土往生が正しく確定した仲間という。

この教えは、平生業成《へいぜいごうじょう》(日常において、浄土往生のためになすべき行いが完成する)という言葉でも表現される。

非業《ひごう》の死とか、安らかな死と許されようが、どんな死に方を迎えようが、平生の信心決定《しんじんけつじょう》こそが、浄土往生の因《たね》であることを力説した。

浄土三部経

浄土三部経とは、浄土真宗でよりどころとする『仏説《ぶっせつ》無量寿経《むりょうじゅきょう》』『仏説《ぶっせつ》観無量寿経《かんむりょうじゅきょう》』『仏説《ぶっせつ》阿弥陀経《あみだきょう》』の三つの経典をいう。親鸞はとくに、『仏説無量寿経』に真実の教えが明らかにされているとたたえている。これらの経典には、何が説かれているのか。

『仏説無量寿経』

親鸞が「大無量寿経《だいむりょうじゅきょう》」と呼んだこともあり、略して「大経《だいきょう》」とも呼ばれる。上下二巻からなる。

この経典の序文には、阿弥陀仏の目的は迷える衆生《しゅじょう》に真実の利益《りやく》を与えて救うことにあり、釈尊がこの世に出現した目的(出世本懐《しゅっせほんがい》)はこの経典を説くためであったと明言されている。

内容は、法蔵菩薩《ほうぞうぼさつ》がすべての人々を救済するために仏となることを志し、五劫《ごこう》という長い時間をかけて熟慮したあげく、四八の誓願(四十八願《しじゅうはちがん》)をたてた。さらに不可思議兆載《ふかしぎちょうさい》永劫《ようごう》という、はてしない期間の修行をへて、この願と行《ぎょう》を成就させ、阿弥陀仏となられ壮麗なる浄土が建立された。

四十八願のなかでも、すべての人に名号《みょうごう》を与えて救おうと誓う第十八願が根本とされるが、その願が成就して、その名号を聞信する一念に往生が確約されると示される。

釈尊は、浄土に集うものたちの徳を説き、仏智を疑うことなく浄土往生を願うことをすすめている。最後に、仏法がすたれてしまう時代がくることがあっても、この教えだけは長くとどめて、人々を救い続けると、この経典は結んでいる。

親鸞《しんらん》によって詳細な注釈が書きこまれた『観無量寿経集註《かんむりょうじゅきょうしゅうちゅう》』 国宝／京都市・西本願寺蔵

『仏説観無量寿経』

略して「観経《かんぎょう》」とも称される。

内容は、王舎城《おうしゃじょう》に起きた事件を契機に、王妃韋提希《いだいけ》夫人が、苦悩なき世界を求めたのに応じて、釈尊が浄土往《おう》生《じょう》のためのさまざまな方法を説かれたものである。

定善観法《じょうぜんかんぽう》といって、精神を統一して、浄土と仏と、浄土に集う菩薩たちを観察《かんざつ》する方法が一三通り。さらに散善《さんぜん》――すなわち散乱した心のままで善を修する三通りの方法が、衆生の能力に応じて示されている。釈尊はだれでもできる方法として、他力念仏の一行をすすめられる。

『仏説阿弥陀経』

「小経《しょうきょう》」とも呼ばれる。

浄土のうるわしい様子と、阿弥陀仏や、そのもとに集う菩薩たちの徳が説かれる。

この極楽浄土へは、自力の善根によっては往生できず、阿弥陀仏の名号を信じとなえることによってのみ往生ができると説かれている。さらに東西南北上下の六方の仏たちは、阿弥陀仏の徳を称讃し、その信に生きる者を護《まも》ってくださると説かれている。

聖典『教行信証』

親鸞《しんらん》は、法然《ほうねん》の十三回忌にあたる一二二四（元仁《げんにん》元）年五二歳のとき、常陸《ひたち》（茨城県）稲田で『教行信証《きょうぎょうしんしょう》』を著したといわれる。本書は浄土真宗の根本聖典《こんぽんせいてん》であり、親鸞は生涯をかけて補訂を続けた。のちに、この年が立教開宗の年とされるようになった。

『顕浄土真実教行証文類《けんじょうどしんじつきょうぎょうしょうもんるい》』が正式な書名だが、『教行信証《きょうぎょうしんしょう》』『本典《ほんでん》』とも呼ばれる。浄土真宗の教義が示されている。

内容は、『仏説無量寿経《ぶっせつむりょうじゅきょう》』に示される教えにもとづいて、阿弥陀仏《あみだぶつ》の四十八願《しじゅうはちがん》を説きあかしたもの。全六巻（教・行《ぎょう》・信・証・真仏土《しんぶつど》・化身《けしん》土《ど》）からなり、はじめに総序、終わりに後序がある。

教巻では、『仏説無量寿経』が真実の教えであるとし、釈尊出世《しゅっせ》の本懐（この世に出現された目的）が説かれている。それはすなわち、阿弥陀仏が衆生《しゅじょう》を救うために真実の利益《りやく》を恵もうとするものであり、それは南無阿弥陀仏の念仏にほかならないとする。

行巻では、悟りにいたるための行が、阿弥陀仏の名をとなえ、たたえることであるとし、しかもそれは本願の名号《みょうごう》、すなわち衆生をして往生《おうじょう》せしめようとする阿弥陀仏からのはたらきかけであるとする。

信巻は、この阿弥陀仏の本願を、疑いなく受けとめる信心を説く。この信心が涅槃《ねはん》の悟りを開く因《たね》となる。

証巻では、これらの教・行・信によって導かれる証果——阿弥陀仏と同じ無上涅槃の境地について述べる。

これら四巻に真仏土巻と化身土巻を加えるかたちで六巻となり、経典や七高僧の論釈などからの、おびただしい数の引用文を整理して、親鸞は浄土の真実を明らかにしようと試みている。

正信偈

『教行信証』行巻の最後のところに出てくるのが、七言を一句とした、六〇行一二〇句の偈《げ》——すなわち有名な「正信念仏偈《しょうしんねんぶつげ》（正信偈《しょうしんげ》）」であり、『教行信証』のエッセンスともいわれる。

偈とは、仏の功徳をほめたたえる詩のことである。親鸞は、釈尊や七高僧の経論釈にもとづき「仏恩の深遠なるを信知して」、この偈を制作したと述べている。
「正信偈」が、真宗の聖典である『教行信証』のエッセンスであるといわれるのは、この短い偈のなかに、親鸞が浄土真宗の教えの要点をまとめて示したからである。
蓮如は、この「正信偈」を和讃とともに印刷して門徒にひろめ、日常の拝読用に制定した。以来八〇〇年以上にわたり、真宗門徒は朝夕のおつとめ（勤行）で慣れ親しんできている。

正信念仏偈（正信偈）

帰《き》命《みょう》無《む》量《りょう》寿《じゅ》如《にょ》来《らい》　南《な》無《む(も)》不《ふ》可《か》思《し》議《ぎ》光《こう》
法《ほう》蔵《ぞう》菩《ぼ》薩《さつ》因《いん》位《に》時《じ》　在《ざい》世《せ》自《じ》在《ざい》王《おう》仏《ぶつ》所《しょ》
覩《と》見《けん》諸《しょ》仏《ぶつ》浄《じょう》土《ど》因《いん》　国《こく》土《ど》人《にん》天《でん》之《し》善《ぜん》悪《まく》
建《こん》立《りゅう》無《む》上《じょう》殊《しゅ》勝《しょう》願《がん》　超《ちょう》発《ほっ》希《け》有《う》大《だい》弘《ぐ》誓《ぜい》
五《ご》劫《こう》思《し》惟《ゆい》之《し》摂《しょう》受《じゅ》　重《じゅう》誓《せい》名《みょう》声《しょう》聞《もん》十《じっ》方《ぽう》
普《ふ》放《ほう》無《む》量《りょう》無《む》辺《へん》光《こう》　無《む》碍《げ》無《む》対《たい》光《こう》炎《えん》王《のう》
清《しょう》浄《じょう》歓《かん》喜《ぎ》智《ち》慧《え》光《こう》　不《ふ》断《だん》難《なん》思《じ》無《む》称《しょう》光《こう》
超《ちょう》日《にち》月《がっ》光《こう》照《しょう》塵《じん》刹《せつ》　一《いっ》切《さい》群《ぐん》生《じょう》蒙《む》光《こう》照《しょう》

【意訳】

量《はか》りしれない寿命と人知およばぬ光明《こうみょう》をそなえた阿弥陀如来《あみだにょらい》に帰依《きえ》したてまつる。

その昔、阿弥陀如来が法蔵《ほうぞう》という菩薩《ぼさつ》であったとき、世自在王《せじざいおう》仏《ぶつ》のもとで、諸仏の浄土のいわれや、その浄土に集うものたちの長所短所を観察《かんざつ》して、すぐれた希有《けう》なる誓願をおこした。それは五劫《ごこう》というはてしない年月をかけて思索し、諸仏浄土の長所を選びとってまとめあげたものであった。

阿弥陀如来の放つ光明は、量りしれない光明、いたり届かぬところのない光明、なにものにも妨げられない光明、比べもののない光明、威力ある炎王《えんのう》たる光明、清らかな光明、喜びの光明、智《ち》慧《え》の光明、途絶えることのない光明、人知のおよばない光明、言葉につくせない光明、太陽や月の輝きを超えた光明であって、すべての生けるものはみな、この光明に照らされているのである。

本願の名号《みょうごう》は往生《おうじょう》のための正しい行《ぎょう》であり、至心信楽《ししんしんぎょう》の願（第十八願）を因とする。これにより、仏となる身に定まり、やがて涅槃《ねはん》を得るという必至滅度《ひっしめつど》の願（第十一願）が成就している。

本《ほん》願《がん》名《みょう》号《ごう》正《しょう》定《じょう》業《ごう》　至《し》心《しん》信《しん》楽《ぎょう》願《がん》為《に》因《いん》
成《じょう》等《とう》覚《がく》証《しょう》大《だい》涅《ね》槃《はん》　必《ひっ》至《し》滅《めつ》度《ど》願《がん》成《じょう》就《じゅ》
如《にょ》来《らい》所《しょ》以《い》興《こう》出《しゅっ》世《せ》　唯《ゆい》説《せつ》弥《み》陀《だ》本《ほん》願《がん》海《かい》
五《ご》濁《じょく》*悪《あく》時《じ》群《ぐん》生《じょう》海《かい》　応《おう》信《しん》如《にょ》来《らい》如《にょ》実《じつ》言《ごん》
能《のう》発《ほつ》一《いち》念《ねん》喜《き》愛《あい》心《しん》　不《ふ》断《だん》煩《ぼん》悩《のう》得《とく》涅《ね》槃《はん》
凡《ぼん》聖《じょう》逆《ぎゃく》謗《ほう》斉《さい》回《え》入《にゅう》　如《にょ》衆《しゅ》水《しい》入《にゅう》海《かい》一《いち》味《み》
摂《せっ》取《しゅ》心《しん》光《こう》常《じょう》照《しょう》護《ご》　已《い》能《のう》雖《すい》破《は》無《む》明《みょう》闇《あん》
貪《とん》愛《ない》瞋《しん》憎《ぞう》之《し》雲《うん》霧《む》　常《じょう》覆《ふ》真《しん》実《じつ》信《しん》心《じん》天《てん》
譬《ひ》如《にょ》日《にっ》光《こう》覆《ふ》雲《うん》霧《む》　雲《うん》霧《む》之《し》下《げ》明《みょう》無《む》闇《あん》
獲《ぎゃく》信《しん》見《けん》敬《きょう》大《だい》慶《きょう》喜《き》　即《そく》横《おう》超《ちょう》截《ぜつ》五《ご》悪《あく》趣《しゅ》*
一《いっ》切《さい》善《ぜん》悪《まく》凡《ぼん》夫《ぶ》人《にん》　聞《もん》信《しん》如《にょ》来《らい》弘《ぐ》誓《ぜい》願《がん》
仏《ぶつ》言《ごん》広《こう》大《だい》勝《しょう》解《げ》者《しゃ》　是《ぜ》人《にん》名《みょう》分《ふん》陀《だ》利《り》華《け》
弥《み》陀《だ》仏《ぶつ》本《ほん》願《がん》念《ねん》仏《ぶつ》　邪《じゃ》見《けん》憍《きょう》慢《まん》悪《あく》衆《しゅ》生《じょう》
信《しん》楽《ぎょう》受《じゅ》持《じ》甚《じん》以《に》難《なん》　難《なん》中《ちゅう》之《し》難《なん》無《む》過《か》斯《し》

釈尊がこの世に出現された目的は、ただ阿弥陀如来の大海のごとき本願を説くことであった。五濁《ごじょく》の時代の人々は、釈尊の真実の言葉を信ずるべきである。本願を信じ喜ぶ心がおきれば、煩悩《ぼんのう》を断じないで悟りを開く身となる。凡夫《ぼんぶ》も聖者も悪人も、ひとしく本願に救いおさめられる。それは、もろもろの川水が海に流れこみ、ひとつの塩味の海水となるようなものである。

如来の救いの光明は、常に衆生《しゅじょう》を照らし護《まも》ってくださる。その光明は衆生の無明《むみょう》の闇を打ち破るというが、貪《むさぼ》りや憎しみの煩悩は雲霧のように真実信心の天を覆っている。しかし、太陽が雲霧で覆われていても、雲霧の下は明るく闇がないように、煩悩に覆われていても、如来の光明は衆生に届いてくださる。

本願を信ずる心を得て、敬い喜ぶならば、五悪趣《ごあくしゅ》を横さまに抜けでる。善人悪人を問わず一切の凡夫が、阿弥陀如来の本願を聞いて信ずるならば、釈尊はその人を「大いなる智慧者」「白蓮華《びゃくれんげ》」と呼ぶ。阿弥陀仏《あみだぶつ》の本願念仏は、よこしまな考えをもつ人やおごり高ぶる人には、信じ保つことがきわめて難しく、難中の難でこれ以上のものはない。

西国インド・中国・日本の高僧方は、釈尊が世に出現された本意を明らかにし、阿弥陀如来の本願こそ凡夫にはふさわしい教えであることを明示した。

釈尊は楞伽山《りょうがせん》で、「龍樹菩薩《りゅうじゅぼさつ》が世に出て、有と無にとらわれた考えを打ち砕いて大乗仏教の究極の教えを説き、不退転《ふたいてん》の地位を得て、やがて安楽浄土に生まれるであろう」と人々に告げた。

龍樹菩薩は、難行《なんぎょう》は陸路を行くように苦しく、信心による易行《いぎょう》は船路を行くように安楽であるとされた。「本願を信ずるものは、

印度《いんど》西天《さいてん》之《し》論家《ろんげ》　中夏《ちゅうか》日域《じちいき》之《し》高僧《こうそう》
顕《けん》大聖《だいしょう》興世《こうせ》正意《しょうい》　明《みょう》如来《にょらい》本誓《ほんぜい》応機《おうき》
釈迦《しゃか》如来《にょらい》楞伽山《りょうがせん》　為衆《いしゅ》告命《ごうみょう》南天竺《なんてんじく》
龍樹《りゅうじゅ》大士《だいじ》出於世《しゅっとせ》　悉能《しつのう》摧破《ざいは》有無見《うむけん》
宣説《せんぜつ》大乗《だいじょう》無上法《むじょうほう》　証《しょう》歓喜地《かんぎじ》生《しょう》安楽《あんらく》
顕示《けんじ》難行《なんぎょう》陸路《ろくろ》苦《く》　信楽《しんぎょう》易行《いぎょう》水道《しいどう》楽《らく》
憶念《おくねん》弥陀《みだ》仏《ぶつ》本願《ほんがん》　自然《じねん》即時《そくじ》入《にゅう》必定《ひつじょう》
唯能《ゆいのう》常称《じょうしょう》如来号《にょらいごう》　応報《おうほう》大悲《だいひ》弘誓恩《ぐぜいおん》
天親《てんじん》菩薩《ぼさつ》造論説《ぞうろんせつ》　帰命《きみょう》無碍光《むげこう》如来《にょらい》
依《え》修多羅《しゅたら》顕《けん》真実《しんじつ》　光闡《こうせん》横超《おうちょう》大誓願《だいせいがん》
広由《こうゆ》本願力《ほんがんりき》回向《えこう》　為度《いど》群生《ぐんじょう》彰《しょう》一心《いっしん》*
帰入《きにゅう》功徳《くどく》大宝海《だいほうかい》　必獲《ひつぎゃく》入《にゅう》大会衆《だいえしゅ》数《しゅ》
得至《とくし》蓮華蔵《れんげぞう》世界《せかい》　即証《そくしょう》真如《しんにょ》法性身《ほっしょうじん》

願力《がんりき》によってそのまま、必ず仏となる身と定まる。ただ常に如来の御名《みな》をとなえ如来大悲のご恩を報ずべきである」と説かれた。

天親菩薩《てんじんぼさつ》は『浄土論《じょうどろん》』をあらわして、無碍光如来《むげこうにょらい》に帰依《きえ》することを述べられた。『大無量寿経《だいむりょうじゅきょう》』によって真実を明かし、如来の誓願によって迷いから悟りへと超えることができるとし、広く本願力の回向《えこう》によって衆生を救うために、信心を「一心」として解明された。「本願の功徳の大宝海に帰依すれば、必ず浄土の菩薩の仲間に入ることができ、また、蓮華の咲く浄土に牛まれたなら、すぐに真実を体した仏となって、煩悩に満ちたこの世に神通力を現して、迷いの世界に入って教化《きょうけ》をなす」と説かれた。

梁《りょう》の武帝《ぶてい》は、いつも曇鸞大師《どんらんだいし》のところに向かい、菩薩と崇《あが》めていた。曇鸞大師は三蔵法師《さんぞうほうし》の菩提流支《ぼだいるし》に出会い『観無量寿経《かんむりょうじゅきょう》』を授けられ、それまで親しんでいた仙術の書を焼き捨てて浄土の教えに帰依された。天親の『浄土論《じょうどろん》』の注釈書を著し、浄土建立の因果や、浄土に往生することも浄土からこの世に還《かえ》って衆生利益《しゅじょうりやく》することも、みな阿弥陀如来の他力によるのだと説かれた。煩悩に汚れた凡夫でも、信心をおこせば、迷いのなかにありながらも悟りを得るべき身となり、やがて光明無量の浄土に生まれて仏となり、衆生を教化することになる。

道綽禅師《どうしゃくぜんじ》は、聖道門《しょうどうもん》では悟りを得ることが難しく、ただ浄土門によってのみ悟りにいたることができると断定し、いろいろな善根をつむ自力修行を退けて、仏徳がまどかにそなわっている名号《みょうごう》を専《もっぱ》らとなえることをすすめられた。また、真実信心を、三信と三不信とに分けて懇切に教示し、「像法《ぞうほう》や末法《まっぽう》さらに法滅《ほうめつ》の時代になっても、如来は同様に大悲をもって導かれ、たとえ一生涯悪

遊《ゆう》煩《ぼん》悩《のう》林《りん》現《げん》神《じん》通《ずう》　入《にゅう》生《しょう》死《じ》園《おん》示《じ》応《おう》化《げ》
本《ほん》師《し》曇《どん》鸞《らん》梁《りょう》天《てん》子《し》　常《じょう》向《こう》鸞《らん》処《しょ》菩《ぼ》薩《さつ》礼《らい》
三《さん》蔵《ぞう》流《る》支《し》授《じゅ》浄《じょう》教《きょう》　焚《ぼん》焼《じょう》仙《せん》経《ぎょう》帰《き》楽《らく》邦《ほう》
天《てん》親《じん》菩《ぼ》薩《さつ》論《ろん》註《ちゅう》解《げ》　報《ほう》土《ど》因《いん》果《が》顕《けん》誓《せい》願《がん》
往《おう》還《げん》回《ね》向《こう》由《ゆ》他《た》力《りき》　正《しょう》定《じょう》之《し》因《いん》唯《ゆい》信《しん》心《じん》
惑《わく》染《ぜん》凡《ぼん》夫《ぶ》信《しん》心《じん》発《ぽつ》　証《しょう》知《ち》生《しょう》死《じ》即《そく》涅《ね》槃《はん》
必《ひっ》至《し》無《む》量《りょう》光《こう》明《みょう》土《ど》　諸《しょ》有《う》衆《しゅ》生《じょう》皆《かい》普《ふ》化《け》
道《どう》綽《しゃっ》決《けっ》聖《しょう》道《どう》難《なん》証《しょう》　唯《ゆい》明《みょう》浄《じょう》土《ど》可《か》通《つう》入《にゅう》
万《まん》善《ぜん》自《じ》力《りき》貶《へん》勤《ごん》修《しゅ》　円《えん》満《まん》徳《とく》号《ごう》勧《かん》専《せん》称《しょう》
三《さん》不《ぷ》三《さん》信《しん》*誨《け》慇《おん》懃《ごん》　像《ぞう》末《まつ》法《ほう》滅《めつ》*同《どう》悲《ひ》引《いん》
一《いっ》生《しょう》造《ぞう》悪《あく》値《ち》弘《ぐ》誓《ぜい》　至《し》安《あん》養《にょう》界《がい》証《しょう》妙《みょう》果《か》
善《ぜん》導《どう》独《どく》明《みょう》仏《ぶつ》正《しょう》意《い》　矜《こう》哀《あい》定《じょう》散《さん》*与《よ》逆《ぎゃく》悪《あく》
光《こう》明《みょう》名《みょう》号《ごう》顕《けん》因《いん》縁《ねん》　開《かい》入《にゅう》本《ほん》願《がん》大《だい》智《ち》海《かい》

をなしたとしても、如来の本願にお会いするならば、安らかな浄土にいたって仏の悟りを開くであろう」と示された。

善導大師《ぜんどうだいし》は、当時誤った仏教理解が多かったなかで、ひとり釈尊の真意を明らかにされた。如来は、定善《じょうぜん》や散善《さんぜん》の自力の人も、悪逆の人をも憐《あわ》れみ、これを救うために〝南無《なむ(も)》阿弥陀仏《あみだぶつ》〟の名号を因とし、その光明を縁とされた。「本願の智慧の海に帰入し、金剛《こんごう》のごとき堅固な心を得て、喜ぶ心が相応したとき、韋提希《いだいけ》夫人と同様に三忍を得て真実世界の常住安楽を悟る」と説かれた。

源信和尚《げんしんかしょう》は釈尊一代の教説をきわめ、浄土の教えに帰依すべきことをすすめられた。専修念仏《せんじゅねんぶつ》の心は深く、諸行を修める心は浅いことを、さらに、他力による人は報土《ほうど》(真実の浄土)に、自力による人は化土《けど》(方便《ほうべん》の浄土)に生まれることを明確にされた。「極重悪人においては、ただ南無阿弥陀仏をとなえるばかりである。私もまた如来の摂取の光明のなかにいながら、煩悩によって如来を見たてまつることができない。だが、如来は大慈悲心をもって倦《う》むことなく常に私を照らしてくださる」と述懐された。

わが師源空《げんくう》(法然《ほうねん》)上人は、仏教をきわめ、善悪の凡夫を憐れみ、真実の教えをわが国に興し、選択本願《せんじゃくほんがん》をこの悪世にひろめられた。「我々が迷いの世界に行き来するのは、疑いの心にとどまっているからであり、すみやかに寂静無為の安楽浄土に生まれるためには、必ず信心によらなければならない」と説かれた。

真実の経をひろめた七高僧の方々は、濁《にご》り多い悪世の衆生を救ってくださる。出家在家を問わずこの世の人々は、ともに心を同じくして、ただこの七高僧の方々の教えを信ずるべきである。

行者《ぎょうじゃ》正受《しょうじゅ》金剛心《こんごうしん》　慶喜《きょうき》一念《いちねん》相応《そうおう》後《ご》
与《よ》韋提《いだい》*等《とう》獲《ぎゃく》三忍《さんにん》*　即証《そくしょう》法性《ほっしょう》之《し》常楽《じょうらく》
源信《げんしん》広開《こうかい》一代教《いちだいきょう》　偏帰《へんき》安養《あんにょう》勧《かん》一切《いっさい》
専雑《せんぞう》執心《しゅうしん》判《はん》浅深《せんじん》　報化《ほうけ》二土《にど》正《しょう》弁立《べんりゅう》
極重《ごくじゅう》悪人《あくにん》唯《ゆい》称仏《しょうぶつ》　我《が》亦《やく》在《ざい》彼《ひ》摂取中《せっしゅちゅう》
煩悩《ぼんのう》障眼《しょうげん》雖《すい》不見《ふけん》　大悲《だいひ》無倦《むけん》常照我《じょうしょうが》
本師《ほんし》源空《げんくう》明《みょう》仏教《ぶっきょう》　憐愍《れんみん》善悪《ぜんまく》凡夫人《ぼんぶにん》
真宗《しんしゅう》教証《きょうしょう》興《こう》片州《へんしゅう》　選択《せんじゃく》本願《ほんがん》弘《ぐ》悪世《あくせ》
還来《げんらい》生死《しょうじ》輪転《りんでん》家《げ》　決《けっ》以《ち》疑情《ぎじょう》為《い》所止《しょし》
速入《そくにゅう》寂静《じゃくじょう》無為《むい》楽《らく》　必《ひっ》以《ち》信心《しんじん》為《い》能入《のうにゅう》
弘経《ぐきょう》大士《だいじ》宗師《しゅうし》等《とう》　拯済《じょうさい》無辺《むへん》極濁悪《ごくじょくあく》
道俗《どうぞく》時衆《じしゅ》共同心《ぐどうしん》　唯可《ゆいか》信斯《しんし》高僧《こうそう》説《せつ》

*（注）

五濁（ごじょく）　末世における五種の濁り。①劫濁《こうじょく》。飢饉《ききん》や社会悪の増大という時代の汚れ。②見濁《けんじょく》。思想が乱れること。③煩悩《ぼんのう》濁《じょく》。煩悩が盛んなこと。④衆生濁《しゅじょうじょく》。人間資質の低下。⑤命濁《みょうじょく》。命の軽視。

五悪趣（ごあくしゅ）　地獄・餓鬼《がき》・畜生《ちくしょう》・人間・天上の、五つの迷いの世界。

一心（いっしん）　天親《てんじん》が『浄土論《じょうどろん》』で「世尊《せそん》我《が》一心《いっしん》帰《き》命《みょう》尽十方《じんじっぽう》無《む》碍光如来《げこうにょらい》」と、自らの信心のすがたを〝一心〟と表現した。親鸞はこの一心と『大経』に説かれる至心《ししん》・信楽《しんぎょう》・欲生《ほっしょう》の三心とは、同じであるとする。

三不三信（さんぷさんしん）　三信と三不信のこと。三信とは、真実の信心を三つの相で説示するもので、淳心《じゅんしん》・一心《いっしん》・相続心《そうぞくしん》をさす。三不信は、その反対の不真実なる信心をいう。

像末法滅（ぞうまつほうめつ）　像法・末法・法滅のこと。正像末《しょうぞうまつ》の仏教史観によれば、釈尊入滅《にゅうめつ》後の五〇〇年は正法《しょうぼう》の時代（教えと修行と悟りがそなわっている時代）。その後の一〇〇〇年を像《ぞう》法《ほう》の時代（教えと修行はあるが悟りはないという、かたちだけの時代）。さらに続く一万年を末法《まっぽう》の時代（教えだけが伝わっている時代）の三期にわけ、この後には、法滅《ほうめつ》、すなわち教えも滅する時代に入るとする。

定散（じょうさん）　定善と散善。定善とは、禅定心をもって浄土を観察《かんざつ》したりする行《ぎょう》のこと。散禅とは、散乱した心のままで善を修める行のこと。

韋提（いだい）　マガタ国の頻婆娑羅王《びんばしゃらおう》の妃韋提希夫人《いだいけぶにん》。『仏説観《かん》無量寿経《むりょうじゅきょう》』には、わが子阿闍世《あじゃせ》太子に幽閉された韋提希が、釈尊の説法を請い、浄土の教えに帰依することが説かれている。

三忍（さんにん）　他力信心にそなわる三つの徳。①喜忍。往生することを喜ぶ心。②悟忍。仏の智慧《ちえ》を悟る心。③信忍。信心の定まった心。

親鸞のおもな著書

親鸞の代表作といえば『教行信証《きょうぎょうしんしょう》』である。このほかにも、多数の著作や書簡が残されている。親鸞は、法然門下の研鑽《けんさん》期から八八歳にかけて著述活動を行っているが、六三歳で帰洛《きらく》して以後の晩年の作が多い。

親鸞のおもな著書

漢文形式で書かれたもの

『教行信証《きょうぎょうしんしょう》』
『浄土文類聚鈔《じょうどもんるいじゅしょう》』
『愚禿鈔《ぐとくしょう》』
『入出二門偈《にゅうしゅつにもんげ》』など

(注)『浄土文類聚鈔』は、主著である『教行信証』の要旨を述べたもの

和文形式で書かれたもの

『唯信鈔文意《ゆいしんしょうもんい》』
『尊号真像銘文《そんごうしんぞうめいもん》』
『浄土三経往生文類《じょうどさんぎょうおうじょうもんるい》』
『一念多念証文《いちねんたねんしょうもん》』
『如来二種回向文《にょらいにしゅえこうもん》』
『弥陀如来名号徳《みだにょらいみょうごうとく》』
『三帖和讃《さんじょうわさん》』など

(注)『三帖和讃《さんじょうわさん》』は、七五調の形式で詠《よ》まれたもので、『浄土和讃《じょうどわさん》』『高《こう》僧和讃《そうわさん》』『正像末和讃《しょうぞうまつわさん》』の三部の総称

親鸞の書簡(消息)

『御消息集《ごしょうそくしゅう》』(善性《ぜんしょう》が編纂《へんさん》)
『末灯鈔《まっとうしょう》』(従覚《じゅうかく》が編纂)
『血脈文集《けちみゃくもんじゅう》』(編者不詳)など

『愚禿鈔』

「愚禿《ぐとく》」とは、親鸞が僧籍を剝奪《はくだつ》されて越後《えちご》(新潟県)に配流されて以後、生涯を通じて名乗った字《あざな》である。「禿」は僧籍に身をおかない求道者をあらわすといわれる。「僧籍がない以上、僧ではない。しかし、求道者である限り俗人ではない」という〝非僧非俗〟の立場を親鸞はこの名前にこめた。

『愚禿鈔』は、上下二巻からなる。上巻は、仏教の教説全体のなかで浄土真宗の意義を、教相判釈《はんじゃく》(教説の優劣)によって示している。

下巻には、その教えを受けとる側

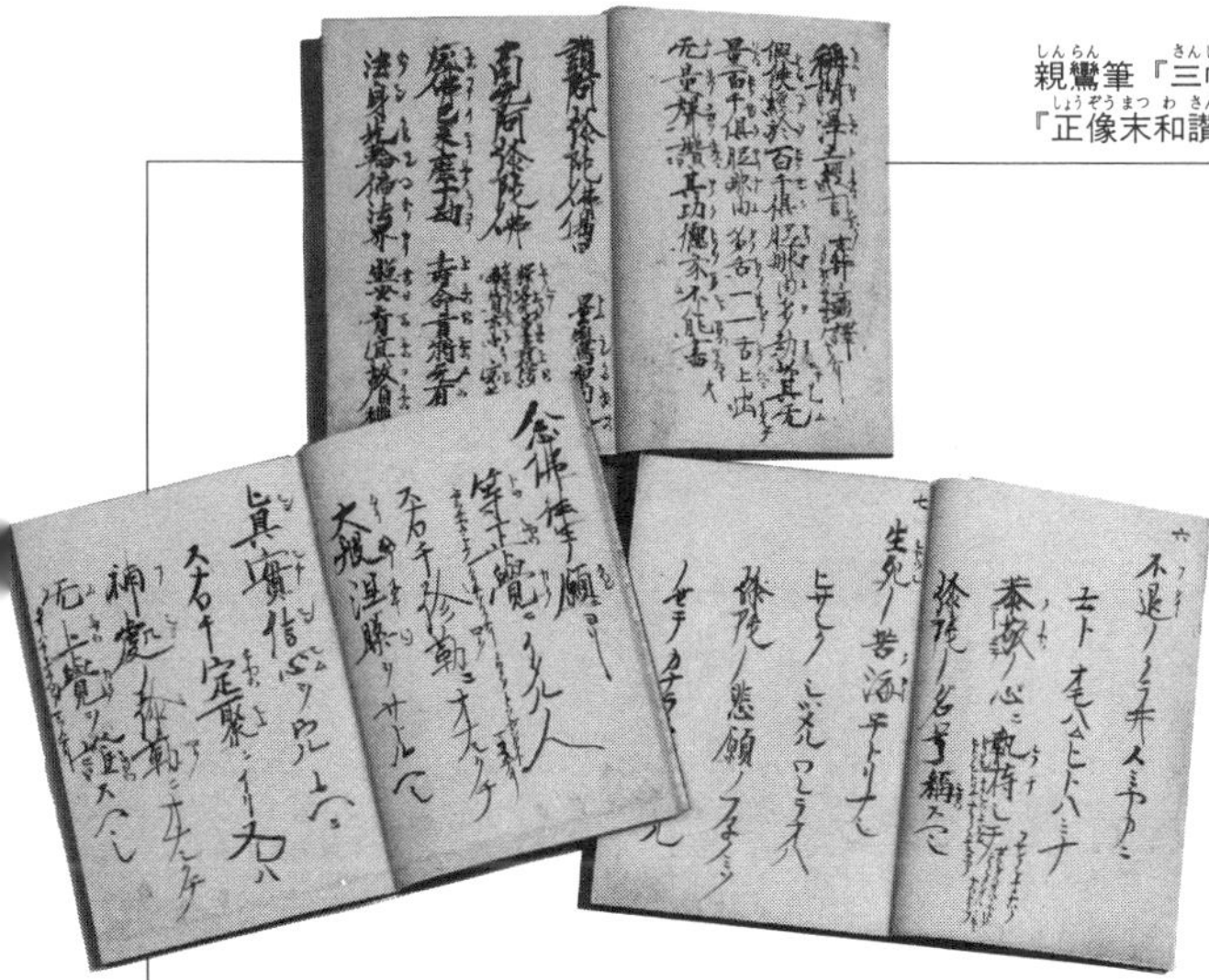

親鸞《しんらん》筆『三帖和讃《さんじょうわさん》』(『浄土和讃《じょうどわさん》』『高僧和讃《こうそうわさん》』『正像末和讃《しょうぞうまつわさん》』) 国宝／三重県・専修寺蔵

の信心について、善導の『観経疏《かんぎょうしょ》』によって解釈がなされている。

『三帖和讃』

『浄土和讃』『高僧和讃』『正像《しょうぞう》末和《まつわ》讃《さん》』の三つを総称していう。

和讃とは、和語をもって讃嘆する七五調の詩のことである。親鸞は「和《やわ》らげ讃《ほ》め」と訓読し、わかりやすく、また口ずさむことができるような形式にして、仏徳を讃嘆した。

『浄土和讃』は経典によって阿弥陀仏とその浄土をたたえたもの。『高僧和讃』は七高僧の功績や著作に即してその教えを鑚仰している。『正像末和讃』は、末法濁世において、親鸞自身の本願を仰ぐ心境が詠まれている。これらの和讃は全部で五〇〇首を超える。

十方諸有の衆生は
阿弥陀至徳の御名をきき
真実信心いたりなば
おほきに所聞を慶喜せん

『浄土和讃』

あらゆる衆生は、阿弥陀仏のこの上なき功徳の名号を聞いて、真実の信心をめぐまれる身に至ったならば、信じることを得て大いによろこぶばかりである。

如来の作願をたづぬれば
苦悩の有情をすてずして
回向を首としたまひて
大悲心をば成就せり

『正像末和讃』

如来が本願を起こされた本意をたずねてみると、苦悩する衆生を見捨てずに、功徳を与えることを目的として、大いなる慈悲のこころを完成なさった。

『末灯鈔』

《真実信心の行人《ぎょうにん》は、摂取不捨《せっしゅふしゃ》のゆゑに正定聚《しょうじょうじゅ》の位に住す。このゆゑに臨終まつことなし、来迎たのむことなし。信心のさだまるとき往生また定まるなり》

真実の信心を得た行者は、阿弥陀仏の光明のなかに救いとられて見捨てられることはないので、正定聚《しょうじょうじゅ》(浄土に往生することが正しく決定した仲間)という位に入るのである。このゆえに、臨終のときになって往生が決まるわけではないし、臨終のときに阿弥陀仏の来迎をお願いする必要もない。信心が定まったときに、往生もまた確定するのである。ここには、〝現生正定聚《げんしょうしょうじょうじゅ》〟——すなわち、信心を得ることによって、この世において阿弥陀仏の浄土に生まれる身と定まることが、明確に述べられている。

『一念多念証文』

念仏往生は、一念か多念かの論議を受けて、どちらにもとらわれないことを明らかにされた。

この書のなかで、親鸞は、阿弥陀仏の本願力によらなければ救われる道のない私たち凡夫の姿を、次のように明らかにしている。

《凡夫といふは、無明煩悩われらが身にみちみちて、欲もおほく、いかり、はらだち、そねみ、ねたむこころおほくひまなくして、臨終の一念にいたるまでとどまらず、きえず、たえずと、水火二河のたとへにあらはれたり》

『唯信鈔文意』

同じ法然門下の先輩にあたる聖覚の著書『唯信鈔』に引用される経文や釈文について、注釈をしたもの。

たとえば、善導の『法事讃』の「極楽無為涅槃界」を解釈する箇所では、

《この信心すなはち仏性なり、仏性すなはち法性なり、法性すなはち法身なり。法身はいろもなし、かたちもましまさず。しかれば、こころもおよばれず、ことばもたえたり。この一如よりかたちをあらはして、方便法身と申す御すがたをしめして、法蔵比丘となのりたまひて、不可思議の大誓願をおこしてあらはれたまふ御かたちをば、世親菩薩は「尽十方無碍光如来」となづけたてまつりたまへり》

もともと、仏の悟りの世界は、色形がなく、頭で理解することも、言葉で表現することもできないもので、凡夫の分別心ではとらえることができない。しかしながら、その悟りの世界のほうから形を現し、衆生を救おうとする願いとなって現れてくださっているのが阿弥陀仏であると述べている。

歎異抄

長らく親鸞《しんらん》のそばに仕えた河和田《かわだ》の唯円《ゆいえん》が親鸞の没後、師の教えが乱れ、種々な説がはびこっているのを歎《なげ》いて書いたとされる。浄土真宗の教義に対する理解がないままに読めば誤解を生じるような表現が多く含まれているので禁書とされたこともあったが、親鸞の生の言葉として、明治以降重視されている。

「ひそかに愚案《ぐあん》を回《めぐ》らしてほぼ古今を勘《かんが》ふるに、先師の口伝《くでん》の真信《しんしん》に異なるを歎き……(ひそかに親鸞聖人ご在世のころと、亡きあとのいまを思いあわせてみると、聖人がじきじきにお伝えくださった真実の信心と違っているようで歎かわしいことである……)」ではじまる。

『歎異抄』の著者は、親鸞《しんらん》のそばに長らく仕えた、河和田《かわだ》の唯円《ゆいえん》といわれる。

親鸞亡きあと、その教えが、異なって解釈されるようになったことを歎いた唯円が、同行《どうぎょう》の不審を除くため、親鸞口伝の言葉を記しながら著したものである。

本書は全部で一八章からなる。第一章から第一〇章までの部分は、唯円の耳の底に留まるところの親鸞の法語を記している。第一一章から第一八章は、〝聖人の仰せにあらざる異義〟を歎いた著者唯円が、親鸞の説いた真実信心を、正しく示そうと述べたものである。

本願寺八世蓮如《れんにょ》は、『歎異抄《たんにしょう》』を書写し、そこに奥書《おくがき》をつけて、

「右この聖教《しょうぎょう》は、当流(浄土真宗)の大事の聖教となすなり。無宿善《むしゅくぜん》の機(真剣に仏の教えを聞く気のないもの)においては、左右《さう》なく(たやすく)、これを許すべからざるものなり」

と、自ら書き加えている。

この奥書については、浄土真宗の教義に対する理解がないままに読めば、とんでもない誤解を招くということを心配してつけ加えたといえる。つまり『歎異抄』の内容を、とり違えることのないよう、用心して拝読すべきことを教示したものと思われる。そもそも、後学の者の陥りやすい異義を正していこうとするのが『歎異抄』制作の意図であることからしても、無宿善の機が真実の信心にめざめていく契機を与えるために、本書を活用することが、唯円の願いにかなうことであろう。

『歎異抄』は、浄土真宗の教えの要点が論じられている書であり、なによりも、親鸞の語りかけが、そのまま記されているところに、広く読む者の心をひきつける所以《ゆえん》があろう。

『歎異抄』第二章（一部抜粋）

親鸞《しんらん》におきては、ただ念仏《ねんぶつ》して弥陀《みだ》にたすけられまゐらすべしと、よきひと（法然）の仰《おお》せをかぶりて信《しん》ずるほかに別《べつ》の子細《しさい》なきなり。念仏《ねんぶつ》は、まことに浄土《じょうど》に生《うま》るるたねにてやはんべらん、また地獄《じごく》におつべき業《ごう》にてやはんべるらん。総《そう》じてもつて存知《ぞんじ》せざるなり。たとひ法然聖人《ほうねんしょうにん》にすかされまゐらせて、念仏《ねんぶつ》して地獄《じごく》におちたりとも、さらに後悔《こうかい》すべからず候《そうろ》ふ。そのゆゑは、自余《じよ》の行《ぎょう》もはげみて仏《ぶつ》に成《な》るべかりける身《み》が、念仏《ねんぶつ》を申《もう》して地獄《じごく》にもおちて候《そうら》はばこそ、すかされたてまつりてといふ後悔《こうかい》も候《そうら》はめ。いづれの行《ぎょう》もおよびがたき身《み》なれば、とても地獄《じごく》は一定《いちじょう》すみかぞかし。

〔意訳〕

私――親鸞《しんらん》は、

「ただ念仏して、阿弥陀仏《あみだぶつ》に救っていただきなさい」

という師法然《ほうねん》上人の教えを、そのまま信じているだけで、それ以外の理由はまったくないのである。

念仏が本当に浄土に生まれるための方法なのか、あるいは逆に、地獄に堕《お》ちる原因となるものなのか、まったく私にはわからない。

たとえ法然上人にだまされて、念仏をとなえることによって地獄に堕ちるようなことになったとしても、少しも後悔することはない。

なぜなら、念仏以外の修行をすることによって仏になることができる者が、念仏をしたために地獄に堕ちてしまったというのであれば、だまされたという後悔も残ることになるだろう。

しかし、どんな行《ぎょう》を選んでみても、到底それをやりとげるだけの力がないわが身であれば、どうあっても地獄は私に定められたすみかであることになるからである。

『歎異抄』第九章（一部抜粋）

念仏《ねんぶつ》申《もう》し候《そうら》へども、踊躍歓喜《ゆやくかんぎ》のこころおろそかに候《そうら》ふこと、またいそぎ浄土《じょうど》へまゐりたきこころの候《そうら》はぬは、いかにと候《そうら》ふべきことにて候《そうら》ふやらんと、申《もう》しいれて候《そうら》ひしかば、親鸞《しんらん》もこの不審《ふしん》ありつるに、唯円房《ゆいえんぼう》おなじこころにてありけり。よくよく案《あん》じみれば、天《てん》にをどり地《ち》にをどるほどによろこぶべきことを、よろこばぬにて、いよいよ往生《おうじょう》は一定《いちじょう》とおもひたまふなり。よろこぶべきこころをおさへて、よろこばざるは煩悩《ぼんのう》の所為《しょい》なり。しかるに仏《ぶつ》かねてしろしめして、煩悩具足《ぼんのうぐそく》の凡夫《ぼんぶ》と仰《おお》せられたることなれば、他力《たりき》の悲願《ひがん》はかくのごとし、われらがためなりけりとしられて、いよいよたのもしくおぼゆるなり。

〔意訳〕

「いくら念仏をとなえてみても、躍りあがるほどの喜びがわいてきません。また、急いで浄土に生まれたいという気持ちにもなれないのですが、これはいったいどういうことなのでございましょうか」

とおたずね申し上げましたところ、親鸞聖人は、

「私もそういう疑問をもっていたのだが、唯円房《ゆいえんぼう》よ、お前も同じ悩みをもっているのですね。

よくよく考えてみると、本来ならそれこそ躍りあがって喜んでもよいはずなのに喜べないことによって、かえって浄土に生まれることが間違いないことだと気がつくべきことなのです。喜ぶはずの心を抑えて喜ばせないようにしているものこそ自分の迷い——すなわち煩悩《ぼんのう》のせいなのです。

ところが、阿弥陀仏はまえもって、ちゃんとそのことを知っておられて、〝迷いに満たされている凡夫《ぼんぶ》〟と仰せられているのですから、この仏さまの慈悲深いお誓いは、そのような自分たちのためのものであったことがわかるので、ますます頼りになるのです」

と、おっしゃった。

御文章（御文）

本願寺八世蓮如《れんにょ》は、「参る者とてなく」といわれるほど寂れていた本願寺に生まれ、そこから親鸞の教えを全国にひろめ、本願寺を大教団にした。本願寺中興の祖、あるいは再興の祖といわれる。その布教の原動力は、浄土真宗の要義を平易に書いて弟子や門徒たちに与えた手紙である。

大谷派では「御文《おふみ》」、本願寺派では「御文章《ごぶんしょう》」と呼んでいる。

本願寺九世実如《じつにょ》のときに、五帖八〇通に編纂《へんさん》された。このほかにも『帖外御文章』として一三九通ある。いずれも、平明な表現で真宗安心《あんじん》の要点を表現している。とくに五帖目のなかにある「聖人一流の章」「末代無智の章」「信心獲得の章」「白骨の章」などが有名である。

真宗の教えが今日のようにひろまったのは、この『御文章（御文）』の力によるところが大きいとされる。

蓮如の一貫する主張は、〈信心正因《しんじんしょういん》〉〈称名報恩《しょうみょうほうおん》〉という教義である。すなわち、阿弥陀仏の信心をいただく身となることによって往生《おうじょう》が決定《けつじょう》するということであり、信心の身となったうえの念仏は、阿弥陀仏への仏恩報謝であることを示している。「聖人一流の章」には、このことが、簡潔に述べられている。

なお各章末尾の「あなかしこ」は、手紙の文末に付す「敬具」にあたる。

聖人一流の章

聖人一流の御勧化のおもむきは、信心をもつて本とせられ候ふ。そのゆゑは、もろもろの雑行をなげすてて、一心に弥陀《みだ》に帰命すれば、不可思議の願力として、仏のかたより往生は治定せしめたまふ。その位を一念発起入正定之聚とも釈し、そのうへの称名念仏は、如来わが往生を定めたまひし御恩報尽の念仏とこころうべきなり。あなかしこ、あなかしこ。

〔意訳〕

親鸞聖人のおすすめになる趣意は、信心を根本とされております。そのわけは、さまざまな雑行《ぞうぎょう》を捨て一心に阿弥陀仏《あみだぶつ》に帰依《きえ》すると、阿弥陀仏のほうから、その本願力《ほんがんりき》によって往生を決定《けつじょう》してくださるからです。その位を「一念発起入正定之聚」とも解釈します。そのうえの称名念仏《しょうみょうねんぶつ》は、阿弥陀仏が私の往生を定めてくださったご恩に報じるための念仏であると心得るべきであります。

白骨の章

それ、人間《にんげん》の浮生《ふしょう》なる相《そう》をつらつら観《かん》ずるに、おほよそはかなきものはこの世《よ》の始中終《しちゅうじゅう》、まぼろしのごとくなる一期《いちご》なり。さればいまだ万歳《まんざい》の人身《にんじん》を受《う》けたりといふことをきかず、一生過《いっしょうす》ぎやすし。いまにいたりてたれか百年《ひゃくねん》の形体《ぎょうたい》をたもつべきや。われや先《さき》、人《ひと》や先《さき》、今日《きょう》ともしらず、明日《あす》ともしらず、おくれさきだつ人《ひと》はもとのしづくすゑの露《つゆ》よりもしげしといへり。されば朝《あした》には紅顔《こうがん》ありて、夕《ゆうべ》には白骨《はっこつ》となれる身《み》なり。すでに無常《むじょう》の風《かぜ》きたりぬれば、すなはちふたつのまなこたちまちに閉《と》ぢ、ひとつの息《いき》ながくたえぬれば、紅顔《こうがん》むなしく変《へん》じて桃李《とうり》のよそほひを失《うしな》ひぬるときは、六親眷属《ろくしんけんぞく》あつまりてなげきかなしめども、さらにその甲斐《かい》あるべからず。さてしもあるべきことならねばとて、野外《やがい》におくりて夜半《よわ》の煙《けぶり》となしはてぬれば、ただ白骨《はっこつ》のみぞのこれり。あはれといふもなかなかおろかなり。されば人間《にんげん》のはかなきことは老少不定《ろうしょうふじょう》のさかひなれば、たれの人《ひと》もはやく後生《ごしょう》の一大事《いちだいじ》を心《こころ》にかけて、阿弥陀仏《あみだぶつ》をふかくたのみまゐらせて、念仏《ねんぶつ》申《もう》すべきものなり。あなかしこ、あなかしこ。

〔意訳〕

さて、人間の不安定な姿をつくづく考えてみますと、およそ、はかないものとは、始めから終わりまでの、まぼろしのごとき一生です。いまだ一万歳の人がいたとは聞いたことがありません。一生は過ぎやすいものです。いまにいたってはだれが一〇〇年の命を保つことができましょうか。私が先か他人が先か、今日とも明日ともわかりません。先に死ぬか後に死ぬかは、根元の雫《しずく》や葉先の露のはかなさよりも、予測ができません。ですから、朝には元気な顔であっても、夕べには白骨《はっこつ》となる身であります。いまにも無常な風が来たならば、すぐに眼は閉じ、ひとつの息は永遠に絶えてしまいます。紅顔もその桃や李《すもも》のような美しさを失ってしまっては、家族親族が集まって嘆き悲しんでもなんの甲斐もありません。いつまでもそうはしていられないので、野辺の送りをして夜半の煙となってしまえば、ただ白骨が残るだけです。あわれといっても言葉では表現できません。人間のはかなさは、老いも幼きも定まりのない境界ですから、どの人も、まずもって後生の一大事を心に受けとめ、阿弥陀仏《あみだぶつ》におまかせして、念仏申すべきであります。

コラム①

小林一茶

軽妙な一茶の句は、逆境から生まれた

「雀の子、そこのけそこのけ御馬《おうま》が通る」などの軽妙で親しみやすい俳句で知られるように、一茶《いっさ》の句は対象にそそがれる温かい目であり、そこには、自他を越えて一つになる慈悲の心が見える。

幼児期に母を失い、継母に育てられたが折り合いが悪く、一四歳のときに信濃《しなの》(長野県)から江戸へ出奔し、浮き世の辛酸をなめた。遺産相続争い、五二歳で初婚、四人の子供が次々と夭逝《ようせい》、そんな不幸を乗り越えてとらわれず、一八〇度転換する一茶の強い生き方、それはまさに仏教の教えを身をもって示したといえる。

念仏の風土に育った一茶だが、はじめはやや反感的なものももっていた。だが年をへて、郷里に戻ってからは近くの明《みょう》専寺《せんじ》へ出入りするようになり、しだいに念仏の教えを深めるようになった。どんな境遇にあっても阿弥陀如来《あみだにょらい》の慈悲のなかにいる自分に気づいたのである。

ともかくも
あなた任《まか》せの
としの暮《くれ》

右の句は、一茶が五七歳の暮れに詠《よ》んだもの。「あなた任せ」という句の意味は、ひとまかせで我関《われ》せずということではなく、阿弥陀如来の真実の心に従うという意味だ。

すなわち我執を離れるのが仏教の真髄であり、弥陀《みだ》の本願のみを信じることが救いの道であることを詠んでいる。

年《とし》もはや
穴《あな》かしこ也《なり》
如来様《にょらいさま》

左の句は、一茶が六五歳の晩年に詠んだもの。「穴かしこ」は手紙の末尾に記す敬語で、蓮如《れんにょ》上人の「御《ご》文章《ぶんしょう》(御文《おふみ》)」は、それぞれ「あなかしこ、あなかしこ」で結ばれている。一茶は「人生の終わり」と「手紙の終わり」をかけて《穴かしこ也》とした。

おどけたニュアンスをもった句だが《如来様》とあるように、一茶は自分が死んで生まれ変わる世界が西方《さいほう》浄土であることを信じ、如来にまかせきった心情を詠んでいる。

特集①

他力の信心に徹した在家の求道者

妙好人

妙好人《みょうこうにん》とは、念仏者をたたえていう語である。唐《とう》の善導大師《ぜんどうだいし》の『観経疏《かんぎょうしょ》』散善義《さんぜんぎ》の「念仏者はこれ人中《にんちゅう》の好人《こうにん》、人中の妙好人」にもとづく言葉で、念仏者が尊く優れていることを意味する。それがとりわけ浄土真宗の篤信者をあらわすようになったのは、石見国《いわみのくに》(島根県)浄泉寺《じょうせんじ》の仰誓《ごうぜい》が江戸時代に編纂《へんさん》した『妙好人伝《みょうこうにんでん》』以降のこと。阿弥陀仏《あみだぶつ》を信じ、謙虚と感謝報恩を忘れず、鋭い自己洞察をもって日々の暮らしに向きあった妙好人の話が伝えられている。

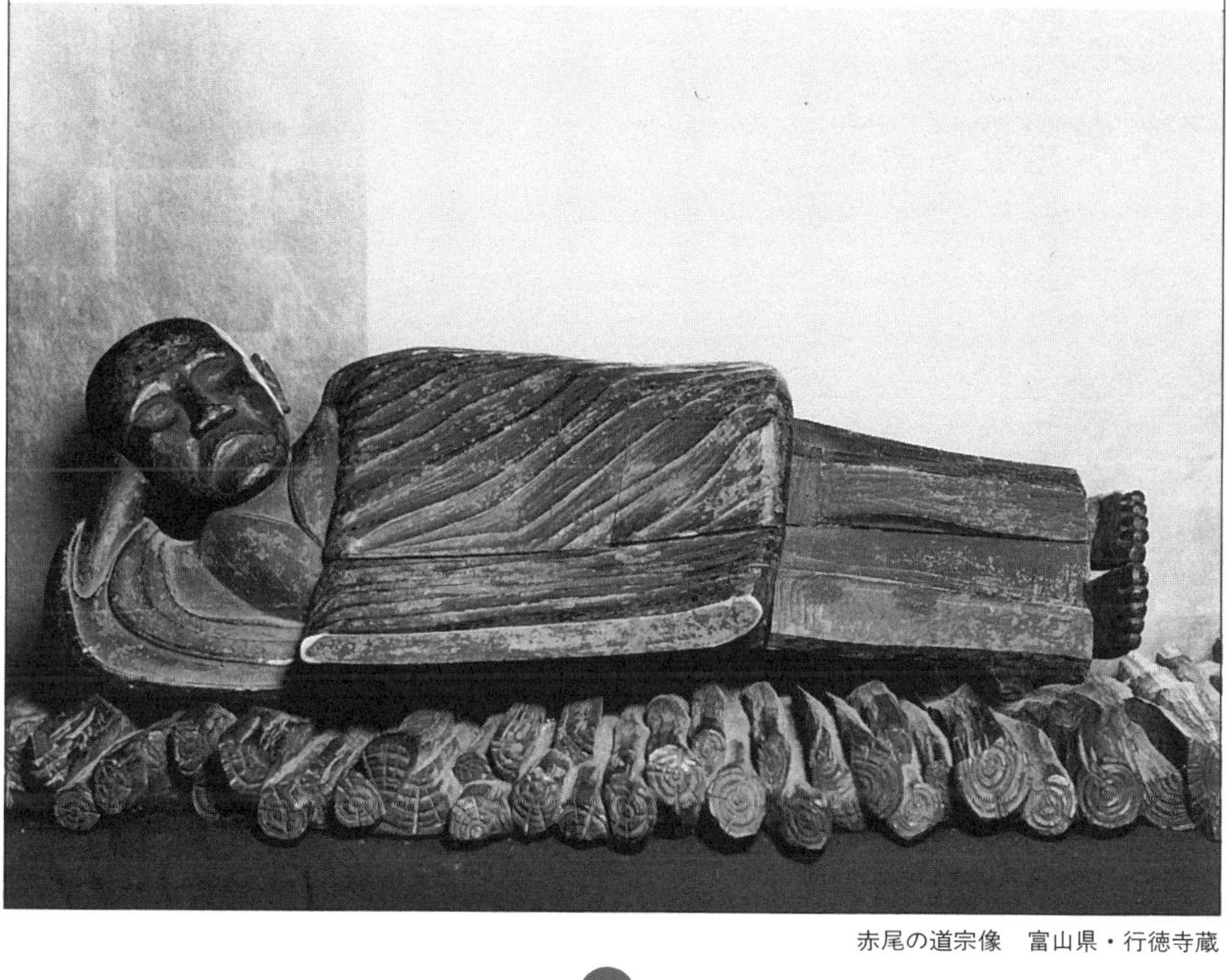

赤尾の道宗像　富山県・行徳寺蔵

赤尾の道宗

室町時代、越中五箇山赤尾《えっちゅうごかやまあかお》（富山県南砺市西赤尾町）に生まれる。若くして蓮如《れんにょ》に帰依《きえ》し、布教にあたった。生没年不詳。

道宗《どうしゅう》は俗名《ぞくみょう》を「弥七《やしち》」といい、おじの浄徳《じょうとく》に伴われて本願寺《ほんがんじ》八世蓮如《れんにょ》上人に帰依しました。道宗の住む越中五箇山が、富山の奥深い山村であることを思えば、蓮如上人の精力的な布教ぶりが察せられます。

蓮如上人は、道宗と対面したときの印象を、一四九六（明応《めいおう》五）年の御《ご》文章《ぶんしょう》（御文《おふみ》）にこう記していらっしゃいます。

「年はいまだ三十にたらざりしものなりけるが、後生を大事と思って仏法に心をかけたるものなり」

道宗が信心のあつい人物であったことがうかがえます。

実際、彼の信心ぶりたるや、毎朝のおつとめはもちろん、毎月一回、井波瑞泉寺《いなみずいせんじ》にお参りし、さらに毎年一回は京都の本願寺に参詣したのです。

そして蓮如上人を鑚仰《さんごう》する道宗は、上人が仰せられた言葉――「不可能なことであっても、不可能と思ってはいけない。なぜなら、この凡夫《ぼんぶ》たる身が仏になるのであるから、不可能なことがあるわけがない」という教えを固く信じ、

「蓮如さまが、近江《おうみ》の湖（琵琶湖《びわこ》）を一人で埋めよとおっしゃるなら、私はそうしてみせます。蓮如さまの仰せであれば、不可能なことはありません」

といいきり、恭順したのです。そして道宗は、厳しく自らを戒めるとともに、帰依《きえ》して五年後の一五〇一（文亀《ぶんき》元年）、〈後生之一大事《ごしょうのいちだいじ》、命のあらんかぎりは油断有間敷事《ゆだんあるまじきこと》〉から始まる二一カ条の『道宗覚書《どうしゅうおぼえがき》』をしたため、一心に念仏信仰に励んだのでした。

大和の清九郎

1678〜1750年

大和国《やまとのくに》高市郡《たかいちごおり》矢田村《やたむら》（奈良県高取町）に生まれる。〝妙好人〟の原型のひとりといわれる。七三歳で亡くなる前に剃髪《ていはつ》して入道。法名釈浄元《ほうみょうしゃくじょうげん》。

清九郎《せいくろう》が亡くなる前年のことです。留守中に盗賊が押し入り、敷筵《しきむしろ》の下に入れておいた銀札《ぎんさつ》七匁《もんめ》を盗られてしまいました。

それを聞いた村人が、気の毒に思って口々になぐさめると、清九郎は、

「盗みをするほどの者でしたら、さぞかし不自由をしていることだろうに、ろくに盗るものもなくて残念なことであった。二、三日前までなら菜種を売った代金があったのに……」

と、気の毒がった。さらに、

「しかし、この七匁も、いつもならなかったのですから、いいときに入ってきなさったともいえましょう。せっかく入ってきて、手ぶらで帰さなくてよかった」

そういって、ニッコリと笑ったのです。

　これには村人たちもあっけにとられ、お金を盗まれてどうしてそんなにうれしいのかとたずねると、

「いまは盗まれる側になっていますが、私も煩悩具足《ぼんのうぐそく》の生まれで、人さまのものまで欲しがる性分をもっています。盗賊と本性は同じことなのです」

　こんな自分が、仏の慈悲のおかげで盗み心を起こさぬようになり、反対に盗まれる身になっていることを思えば、喜ばずにいられない——と答えたのでした。

　翌年、清九郎は病に伏し、病床でとなえつづけた念仏の声が絶えるのと、息をひきとるのが同時であったと伝えられています。

鳥さえも「法を聞けよ」と教えてくれていると気づいた清九郎

三河のおその ―1777〜1853年

三河国《みかわのくに》渥美郡《あつみごおり》田原《たわら》（愛知県田原市）に生まれる。蘭学《らんがく》の大家鈴木春山《しゅんざん》の実母。東本願寺の三河地方における各種お講の会計係をつとめる。


　おそのが三河の普元寺《ふげんじ》にお参りしたときのことです。同寺の善桂《ぜんけい》という布教使が、おそのが熱心にお参りする姿を見て、

「そなたの村は仏法が繁盛しておるようじゃの」

　と声をかけました。

　するとおそのは、

「ええ、それは大繁盛でございます。人のことは知りませぬが、私一人は」

「そなた一人？　一人繁盛とはいかなる姿か聞かせてくれんか」

　いぶかる善桂師に、おそのは、

「朝から晩まで、あるわ、ないわ、足るわ、足らぬわ、可愛いわ、憎いわ、と、三毒やら、五欲やら、それは繁盛しています」

　と答えたのです。

「それは仏法の繁盛ではなくて、ただの煩悩の繁盛じゃ」

　あきれる善桂師に、おそのは自分の胸を押さえながら、

「はい、これさえあったら（大丈夫）。なあ、もし」

　といったので、善桂師は二の句がつげなかったそうです。

　蓮如上人いわく「一宗の繁盛と申すは、人の多くあつまり、威《い》の大なる事にてはなく候《そうろう》。一人なりとも人の信を取《とる》が一宗の繁盛に候」という教えを、おそのは実践したのでした。

子供のように本尊に甘える庄松

讃岐の庄松

1798〜1871年

讃岐国《さぬきのくに》大川郡《おおかわごおり》丹生《にふ》村(香川県さぬき市)に生まれる。生い立ちの詳細は不明。彼の言行を記録した『庄松《しょうま》ありのまま記』がある。

勝覚寺《しょうかくじ》の住職があまりに庄松を可愛がるので、僧のひとりがそれを妬《ねた》み、信者たちの前で庄松に向かって、

「おまえは有難いお同行さんだそうじゃてな。このお経を読んでくれ」

といって、『無量寿経《むりょうじゅきょう》』の下巻を開いて差しだしました。それは、お経のなかでもいちばん読みづらい「五悪段」でした。その僧は庄松が字を読めないのを承知で、嫌がらせをしたのです。

しかし字の読めない庄松にとっては、どのお経も同じこと。固唾《かたず》をのんで見守る信者たちを前に平気な顔でお経を受けとると、うやうやしくいただいて、

「庄松を助けるぞよ、庄松を助けるぞよ、と書いてある」

と〝読んだ〟のでした。

蓮如上人が「聖教《しょうぎょう》よみの聖教よまずあり、聖教よまずの聖教よみあり」(『御一代記聞書《ごいちだいききがき》』)と仰せられているように、お経を読む力はなくても、庄松のように、阿弥陀仏の本願と浄土を心から信じきっている人は、お経の真髄を読みとっていることになるのです。

また、あるとき庄松は、ときどき作男として雇われる野崎家に、浄土参りの話をしてくれるよう呼ばれました。ところが庄松はいつものように草履《わらじ》を編みはじめたのであわてて、

「おいおい、今日はお浄土参りの話を聞かせてくれ」

というと、庄松は編む手を休めもせず、

「お浄土参りなら、おらの話より、如来さんのお呼び声を聞け」

と答え、黙々と編みつづけたのでした。

六連島のおかる

1801〜1856年

長門国《ながとのくに》下関《しものせき》の沖合いの六連島《むつれじま》(山口県下関市)で生まれる。夫の背信に懊悩《おうのう》し、救いを求めて入信。『妙好人伝』には、おかるが詠《よ》んだ歌が十数首収録。

北九州に野菜の行商に出かけていた夫の幸七《こうしち》が愛人を囲い、島へ帰る足がだんだん遠のきはじめました。善良で、信頼しきっていた夫の裏切りに、おかるは奈落《ならく》の底へ引きこまれる思いでした。

苦しんだおかるは、やがて念仏に惹《ひ》かれ、法座に足を運ぶようになりました。しかし、有難い説法にもか

かわらず、憎悪と嫉妬に狂う彼女の心は救われず、絶望感から投身自殺をはかったこともあります。いまも六連島には、その場所が「身投げ岩」と呼ばれて残っています。

一命をとりとめた彼女は、暗い気持ちのまま説法を聞いているうちに、しだいに夫のことよりも、人を呪《のろ》い、怨《うら》まなければならない自分自身の悲しさに気づいていったのです。

「自分は、夫と愛人を地獄の底へ突き落としてやりたいと思いつづけている。そう思う自分の罪業の深さこそ、本当は地獄へ行かねばならないのではないか？」

そして、おかるが念じたことは、自分のような罪深い人間に救いはあるのだろうか、ということでした。

念仏の教えを聞いても得心できず、念仏をとなえても心になんの変化もなく、おかるは苦悩しつづけるのでした。

そんな、おかるが忽然と阿弥陀仏の本願に目覚めるのは、三五歳のころです。救われるか、救われないかという詮索《せんさく》など、どうでもよし。ただ弥陀の本願のみを信じるということであった。このときの心境を、おかるは、「往生は投げた」という言葉で歌に詠んでいます。

因幡の源左 1842〜1930年

本名足利《あしかが》喜三郎《きさぶろう》。通称源左衛門《げんざえもん》。因幡《いなば》国《くに》気《け》高郡《たかごおり》山根《やまね》村（鳥取県鳥取市）に生まれる。一八歳のときに父をコレラで亡くして、仏縁を持つ。

源左は短気者で、

「煩悩は借りものじゃない。浅ましい凡夫の地金《じがね》です。死ぬまで消えもせず、絶えもせず、心底でくすぶりつづけております」

と本人が語るほどでしたが、

「その悪い源左を一番に助けるとおっしゃるで、ほかの者が助からんはずはないだがやぁ。有難いのう」

といって感謝するのが口癖でした。

源左は長寿で八九歳で亡くなるまで、その言動はユーモラスでいて、その実、考えさせられるエピソードが数多くあります。

たとえば、ある夏の昼下がりのこと。夕立にあってずぶ濡れになった源左を見て、願正寺《がんしょうじ》の住職が、

「じいさん、よう濡れたのう」

と声をかけると、源左は濡れた顔をほころばせながら、

「ありがとうござんす、御院家《ごいんげ》さん。鼻が下に向いとるで、有難いぞな」

鼻が上向きについていれば、雨はみな鼻の穴に入ってしまうが、下向きになっているおかげで助かっている。なんと有難いお手まわしであろう、と彼は心底感謝するのでした。

あるいは、自分の畑の芋を盗んでいたドロボーを見たときの話も、源左の信仰を示すものとして興味深い。

源左はカッとなってから、すぐに、

「ひとつ間違えば、自分が盗む身になっていたかもしれない。それがいま、恵まれて盗まれる身になっているに過ぎない」

と思い直し、盗み食いをせざるをえないドロボーの境遇に同情し、そっと畑を立ち去ったのでした。

浅原才市

1851〜1932年

石見国《いわみのくに》邇摩《にま》郡《ごおり》大浜《おおはま》村小浜《こはま》（島根県大田《おおだ》市）に生まれる。両親が離婚し、母は再婚、父は出家。才市《さいち》は船大工の年季奉公へ。苦労の末に仏縁を得る。

大田《おおだ》市の安楽《あんらく》寺にある才市資料館ですぐ目につくのは、才市の肖像画です。同郷の日本画家が描いてくれたもので、肩衣《かたぎぬ》をつけて正座し、数珠を持って合掌したポーズは、まるで写真を撮ったかのようです。

ところが才市は、最初に絵ができあがったとき、「私に似ていない」といって、受け取ろうとしなかったのです。

これには画家もムッときて、

「どこが似てないというのですか」

と強い調子でたずねると、才市は、

「私はこんな美しい信者ではない。鬼のような恐ろしい心をもっていて、人を憎んだり、嫉《ねた》んだり、怨《うら》んだりする浅ましい私が、少しも描かれていない」

と答えたのでした。


では、どうすれば似るのかと画家が重ねてたずねると、

「頭に角《つの》を描いてください。人を突き刺し、傷つける恐ろしい角を心の内にもっていることを描きあらわしてください」

というので描き直したのが、頭に二本の角が生えたこの絵なのです。


才市は詩を多くつくっています。

にょらいさんは　どこにをる
にょらいさんは　ここにをる
さいちがこころに　みちみちて
なむあみだぶを　もうしてをるよ

さいちがほとけを　をがむじゃない
さいちがほとけに　をがまれること
なむあみだぶつ
ほとけ　こころも　なむあみだぶつ
ごおんほうしゃも　なむあみだぶつ
なにもかも
もらいもので　ことがすんだり

安楽寺の院代にすすめられ、才市は六四歳から詩をつくりはじめたそうです。

「これが才市が心なり」

第4章

宗門史に名を残す
「浄土真宗の念仏者たち」

恵信尼
わが子に求道者としての父、親鸞の姿を伝える

覚如
法統と血統を受け継ぐ本願寺の実質的開祖

蓮如
衰亡の極みから一代で、本願寺を復興させた中興の祖

顕如・教如・准如
歴史に翻弄され、波乱の時代を生きた親子・兄弟

大谷光瑞
探検家・門主・実業家として伝道、仏教文化に貢献

恵信尼

蓮如

大谷光瑞

准如

覚如

顕如

恵信尼《えしんに》

わが子に求道者としての父、親鸞の姿を伝える

恵信尼は、親鸞《しんらん》の妻である。親鸞が越後《えちご》(新潟県)配流されて以降、この地で結婚生活が始まる。恵信尼の年齢は親鸞より九つ下で、長子誕生は親鸞三八歳、恵信尼二九歳のときといわれ、以後、数名の子供をもうけている。

恵信尼は、越後の豪族三善為則《みよしためのり》の娘とされる。一説には、京都の九条家がもつ越後の荘園を、父為則が管理していたことがあるといわれ、その関係で恵信尼は、京都で九条家に仕えていたともいわれる。高い教養を身につけていることからも、都ぐらしの経験をもつ女性であるともいわれている。

没年については、一二六八(文永《ぶんえい》五)年、八七歳のときの消息(手紙)が最後のものとして伝えられていることから、その一～二年後といわれる。

恵信尼プロフィール

1182～1268年ころ。親鸞の越後《えちご》(新潟県)配流時代に結婚し、子供をもうけた。越後の豪農三善為則《みよしためのり》の娘と伝えられる。今日、浄土真宗が在家仏教としてひろまったのも、親鸞の念仏生活の基本が、恵信尼との家庭にあったからといっても過言ではなかろう。恵信尼は高い教養を身につけた女性で、自筆の『仏説無量寿経《むりょうじゅきょう》』の音読仮名書三枚、書状八通、譲り状二通が残されている。

恵信尼像　龍谷《りゅうこく》大学図書館

親鸞が観音菩薩であるとの夢告

一二一一（建暦《けんりゃく》元）年秋、親鸞は師の法然とともに配流が赦《ゆる》される。親鸞はしばらく越後にとどまったのち、布教のため妻子を連れて常陸《ひたち》（茨城県）へと移る。

だが関東の農村は貧しく、農民の心は冷えきっていて、親鸞の教えに耳を傾ける余裕などなかった。親鸞・恵信尼夫婦は、苦しくつらい日々を送る。すでに法然は赦免の翌年に亡くなっており、師のいない京都に帰る気になれなかったのであろう。以後二〇年間、親鸞・恵信尼夫婦は関東にとどまり、布教を続けた。

そんなある日のこと、恵信尼は夢告を受ける。のち末娘の覚信尼《かくしんに》に宛《あ》てた消息のなかで、次のように回顧している。

お堂で供養が行われ、堂の前にある鳥居のようなものに二体の仏の像が掛けられている。

「何とおっしゃる仏様でございますか？」

恵信尼が問うと、

「光っているのは法然上人で、勢至《せいし》菩薩《ぼさつ》。もう一体は観音菩薩《かんのんぼさつ》で、善信《ぜんしん》（親鸞）の御坊《おんぼう》ですよ」

という答えが返ってきた。

師法然と夫親鸞が、それぞれ阿弥《あみ》陀仏《だぶつ》の脇侍である勢至・観音菩薩の化身だというのだ。

恵信尼は驚き、さっそく夢のことを親鸞に話した。すると親鸞は、

「法然上人が勢至菩薩だというのは事実です。智慧《ちえ》の菩薩ですから光り輝いているのです」

と答えた。

恵信尼はこのとき、夫親鸞が観音菩薩であるということについては一切、口にはしなかったものの、それ以来、心中では親鸞を普通の人とは思えず、尊敬の念を深くして生活してきたと述懐している。

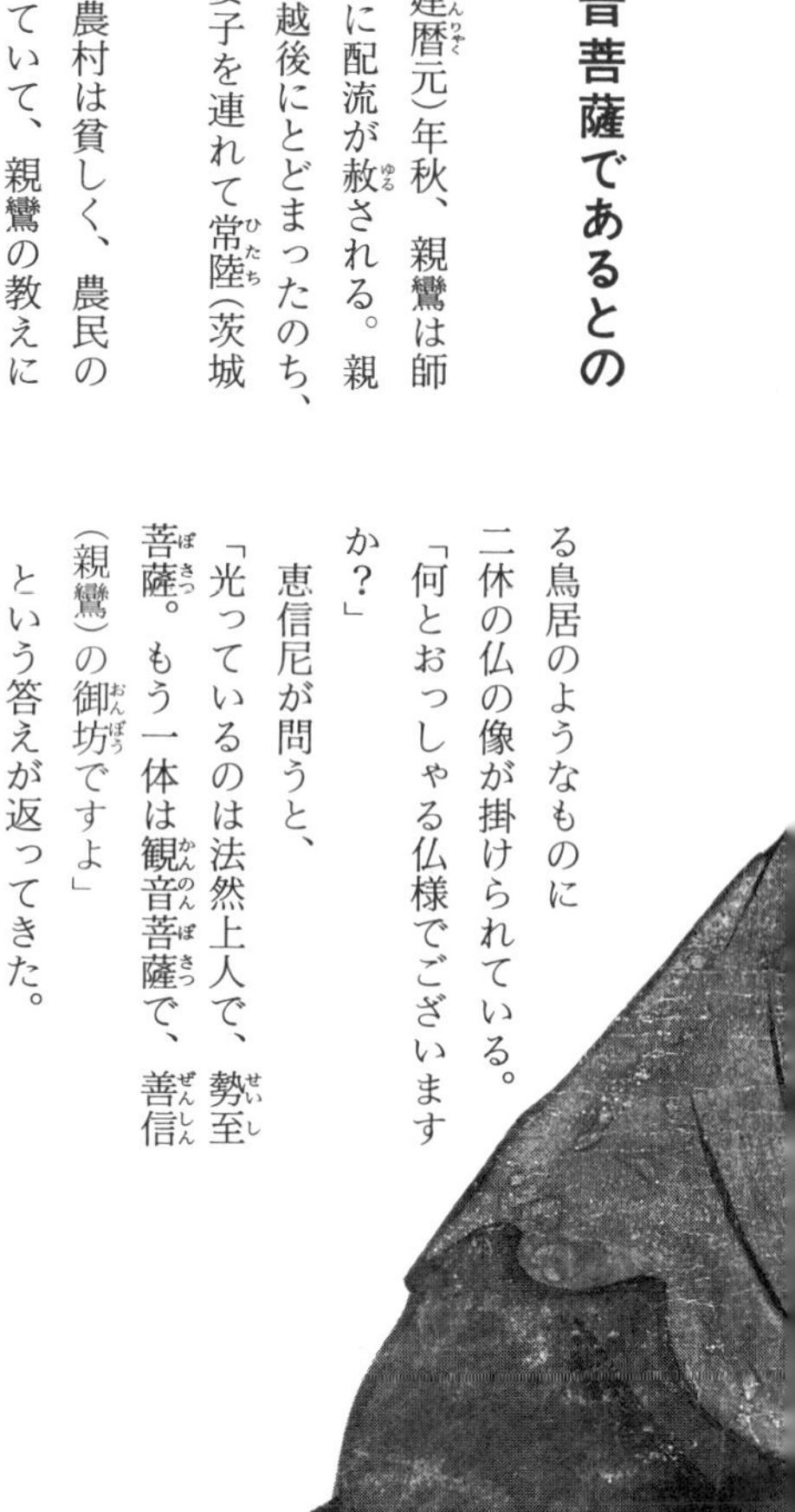

一方、親鸞にも、妻の恵信尼が観音菩薩の化身であるという思いがあった。かつて若き親鸞が六角堂《ろっかくどう》に一〇〇日間の参籠《さんろう》をしたとき、観音菩薩が妻として現われるという夢告を受けたことがあったのである。

これらのエピソードは、夫婦がお互いに敬愛しあっていたことを、如実に物語っている。

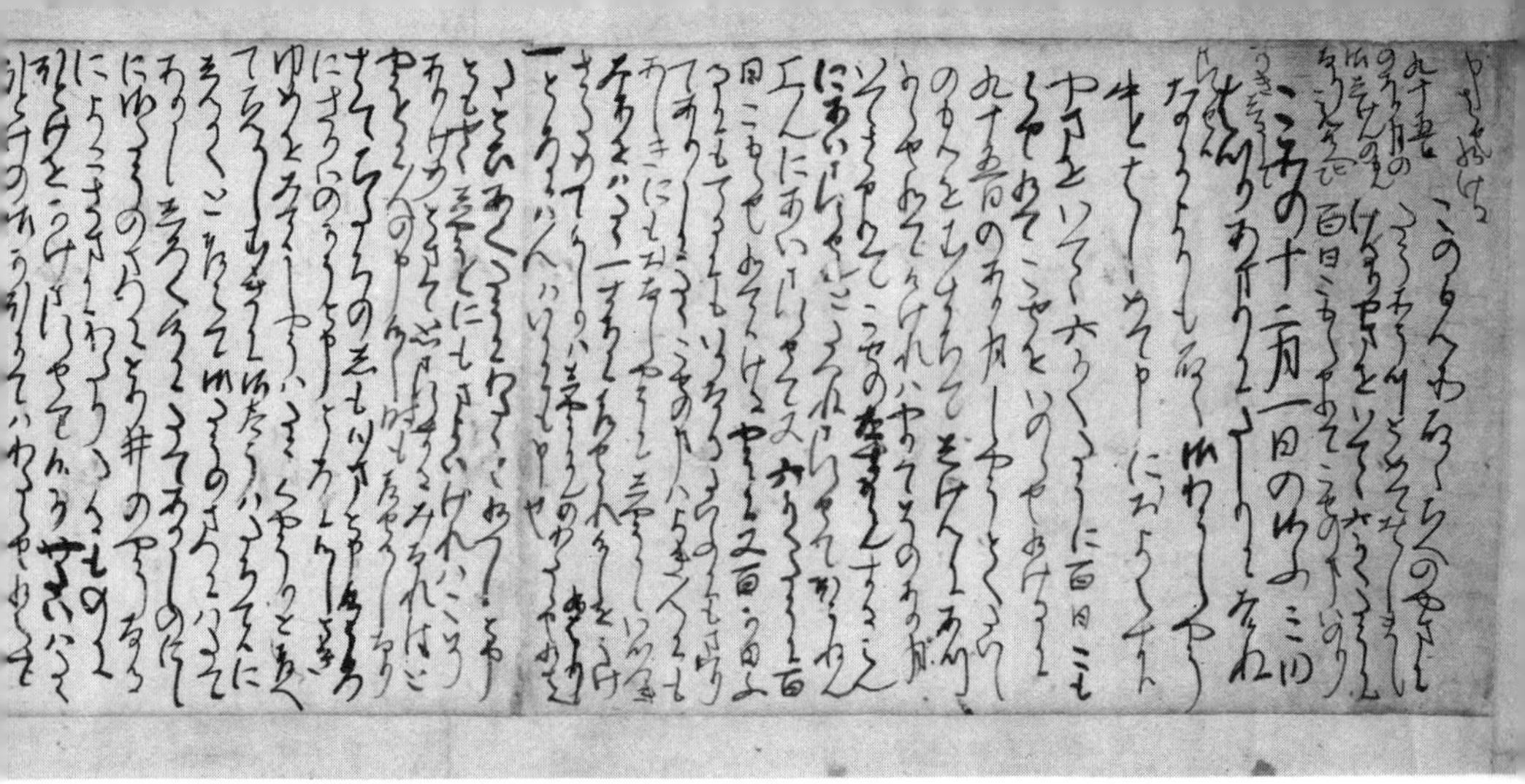

夫親鸞の信仰上のよき理解者

一二三一（寛喜《かんき》三）年の四月、親鸞は風邪をひき、高い熱をだして床に臥した。寝こんで四日目の明け方、

「ああ、そうであったか」

親鸞が苦しそうに声を出した。

「どうかしましたか、うなされて、たわごとを申されたのでしょうか」

と、看病していた恵信尼がいうと、

「いや、たわごとをいったのではない。寝こんで二日目から、私はひたすら『仏説無量寿経《むりょうじゅきょう》』をとなえていました。目を閉じると経文のひと文字ひと文字がハッキリと浮かんでくるのです」

高熱に喘《あえ》ぎながら語りはじめた親鸞は、一七、八年前のことを思いだして話を続けた。

当時、衆生救済のために三部経を一〇〇〇回となえようと決意したが、

「自ら信じ、人を教えて信ぜしむることこそ、仏恩に報いることだと信じていながら、念仏のほかに何が不足で、経を読誦《どくじゅ》しようとするのか」

こう思いかえして読誦を中止したことがあった。それなのに、いままた経を読みあげて功徳にしようとする自分に、とらわれの心、自力の心が残っていると深く反省し、経を読むことをやめにしたのだ、と。

このように親鸞は、病床から恵信尼に語って聞かせた。

高熱にうなされるなかでさえ、我執の自己を克服しようとする夫の言葉は、恵信尼にとって、生涯忘れることのない出来事であった。恵信尼が、信仰上においても、いかに親鸞のよき理解者であったかがうかがいしれる。

念仏の家庭生活

関東での約二〇年の生活をへて、親鸞一家は京都へ戻る。さらに京都

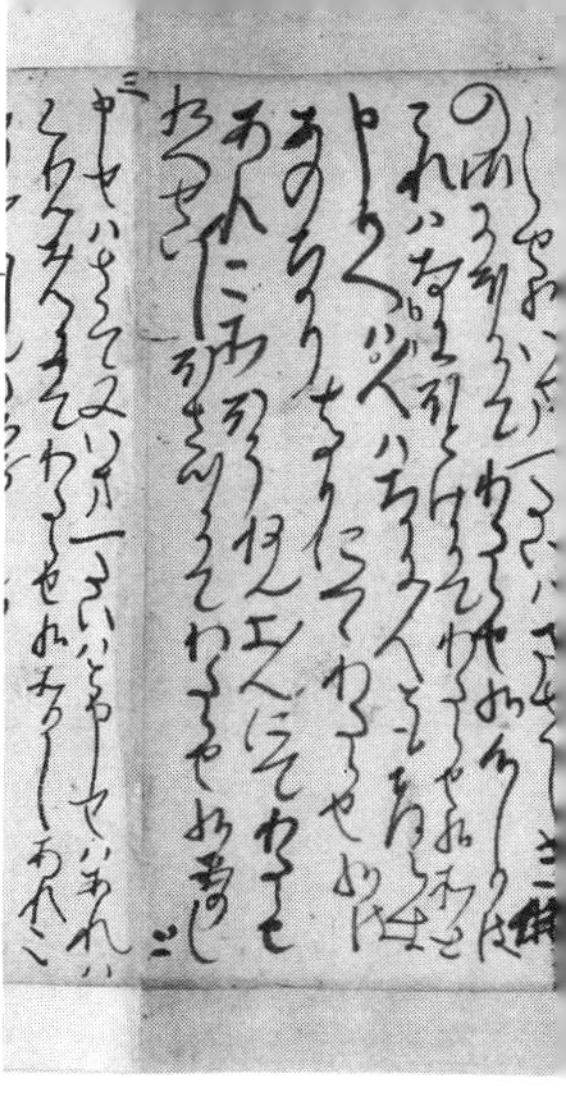

恵信尼消息(第一通その三冒頭部分)　京都市・西本願寺蔵
親鸞が比叡山《ひえいざん》で修行していた前後の行動が克明に綴られている

において二〇年近く一緒に暮らすが、恵信尼だけは、一二五四(建長《けんちょう》六)年、越後に帰郷する。

この理由については、郷里の土地の管理や、身内の世話のためであったといわれる。恵信尼七三歳、親鸞八二歳のころである。これ以後、恵信尼が京都に戻ることはなかった。

一二六二(弘長《こうちょう》二)年、親鸞は弟の尋有《じんう》の善法院《ぜんぽういん》で、九〇歳の生涯を終える。最後を看とった娘の覚信尼《かくしんに》からその知らせが、越後の恵信尼のもとに届く。これを受けとった恵信尼は、覚信尼へ返信を書き送っている。その一節に、

《なによりも殿(親鸞)の御往生《ごおうじょう》、なかなかはじめて申すようにおよばず候《そうろ》ふ》

とある。「なにはさておき、殿が、浄土往生を遂げておられることは、いまさらいうまでもありません」と述べて、親鸞が阿弥陀仏の浄土に往生の素懐を遂げることには確信をもっていた。念仏者としてともに浄土への人生を歩んできたゆえんであろう。また、この消息には、法然との出会いの経緯や恵信尼が見た夢告など、親鸞とともに歩んできた念仏生活についての回想が綴《つづ》られている。

恵信尼が覚信尼に宛てた消息は、この八二歳のときのものから八七歳のときのものまで八通が残されている。いずれも恵信尼が当時としてはめずらしく高い教養をそなえた女性であったことを示している。

新潟県上越市板倉区にある恵信尼石塔(本願寺国府《こくふ》別院飛地境内地)

これらの消息には、生活をともにしてきた求道者《ぐどうしゃ》親鸞の姿や言行がしたためてあり、念仏に生きぬいた父をわが子に伝えようとする、母親としての願いがあふれている。

覚如《かくにょ》

法統と血統を受け継ぐ本願寺の実質的開祖

覚如《かくにょ》は、親鸞が亡くなって八年後の一二七〇（文永《ぶんえい》七）年に京都で生まれた。覚如は、親鸞の末娘覚信尼《かくしんに》の子覚恵《かくえ》の長男で、親鸞の曾孫《ひまご》にあたる。ちなみに東山大谷《ひがしやまおおたに》に親鸞の廟堂《びょうどう》がつくられたのは、覚如が母と死別した数え年で三歳のころである。

覚如は、親鸞の曾孫という環境にあって、幼いときから経典に親しみ、一七歳のときに奈良興福寺《こうふくじ》一乗院で受戒《じゅかい》。そして翌年、親鸞の法門に入る。まず親鸞の孫である如信《にょしん》（親鸞に義絶された善鸞《ぜんらん》の子）から、そしてさらに翌年、親鸞の弟子唯円《ゆいえん》からそれぞれ教えを受けている。

その後はほとんど大谷の親鸞廟堂で過ごし、法然の教えを伝える西山《せいざん》義《ぎ》や一念義《いちねんぎ》を学び、覚如は親鸞の血《けち》脈《みゃく》を受け継ぐ正統たるべく、修学の日々を送る。

覚如が、親鸞の後継者であることをはっきりと自覚するのは二五歳のころである。そのあらわれが、曾祖父《そうそふ》親鸞の遺徳をたたえた『御伝鈔《ごでんしょう》』（親鸞伝絵《しんらんでんね》）である。覚如がこれをつくった狙

覚如

1270〜1351年。鎌倉時代の末期、親鸞の曾孫《ひまご》として京都に生まれる。大谷《おおたに》廟堂《びょうどう》の寺院化に奔走して「本願寺」の基礎をつくる。本願寺の実質的開祖。著作に、宗主血脈相承《けちみゃくそうしょう》を主張する『御《ご》伝鈔《でんしょう》』（親鸞伝絵《しんらんでんね》）、三代伝持を強調する『口伝鈔《くでんしょう》』『改邪鈔《がいじゃしょう》』、および『執《しゅう》持鈔《じしょう》』『報恩講式《ほうおんこうしき》』、法然伝『拾遺古徳《しゅういことく》伝《でん》』などがある。

覚如上人像（連座像より部分）　京都市・西本願寺蔵

京都市東山区の大谷本願寺の跡地には現在、浄土宗の崇泰院《そうたいいん》が建っている。

いは、大谷の親鸞廟堂の正統性を明確に打ち出すことで、自分が正しい後継者であることを関東の門弟たちに広く知らしめることにあった。

　また覚如は、如信から聞いた親鸞の言行を筆録した『口伝鈔《くでんしょう》』によっても、親鸞―如信―覚如という血脈による法統継承をアピールした。

留守職を世襲とした親鸞遺族の意図

　親鸞の生前から、関東各地の念仏者のあいだには、親鸞の教説の理解をめぐる争いが激しく展開されていた。親鸞に教団をつくる意志があれば、真宗教団もまた違った経過をたどったであろうが、親鸞にその気はなかった。親鸞没後、正統と異端の判定者を欠いたまま、門弟たちは分裂の傾向を深めていったのである。

　いいかえれば、こうした混沌《こんとん》たる状況であったがゆえに、親鸞の遺骨を納める廟堂が、念仏者たちの象徴となるという特異な状態が続くことになったのだろう。

　話は戻るが、親鸞の廟堂は一二七二(文永九)年、東山大谷の吉水《よしみず》の北側につくられた。同時に御影堂《ごえいどう》を建て、親鸞が七一歳のときに自ら刻み末娘覚信尼に与えたといわれている像を安置した。

　この大谷廟堂を中心に、親鸞没後の真宗門徒の結集と統制が進められていく。したがって、大谷廟堂――すなわち真宗の聖地となる親鸞の廟堂を押さえる者が、真宗教団を握ることになる。

　この状況を読みきったのが、覚如の祖母で、親鸞の娘にあたる覚信尼である。大谷廟堂の敷地は覚信尼の再婚相手小野宮禅念《おのみやぜんねん》の所有であったが、禅念の死後、一二七七(建治《けんじ》三)年に、覚信尼はこの地を関東の門弟たちに寄進するかわりに、覚信尼の子孫が代々、廟堂の留守職《るすしき》(管理者)になるよう要望し、受け入れられた。

　それまでは、廟堂の敷地は覚信尼の所有であったが、廟堂そのものの維持運営は門弟たちにより共同で行われていた。つまり、親鸞の遺族は門弟一同の援助によって生活し、遺族の代表者が廟堂を管理代行するという暗黙の約束になっていた。

それが今後は、土地と引き換えに、親鸞の遺族が〝世襲留守職〟という廟堂の正式な管理者になったわけである。覚信尼の先見の明であろう。

唯善事件

親鸞の後継者であることをはっきりと自覚した覚如は、法統伝持の主張のために〝三代伝持の血脈〟をとなえ、血統の相承を強調した。すなわち、法統の系譜は法然―親鸞―如信―覚如とし、血統の上では親鸞―覚信尼―覚恵―覚如と続く自らが親鸞の直系の子孫であることを述べている。

そして、法統と血統という二つが帰一した自分――すなわち覚如にいたって、真宗教団の統率者としての完全な地位が代々受け継がれているとするのである。

だが、覚如が親鸞の完全な後継者になるためには、父覚恵が覚信尼のあとを嗣《つ》いで大谷廟堂の留守職になることが絶対条件であった。実際、覚信尼の死後、最初の夫日野広綱《ひのひろつな》の子覚恵が留守職となった。ところが覚恵の異父弟である唯善《ゆいぜん》（禅念の子）がこれに名乗りをあげたことから、二人は激しく対立し、数年間にわたって激しい論戦を展開することになる。

ところが、不幸にも父覚恵が病に倒れてしまう。大谷廟堂は唯善に占拠され、覚恵・覚如父子はやむなく二条付近へ避難することになった。ようするに覚如たちは追い出されたわけである。まもなく父が亡くなり、覚如は関東の門弟たちの支援を背景に、伏見院《ふしみいん》に訴え出て自分の正統性を強く主張した。しかし、唯善も同様に訴え出たために、問題が表面化した。裁定はついに、本寺とされていた青蓮院《しょうれんいん》にもちこまれたが、軍配は覚如に上がり、大谷廟堂へ戻れることになった。

ところが、敗れた唯善は大谷廟堂の堂舎を壊し、親鸞の像と遺骨をもって鎌倉に逃亡してしまったのである。破壊はすさまじく、堂舎の金具や石塔までも取り去られていた。

大谷廟堂を復旧しようにも、財政的に困窮していた覚如には、どうすることもできなかった。そこで一三〇九（延慶《えんぎょう》二）年、下野《しもつけ》高田（栃木県二宮町）の顕智《けんち》が親鸞の像を刻み、遺骨を安置した。大谷廟堂の復旧は、さらに顕智の死後、奥州安積《おうしゅうあさか》（福島県郡山市）の法智《ほうち》などの尽力によって、一三一一（応長《おうちょう》元）年にようやく果たされるのである。

有力門弟たちに屈した覚如

話を戻して、覚如の留守職就任のいきさつを見てみよう。一三一〇（延慶三）年、覚如は念願の留守職に就任した。覚恵の子であり、しかも唯善

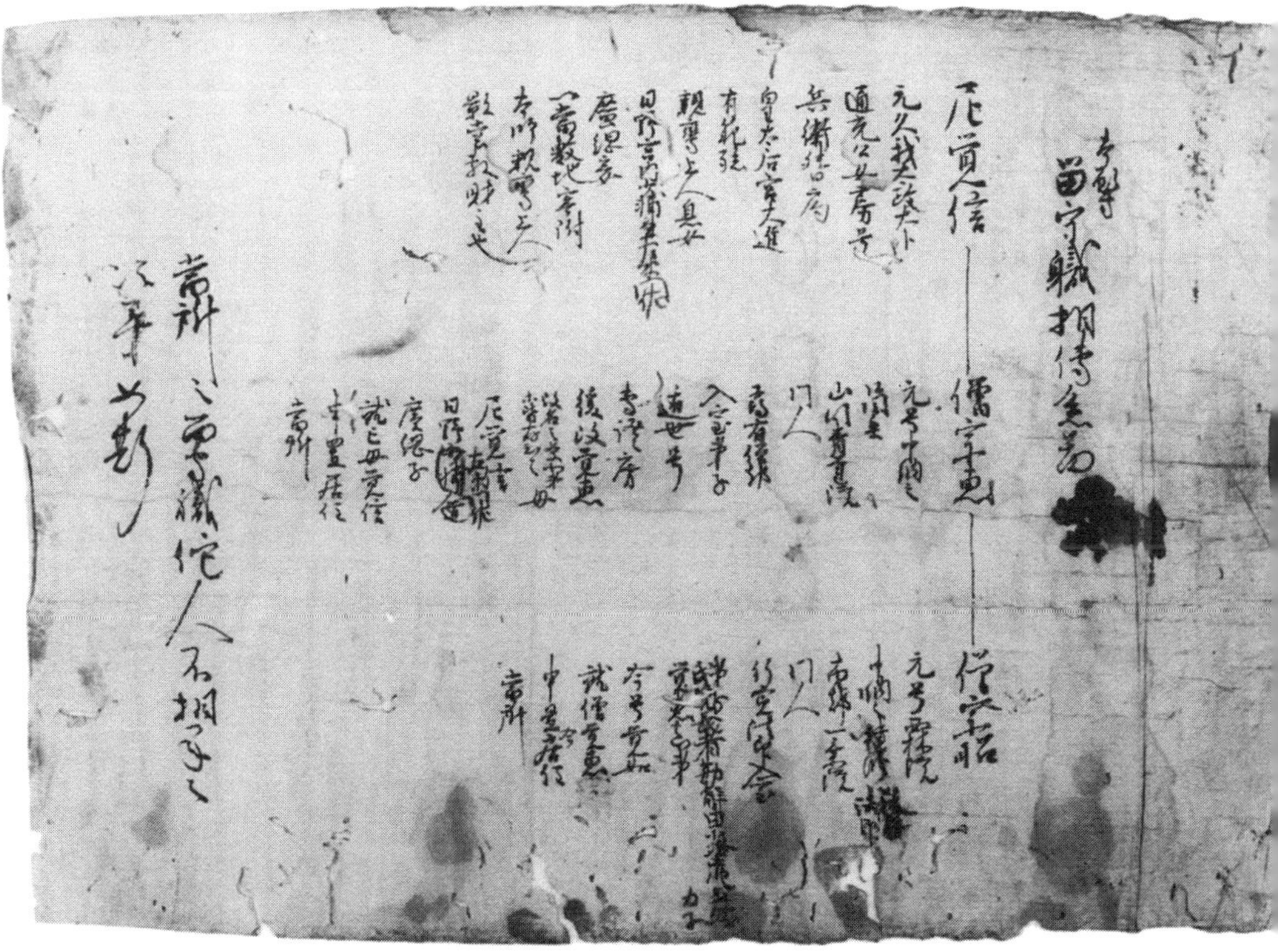

留守職相伝図《るすしきそうでんず》　覚如筆　京都市・西本願寺蔵

事件の処理に功績のあったことから、この継承は当然であった。

ところが、関東を中心とする有力門弟たちは当初、覚如の留守職就任に難色を示したのである。親鸞の子孫だからといって、無条件に留守職就任を許すことはできないというのが、彼らの論理だった。

それに親鸞の子孫が無条件で大谷廟堂の留守職を嗣ぐという慣例が続けば、やがては彼ら子孫によって真宗教団が統一されてしまう危険性がある。そうなると、自分たちが長年かかってそれぞれ築きあげてきた〝門徒集団〟が瓦解《がかい》してしまうことになる。それを恐れたのである。

彼らは団結し、

「親鸞聖人の廟堂はあくまでもすべての門弟の共有である。その留守職の任免は、総門弟の合意によるべきである」

として、覚如の留守職就任を認め

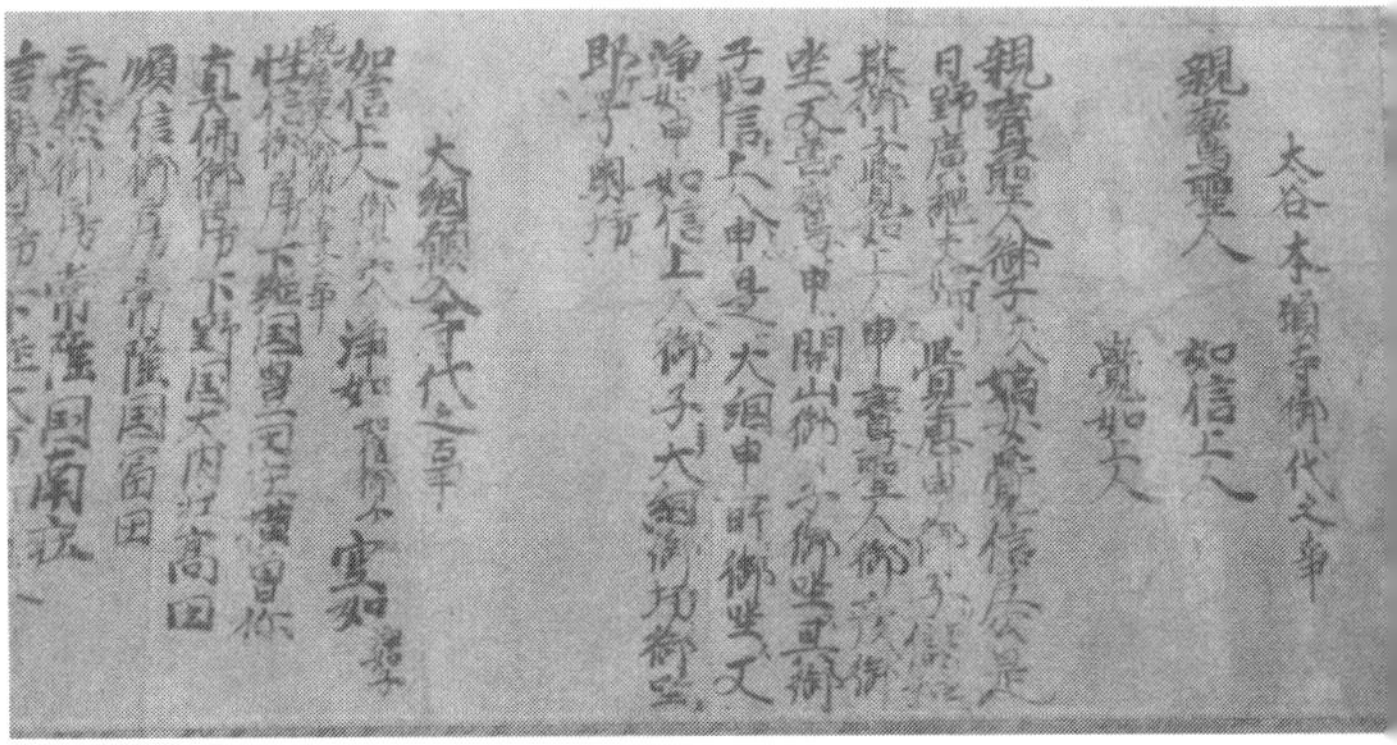

『二十四輩牒《にじゅうよはいちょう》』　茨城県・願入寺《がんにゅうじ》蔵
1332（正慶元《しょうきょう》）年に如信の三十三回忌のため、奥郡大網《おうぐんおおあみ》（福島県南部）にあった願入寺に参詣した覚如は、願入寺二代浄如《じょうにょ》（如信の子）および参集した親鸞の関東の有力門弟たちと話しあい、親鸞の高弟24人を定めた。それを三代空如《くうにょ》（如信の孫）が記したもの。

なかった。

親鸞の墓所である大谷廟堂は、実際、関東の有力門弟たちの援助で成り立っていた。彼らの支援がなければ、親鸞の曾孫も、一介の僧にすぎない。やむなく覚如は、有力門弟たちに膝を屈し、懇望状《こんもうじょう》（誓約書）を差し出して、留守職就任を懇願した。このとき覚如は、親鸞遺族の非力さを身にしみて味わったことであろう。

延慶二（一三〇九）年七月二六日付となっている懇望状の内容は、〈毎日の御影堂での勤行《ごんぎょう》を怠らぬ事〉からはじまり、〈たとえ私が留守職を申しつけられたとしても、御門弟たちの意にそむいたときは、影堂の敷地内を追い出されてもひと言の文句も申さぬ事〉〈個人的な借金を御門弟たちに負担させせぬ事〉など一二カ条からなり、〈以上の条文について、一条たりとも御門弟のはからいにそむきません〉と誓う屈辱的なものであった。

だが、それでも有力門弟たちは、なかなか首を縦には振らなかったのである。

もはや残された道は、留守職就任を断念するか独立するか二つに一つ、というところまで追いつめられ、覚如は独立を覚悟した。大谷廟堂を出て別に一寺を建てるべく、覚如は関東の各地を勧進《かんじん》してまわりつつ、一方で、状況を見ながら、留守職就任を懇願するという政治的駆け引きを演じた。

その結果、ようやく覚如の留守職正式就任が実現したのである。

本願寺を中心とする真宗教団統一へ

歴史の皮肉というのか、有力門弟たちが覚如の留守職就任に反対したことが、結果として、彼らが警戒した親鸞の子孫による真宗教団の統一

【語録】

「ひとすぢに如来にまかせたてまつるべし」

覚如の著書『執持鈔《しゅうじしょう》』にある言葉

「浄土に往生したいと願うのなら、人間としての一切の判断をすてて、ただただ阿弥陀仏《あみだぶつ》にまかせなさい」という意味。真宗で「如来を信ずる」とか「如来をたのむ」ということも、自力のはからいをすてて、阿弥陀仏におまかせすることを意味する。

を促すことになった。

覚如は、大谷廟堂の留守職といえども、しょせん有力門弟の意志に左右される操り人形にすぎず、これを代々子孫に嗣《つ》がせようと腐心することの愚かさを悟った。覚如は、各地に散在する門徒集団を統一して、これを指導する立場に立つことを決意し、大谷廟堂の〝寺院化〟に着手。「真宗は大谷廟堂によって指導される組織的な教団でなければならない」

──覚如はこれを唯一最大の課題として自分に負わせ、以後、覚如の行動は〝大谷廟堂中心主義〟路線を邁《まい》進《しん》する。覚如は大谷廟堂を拠点として関東や近江《おうみ》(滋賀県)、越前《えちぜん》(福井県の北部)で布教活動を活発に行い、真宗教団の基礎を固めていった。

覚如の意図を察知した各地の有力門弟は、大谷廟堂に対する援助を控えることで対抗を続けた。

これに対して覚如は、一三一四(正《しょう》和《わ》三)年の春、留守職相伝の実績を残すため、長男存覚《ぞんかく》に譲るという思いきった手を打ち、自分は一条大宮《いちじょうおおみや》の窪寺《くぼじ》付近へ隠居することにした。

さまざまな曲折をへて、一三二一(元亨《げんこう》元)年に大谷廟堂は本願寺という寺院として創建されたのである。

しかし翌年、覚如は存覚と宗義上等のことで不和となり、留守職継承を取り消した。

あくまでも本願寺中心主義を貫こうとする覚如に対して、存覚はそれにはあまりこだわらず、諸門徒集団と仲良く手をたずさえていこうとした。いわば路線対立だが、本願寺を中心として真宗の法灯《ほうとう》を守ることに生涯を費やした覚如の強い信念がうかがえる。以後、存覚を義絶、孫の善如《ぜんにょ》を継承者とした。

一三五一(観応《かんおう》二)年、覚如は八二歳で没した。

蓮如《れんにょ》

衰亡の極みから一代で、本願寺を復興させた中興の祖

本願寺八世蓮如は、大谷《おおたに》廟堂《びょうどう》を「本願寺」と寺院化した覚如《かくにょ》以後、善如《ぜんにょ》—綽如《しゃくにょ》—巧如《ぎょうにょ》—存如《ぞんにょ》の四代一〇〇年をへて、一四一五（応永《おうえい》二二）年、七世存如の長男として本願寺に生まれる。生母は、一説には祖母（巧如の内室）に仕えた女性といわれるが、蓮如六歳のときに、本願寺を退出したといわれている。

当時の本願寺は、本堂は三間四方の質素な建物で、「人跡たえて、参詣の人ひとりもなく、さびさびとしておわす」（『本福寺跡書』）と伝えら

福井県の吉崎《よしざき》御坊《ごぼう》跡に立つ蓮如上人像

蓮如プロフィール

1415～1499年。本願寺８世。７世存《ぞん》如《にょ》の長男として本願寺に生まれる。戦国乱世を生き抜き、封建社会のなか、民衆に浄土真宗をひろめ教線を拡大する。各地を巡回して布教したり、浄土真宗の教えをわかりやすく説いた『御文章《ごぶんしょう》（御文《おふみ》）』といわれる数多くの手紙を書き、門徒の教化にあたった。本願寺を今日の隆盛に導いた中興の祖といわれる。

れるほど寂れ、生活も貧しいものであった。

当時、浄土真宗は親鸞の死後一五〇年を経過し、いくつかの派に分かれ、そのなかでもとくに佛光寺《ぶっこうじ》派が隆盛を誇っていた。本願寺は、真宗教団の象徴的存在にすぎず、門徒の支援も少なく衰亡の極みにあった。

蓮如が生まれたのは、そんな時代だった。

極貧の生活

蓮如は、長男ではあったが、生母が本願寺を去ったのちは、継母如円《にょえん》のもとで部屋住みの辛酸をなめる。そのうえ、経済的に困窮した本願寺にあって、幼少から物心両面において苦しい生活をしいられた。衣服も布子《ぬのこ》や紙子《かみこ》を着ていたといわれる。

聡明な少年であった蓮如の目に、やがて世の中の様子が見えはじめる。同じ真宗教団でありながら、下野《しもつけ》（栃木県）高田の専修寺《せんじゅじ》や京都の佛光寺《じ》などへは、民衆が参詣に押し寄せ、隆盛を極めていた。それにくらべ、苦悩の人々の救いの求めに応えることのない本願寺に愕然《がくぜん》とするのである。蓮如はこのとき、生涯を浄土真宗の興隆に身をささげることを決意する。

蓮如、一五歳のときであった。

一七歳になった蓮如は、京都の天台宗青蓮院《しょうれんいん》で得度する。

灯油を買うことができず、月明かりをたよりに読書を続けたり、また食事の膳も二〜三日用意ができないときもあったという。

しかし極貧に屈することもなく、青雲の志を胸に秘めた蓮如は、宗祖親鸞《しんらん》の『教行信証《きょうぎょうしんしょう》』をはじめ、覚如・存覚《ぞんかく》の著作などを書写して、研鑽《けんさん》の日々を送る。

こうして蓮如の部屋住み生活は、実に四二歳まで続くのである。

八代継職をめぐって

転機は蓮如が四二歳のときにやってくる。父の存如が亡くなり、跡継ぎの問題が起こったのである。

一般的には、存如の長男である蓮如が後継となるのが順当のようであるが、存如亡きあとは内室の如円に発言力があった。如円は自分の腹を痛めたわが子応玄《おうげん》を跡継ぎにしようと画策するのである。存如の葬儀は、応玄が中心となって執り行われ、周囲の目には、応玄が後継者として決定しているものと受けとめられたのであった。

ところが、これに異をとなえ、駆けつけてきたのが、存如の弟で蓮如の叔父にあたる如乗《にょじょう》であった。如乗は、井波《いなみ》の瑞泉寺《ずいせんじ》の住職で、北陸の教線拡大の先頭に立つ有力者である。

如乗は、亡き存如の書いた譲り状があるとして、蓮如の宗主《しゅうしゅ》継承の正

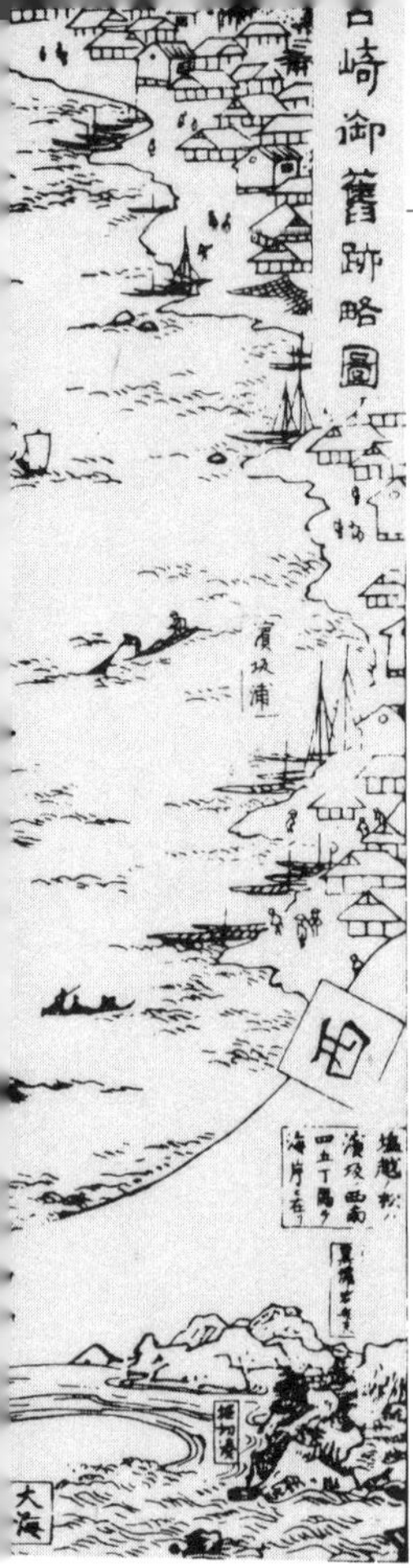

当性を主張し、一同を説得。一挙に形勢を逆転させてしまった。如乗の力もさることながら、蓮如の見識と人間性が、周囲の理解を得るのに大きく影響したであろうことは想像に難くない。

後継者争いに敗れた如円と応玄は、本願寺にある財産をほとんど持って、加賀(石川県)へと退去した。

争いの終わった本願寺に残されたものは、味噌樽《みそだる》とわずかの金銭であったという。

こうして蓮如は、八世宗主の座についたのであった。

寛正の法難

蓮如が八世宗主となった時代は、応仁《おうにん》の乱などにはじまる戦国乱世で、民衆の心は動揺していた。蓮如は、こうした人々に親しく接して、教えをわかりやすく説き、精力的に活動を展開する。本願寺は急速に勢力を拡大していくのだった。

ところが、ほどなくして他の教団との摩擦が生じはじめる。

当時の本願寺は、天台宗の青蓮院の末寺として位置づけられていたが、蓮如が本願寺を継職してからは、浄土真宗にふさわしくない法物を処分するなど、思いきった整備がされた。また、多くの近江《おうみ》商人が門徒と化したこともあり、ここを地盤とする比《ひ》叡山《えいざん》衆徒らは本願寺に対して反感を強めたのであった。

そしてついに、蓮如が本願寺を継いで八年後の一四六五(寛正《かんしょう》六)年、正月と三月の二度にわたり、比叡山衆徒からの襲撃を受け、本願寺は破壊される(寛正の法難)。

吉崎の隆盛

その後、蓮如は、近江(滋賀県)一帯を転々としながらも、布教活動を進めたのであった。

一四七一(文明《ぶんめい》三)年、北陸教化《きょうけ》の旅に出た蓮如は、越前《えちぜん》(福井県)吉崎《よしざき》に本拠地を移し、ここに吉崎御坊を建立する。吉崎は急速に発展し、わずか一~二年で多屋《たや》と呼ばれる聞法《もんぽう》や宿泊のための施設が軒を並べ、各地から集まる門徒でにぎわいを見せた。その数は幾千万人といわれるほどであった。

蓮如の伝道

ところで蓮如は、門徒教化のため

吉崎御坊絵図　小原文英筆　福井県・願慶寺《がんけいじ》蔵

にしばしば手紙を送っている。これらは『御文章《ごぶんしょう》（御文《おふみ》）』と呼ばれ、継職後四年目の一四六一（寛正二）年に最初のものが出されて以来、晩年にいたるまで、約二五〇通が伝えられている。この文書伝道が真宗再興の原動力となった。

　また蓮如は、宗祖親鸞の著述の『教行信証』に収められている「正信偈《しょうしんげ》」を「和讃《わさん》」とあわせて開版し、朝夕のおつとめに用いるように制定。さらにはたくさんの名号《みょうごう》を書き、これを本尊として門徒に授与するなど、不統一であった仏事儀礼を整えた。

　蓮如の伝道者としての姿勢は、だれもが如来の救いの目当てであるとする〝御同朋《おんどうぼう》〟という尊敬に根ざした平等観であった。蓮如はすべての門徒に対して、区別することなく対等に接した。

　たとえば、継職後まもなく、本願寺の本堂が上下二段に区切られてい

吉崎御坊の本堂跡

たが、これを取り壊し、

「身をすてておのおのと同座するをば、聖人の仰せにも、四海の信心の人はみな兄弟と仰せられたれば、われもその御《おん》ことばのごとくなり」

と、親鸞の精神に立ち返り、平座で門徒と接した。

訪ねてくる門徒に対しては、冬は熱燗《あつかん》、夏は冷酒でもてなす心づかいもあったという。

吹き荒れる一向一揆の嵐

こうした蓮如の活躍によって、真宗は燎原《りょうげん》の火のようにひろがり、やがて門徒農民による堅固な組織づくりをもたらす。

当時、農民などが、領主の支配から、自立しはじめた時期でもあり、門徒教化においても蓮如は、信心のことについては互いに疑問点を話しあうなかで間違うことなく了解できるとして、門徒たちに定期的な寄合や談合を行うことをすすめた。そして村々の寄合は、蓮如を頂点として、北陸一帯にわたる大きな組織へと発展していくのである。

しかし、これが一向一揆《いっこういっき》の〝芽〟ともなるのであった。やがて芽は、反体制運動を助長する。蓮如の布教が成果を上げればあげるほど、政治権力と本願寺教団との摩擦は度を増していき、近畿・北陸・東海地方などに一揆が続発した。

確かに、一向一揆の背景には、真宗の〝同朋精神〟という人間平等思想があったことは否定できない。しかし蓮如は、一向一揆が、結局は門徒や本願寺を戦国の争乱に巻きこんでしまうことを憂慮していた。

蓮如は門徒たちに対し、たびたび〝掟《おきて》〟を出して、政治的・社会的な摩擦を起こすような行為を禁じている。それは、領主からの抑圧を回避し門徒と本願寺の安全をはかろうとしたものであった。

だが歴史の歯車は止めることができず、蓮如の意思とは裏腹に一揆は各地で頻発する。もはや、一揆の勢いは抑えられず、本願寺門徒が加賀守護の富樫《とがし》家の内紛に関わり、蜂起《ほうき》するにいたって、蓮如は四年数カ月にわたって滞在した吉崎退去を決意した。一四七五（文明七）年のことであった。

一四八八（長享《ちょうきょう》二）年の加賀の一向一揆は、門徒の加勢により守護大名となった富樫《とがし》政親《まさちか》をも倒し、門徒の合議による自治を一〇〇年間も続けるのである。

一向一揆は、本願寺の急伸と軌を一にしており、八世蓮如の時代にはじまり、のちのちの一一世顕如《けんにょ》の時代の石山合戦《いしやまかっせん》まで続く。実に一一五年におよぶ戦いとなるのである。


【語録】

「仏法には世間のひまを闕《か》きてきくべし。世間の隙をあけて法をきくべきやうに思ふこと、あさましきことなり。仏法には明日ということはあるまじき」

『蓮如上人御一代記聞書《ごいちだいききがき》』のなかの一節。「仏法は、世事に費やす時間をさいて聞くべきである。世事の時間があいたら聞くものだと思うことは、情けないことである。仏法聴聞は明日にするということがあってはならない」このように、仏法を聞くことをすすめた。

再興の志を果たす

吉崎を離れた蓮如はその後、河内《かわち》や摂津《せっつ》（大阪府）などを中心に行動し、新たな拠点づくりを準備する。そして、応仁の乱も沈静化した一四七八（文明一〇）年、京都山科《やましな》の地に本願寺再建のため移り住む。堀や土塁《どるい》をめぐらした巨大な法城の建設がはじまり、一四八三（同一五）年ころまでには〝仏国の如《ごと》し〟と称された見事な荘厳《しょうごん》の山科本願寺は完成を見た。

蓮如は、一四八九（延徳《えんとく》元）年、七五歳で五男の実如《じつにょ》に本願寺の法灯を譲る。内室が相次いで逝去したため生涯に五人の内室を迎え、一三男と一四女もの子供がいたのである。

引退後も蓮如は、本願寺の発展に尽くし、摂津に大坂《おおさか》御坊《ごぼう》（のちの石山本願寺）を設立した。

一四九九（明応《めいおう》八）年、山科本願寺において、八五歳で波瀾万丈《はらんばんじょう》の生涯を閉じる。

顕如・教如・准如

けんにょ・きょうにょ・じゅんにょ

歴史に翻弄され、波乱の時代を生きた親子・兄弟

顕如《けんにょ》は、本願寺一〇代証如《しょうにょ》の長男として、生まれながら真宗教団の将来を一身に背負っていた。

当時は一向一揆《いっこういっき》の嵐が吹き荒れるさなかで、真宗門徒は加賀《かが》（石川県南部）を領国化し、〝百姓のもちたる国〟と呼ばれるほど強大な勢力をもっていた。

顕如の父である証如は、こうした門徒勢力を従えて真宗教団を統制するとともに、公家《くげ》・武家とも交流を深めるなど政治的手腕を発揮し、畿内の一大政治勢力となっていた。

八代蓮如《れんにょ》が築いた京都山科《やましな》本願寺は、堀と土塁に囲まれ、「その荘厳《しょうごん》、ただ仏国の如《ごと》し」と称されるほどの大伽藍《がらん》を誇ったが、顕如が生まれる一一年前の天文《てんぶん》の法乱（一五三二年）で焼失。証如は摂津《せっつ》（大阪府北部）に移り、石山《いしやま》本願寺（蓮如が開いた大坂《おおざか》御坊《ごぼう》）を拠点としていた。

顕如は、そうした時代に生まれてきたのである。

顕如、一二歳で宗主となる

顕如誕生の翌年の一五四四（天文一

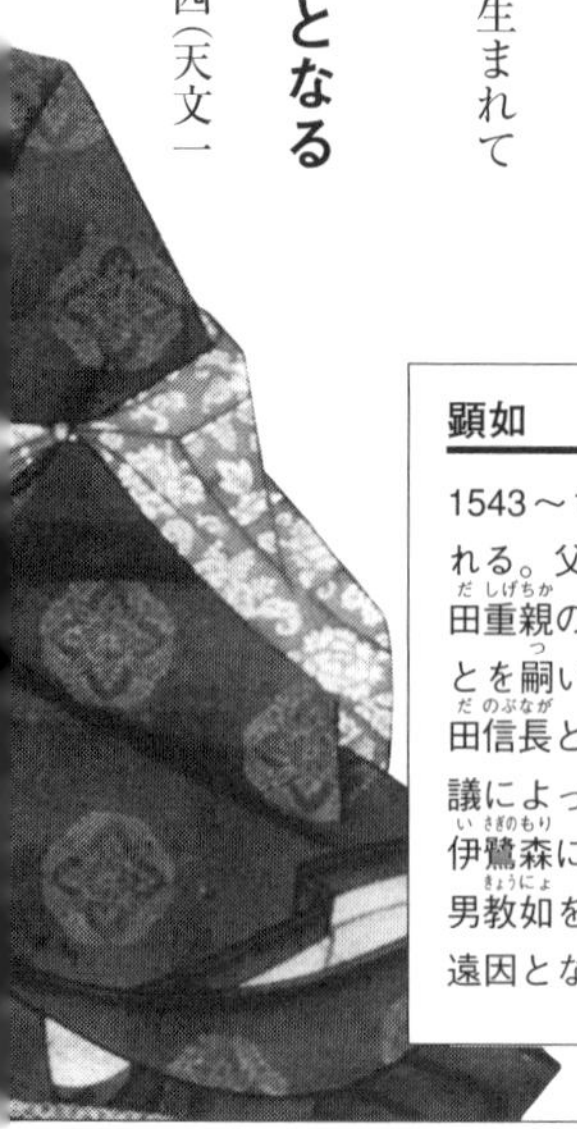

顕如

1543～1592年。大坂石山《おおざかいしやま》本願寺で生まれる。父は本願寺10代証如《しょうにょ》、母は公家庭《にわ》田《だ》重親《しげちか》の娘顕能尼《けんのうに》。その長男で、父のあとを嗣《つ》いで11代となる。1570年から織《お》田《だ》信長《のぶなが》と10年戦争（石山合戦《いしやまかっせん》）を戦い、和《わ》議《き》によって本願寺を信長に明け渡して紀《き》伊《い》鷺森《さぎのもり》に退去するが、これに反対した長男教如《きょうにょ》を義絶。これが本願寺東西分立の遠因となる。

三)年、室町幕府管領《かんれい》細川晴元《はるもと》が早くも養女(如春尼《にょしゅんに》)を顕如の妻にと申し入れてきた。晴元と本願寺とは数年前まで激しく対立しており、ようやく一五三五(同四)年に和睦《わぼく》したばかりであった。証如はこれを承諾した。

顕如と晴元の養女との婚礼は、それから一三年後の一五五七(弘治《こうじ》三)年に執り行われるのだが、嫁入りに際して、晴元の養女は、やはり本願寺と敵対関係にあった六角義賢《ろっかくよしたか》の義子となっている。

すなわち顕如の結婚は、戦国時代にみられる政略結婚であったわけだが、このことは、証如の政治的手腕とともに、本願寺の存在の大きさを物語っていよう。

さて、婚礼に先立つ三年前の一五五四(天文二三)年に証如が逝去《せいきょ》。顕如はわずか一二歳で本願寺宗主《しゅうしゅ》を継承し、祖母慶寿院《けいじゅいん》の補佐を受けて教団運営にたずさわる。

そして一五五九(永禄《えいろく》二)年には、本願寺は父証如以来の懸案であった門跡《もんぜき》(皇族・貴族が入室している寺院)に列せられる。一揆の嵐が各地で吹き荒れる時代にありながらも一五六一(同四)年、顕如は宗祖親鸞聖人《しんらんしょうにん》三〇〇回遠忌《おんき》を営んだ。真宗諸派がこぞって参列するなど盛大なもので、本願寺の勢いを示し、寺社権門としての地位を確固たるものとした。

この時期の本願寺の隆盛ぶりを、ポルトガル人宣教師ガスパル・ヴィレラは、「日本の富の大部分は、此《こ》の坊主の所有なり。毎年甚《はなは》だ盛んなる法会《ほうえ》を行い、参衆する者甚だ多く、寺に入らんとして門に待つ者、其《その》開くに及び競いて入らんとするがゆえに、常に多数の死者を出す」(『耶蘇会士《やそかいし》日本年報』)と報告している。

一向一揆のクライマックス〝石山合戦〟

当時、一向一揆は北陸を中心とする各地で頻発し、門徒衆と戦国武将が激しく戦っていた。真宗の総本山たる石山本願寺の〝戦力〟は、城郭・兵力とも大名に匹するほどの強

顕如上人像　京都市・西本願寺蔵

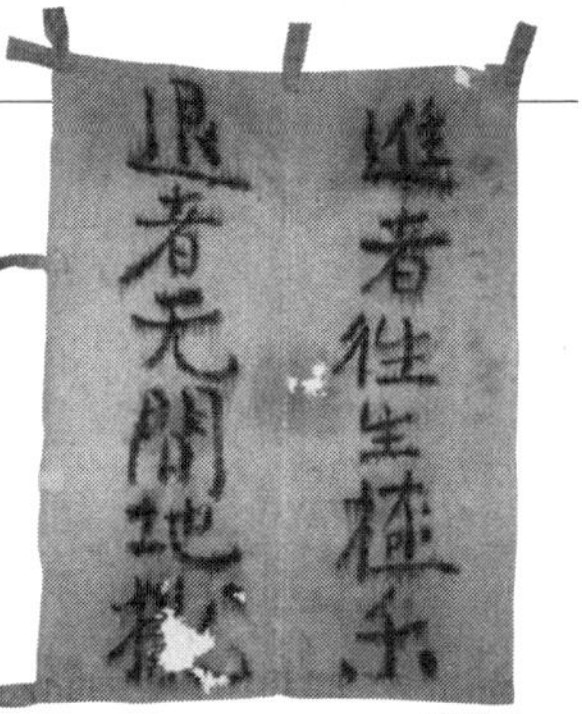

石山合戦の軍旗　広島県・長善寺《ちょうぜんじ》蔵
「進者往生極楽《すすまばおうじょうごくらく》、退者《のかば》无《む》（無）間地獄《けんじごく》」と書かれている。

大さであり、恐れられていた。

　それゆえに時の権力者にしてみれば、本願寺一派の戦力は頼みでもあり、目の上のコブでもあった。将軍足利義昭《あしかがよしあき》を奉じて入京を果たし、天下統一の野望に燃える戦国武将織田《おだ》信長《のぶなが》が黙っているはずがない。

　信長は、上京・下京（京都市）、堺（大阪府）や尼崎《あまがさき》（兵庫県）などの諸都市同様、本願寺に矢銭《やせん》（軍用金）の要求をしてきた。

　応じるべきかどうか、顕如は迷っていたところ、拒否して抵抗した上京や尼崎が、怒った信長に焼き討ちにされてしまったのである。これを知った顕如は、すぐさま五〇〇〇貫を出したが、これで済むとは思わなかった。

　顕如の予測したとおり、信長は新たな要求を突きつけてきた。それは一説に「石山本願寺を明け渡せ」とも伝えられる傲慢《ごうまん》なものであった。

　とても飲める要求ではなく、ここにいたって顕如は腹をくくる。信長の要求を毅然《きぜん》と拒否する一方、近江《おうみ》（滋賀県）の浅井、越前《えちぜん》（福井県北部）の朝倉、甲斐《かい》（山梨県）の武田といった反信長勢力との提携工作に入ったのである。

　それまでの顕如は、どの大名とも一線を画し、同盟を結ばないようにしてきた。時代は各大名が覇《は》を争う戦国の世である。大名と同盟を結べば、味方を得る代償として争いに巻きこまれるリスクがある。そうなれば、危機にさらされ、本願寺にとって取り返しのつかない事態になると、顕如は判断していたからだ。

　だから顕如は、「大名に反抗してはならない」と門徒たちに厳命していた。実際、大名に反抗した門徒の多くが破門された。

　ところが、信長に匕首《あいくち》を喉元《のどもと》に突きつけられて、事態は急変した。ここにいたって顕如は、信仰の力を武力として使わざるをえなかった。

　一五七〇（元亀《げんき》元）年九月、顕如は全国の門徒に檄《げき》を飛ばした。

「信長は本願寺を破壊すると警告してきた。もはや妥協の余地はない。いまこそ宗祖親鸞聖人の門脈が絶えぬよう、門徒各位は身命をなげうって忠節を尽くしてほしい。忠節を尽くさぬ者は永久に破門する」

　と、一転して今度は、戦わぬ門徒は破門すると警告したのである。この檄に呼応して、伊勢長島（三重県桑

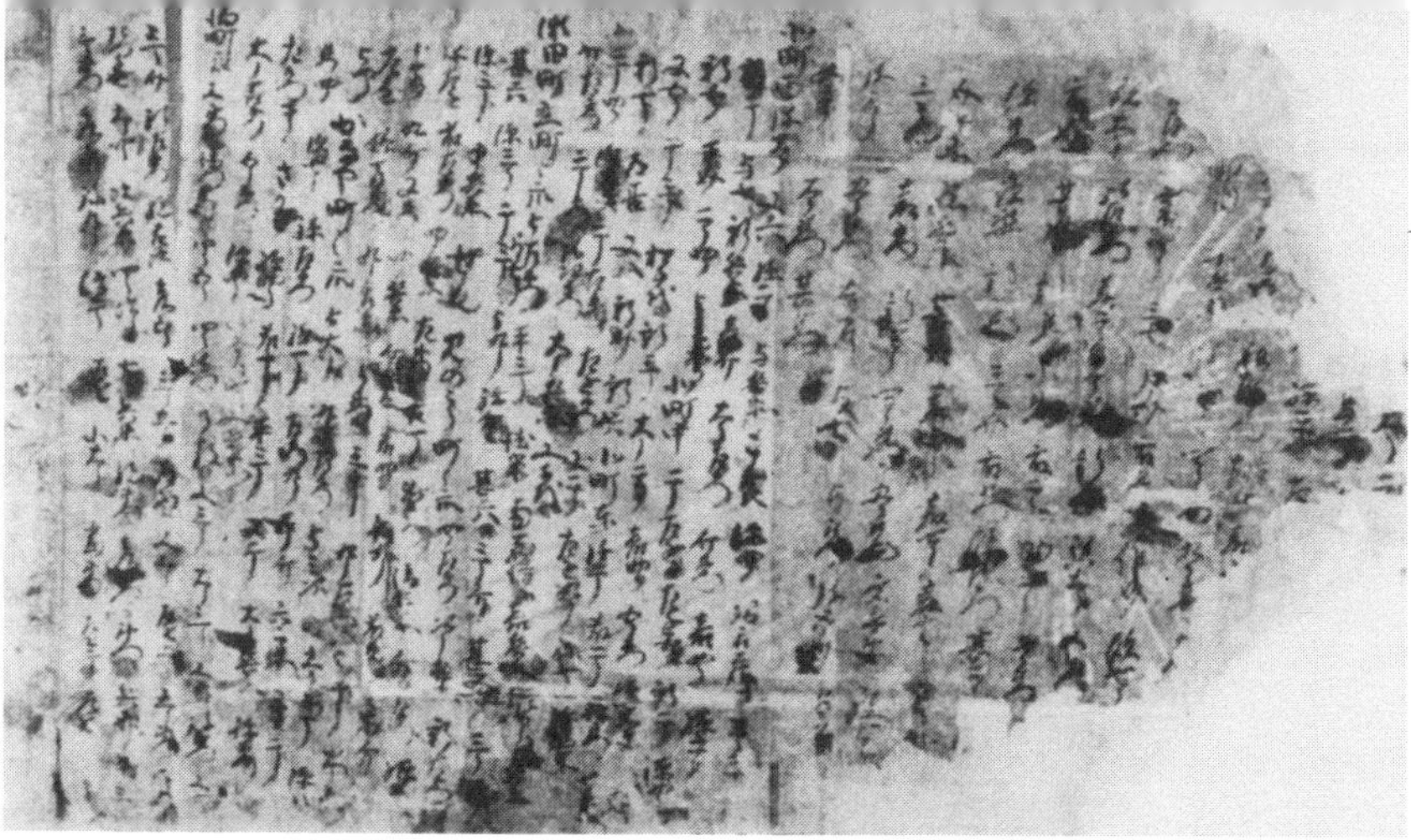

血判阿弥陀如来像《けっぱんあみだにょらいぞう》　愛知県・浄顕寺《じょうけんじ》蔵
表面（左の写真）には絵像、裏面（上）には交名《きょうみょう》（連名）がびっしりと書きこまれている。長島一揆の遺品とされていたが、近江の一向宗のものと判明した。

名市）の門徒が立ちあがり、一揆を起こし、側面から支援することになった。

この年、信長は石山本願寺を攻めた。八代蓮如の時代から一一代顕如の時代にいたる百余年の一向一揆は、こうして石山本願寺を舞台にクライマックスを迎える。

一向一揆最大の戦いであり、一〇年戦争となる石山合《いしやまかっ》戦《せん》は、こうして幕を明けた。

信長に敗れた本願寺

顕如は門徒による〝軍勢〟を整える一方で、阿波《あわ》（徳島県）の三好《みよし》三人衆（三好長逸《ながゆき》・三好政康《まさやす》・岩成友通《いわなりともみち》）や、義兄に当たる甲斐の武田信玄《たけだしんげん》、また、近江の浅井長政《あざいながまさ》、越前の朝倉義《あさくらよし》景《かげ》などと同盟を結んで信長包囲網を形成する。

さらに中国地方の雄《ゆう》、毛利輝元《もうりてるもと》の

支援を受けて一〇年におよぶ戦いを継続するのだが、こうした政治工作の成功は、妻によるところが大きい。すでに述べたように、顕如の妻である如春尼は、細川晴元という畿内随一の大名の養女であったことから、顕如は戦国大名たちと縁を深めていけたのである。

なにしろ、如春尼の一番上の姉は晴元の妻であり、二番目の姉は甲斐の名将武田信玄に嫁いでいる。姉妹そろって、名だたる戦国武将を夫にもっていた。

そしてさらに、顕如の長男教如《きょうにょ》が娶《めと》った最初の妻は、晴元の娘を妻とする朝倉義景の娘であった。

顕如は軍備・政治力とも万全の態勢を整えて、信長と戦ったのである。

だが、信長の強力な軍勢は、同盟者の浅井・朝倉両氏を打ち破って滅ぼした。当時最強といわれた武田騎馬隊は長篠《ながしの》の戦いに大敗。さらに伊勢長島の一向一揆が鎮定されるなど、次第に戦況は悪化していった。開戦から六年がたった一五七六(天正《てんしょう》四)年以降は、顕如には反攻する軍勢はなく、籠城《ろうじょう》して耐えた。

本願寺勢はジリ貧で、翌年、中核であった紀伊雑賀衆《さいがしゅう》が信長に下り、さらに翌年には、毛利輝元の水軍が信長の武将九鬼嘉隆《くきよしたか》の巨大な甲鉄船に沈められてしまう。陸路はもちろん、海上の輸送手段を失ってしまっては、もはや籠城も不可能となった。

一五八〇(同八)年三月、朝廷の仲介により、顕如は信長から和議を受け入れる。和睦とはいえ、実質的には本願寺の敗北であり、信長から、顕如の大坂退去など七カ条の条件がつけられていた。

顕如はこの条件を飲み、紀伊鷺森《さぎのもり》(和歌山市)へ隠居するのだが、これに異をとなえ、徹底抗戦を主張したのが顕如の長男で、のちに東本願寺を分立する教如であった。

教如の義絶

話を戻すが、教如は、顕如の長男として石山本願寺に生まれた。一五七〇(永禄《えいろく》一三)年二月、一三歳になった教如は父顕如のもとで得度《とくど》するが、思いもよらないことに、この年の九月、本願寺を舞台にした石山合戦がはじまるのである。一〇年戦争を父とともに戦った教如は、終戦時には二三歳になっていた。

では、なぜ教如は和睦拒否を主張

教如

1558～1614年。東本願寺(大谷派《おおたには》真宗本廟《しんしゅうほんびょう》)の創立者。本願寺11代顕如の長男として石山本願寺に生まれる。13歳で得度《とくど》し、父とともに信長と10年間にわたって戦う。信長との和議、紀伊退去に反対して石山本願寺に籠城《ろうじょう》し、父に義絶される。許されて12代を嗣《つ》ぐが、1年足らずで秀吉の命により引退。のちに家康の庇《ひ》護《ご》を得て東本願寺を建てる。

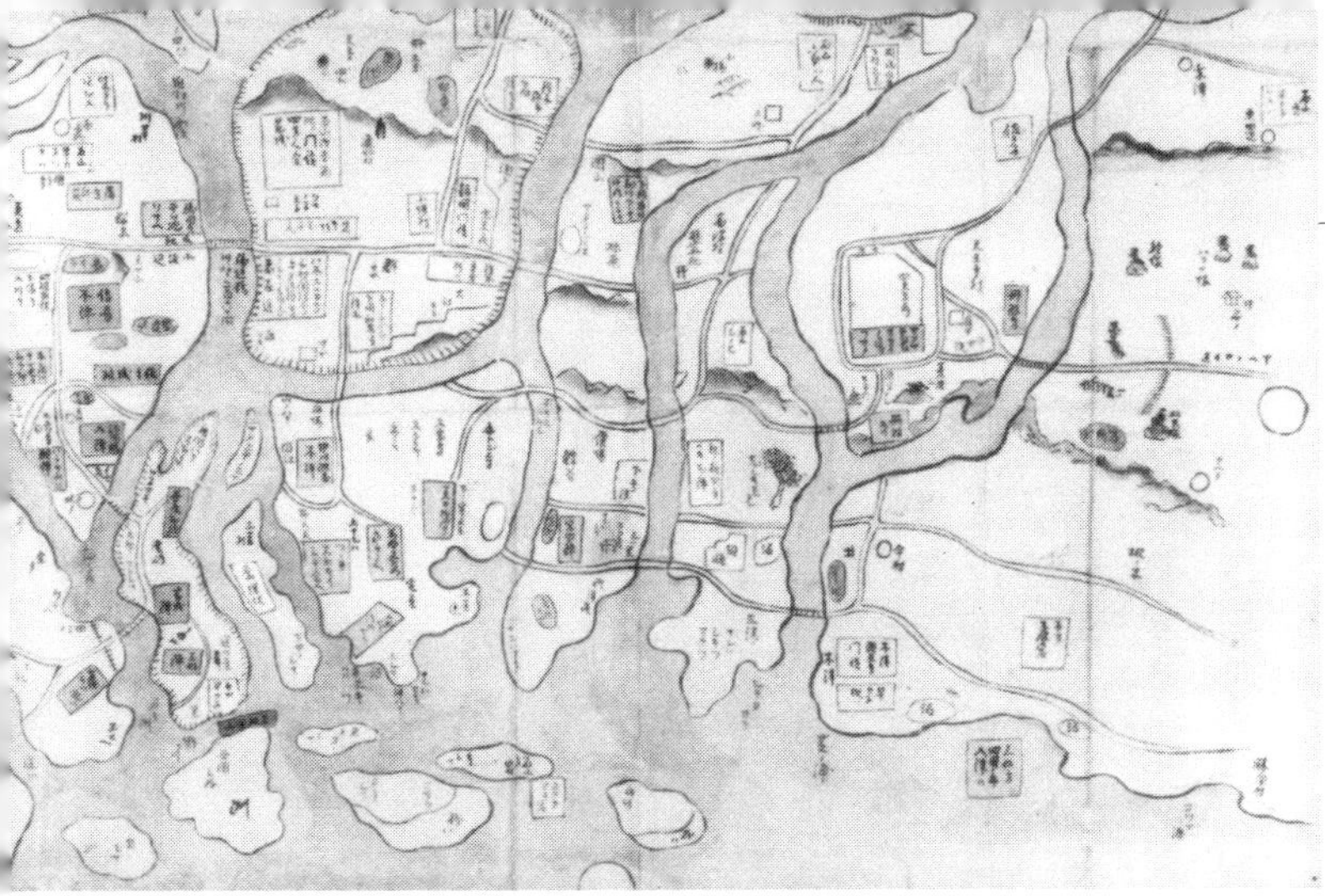

石山合戦の陣地図　大阪城天守閣蔵

したのだろうか。それは信長を信用できなかったからである。

和議の条件は、宗主顕如と後継者教如以下の幹部が紀伊に退去すること。それを見届けてから信長勢は撤退する、というものであったが、教如はこれに対して、「われわれが退去したあとで、信長が攻めてこないという保証はありません」と、疑義をとなえたのである。

先に和議が成立した長島一揆がそうだった。条件に従って退城した門徒たちを、信長は約束を違え、皆殺しにしてしまったのである。

長島一揆にしてそうであれば、一〇年にわたって信長を苦しめた本願寺の場合はどうなるか。武装を解いたとたん、皆殺しにされるだろう。

「徹底抗戦すべきです」

と、教如は主張して譲らず、これに同調する主戦派が出てきた。

教団の分裂を恐れた顕如は教如を義絶し、予定を早めて、和議の二カ月後には大坂を退去して紀伊鷺森に向かった。

義絶された教如は主戦派を率いて本願寺に籠城する。この教如による籠城継続を「大坂拘様《おおざかかかえざま》」という。

だが、信長の前に無勢の主戦派はしょせん蟷螂《とうろう》の斧《おの》。顕如が退去して四カ月後の八月、ついに教如は石山本願寺を明け渡して退去する。

秀吉の命により宗主交代

教如の義絶については、顕如が信長を欺《あざむ》くためであったという説もあるが、いずれにせよ、石山合戦が終結し、講和が整ってしばらくして、教如の義絶は解かれる。

さて信長は、一五八二(天正一〇)年の本能寺の変に没し、豊臣秀吉が天下を統一する。秀吉は二年後、石山本願寺跡地に大坂城を築城。しかし顕如と秀吉とは友好関係にあり、一五九一(同一九)年、秀吉は京都堀川七条に寺地を寄進する。翌年、顕如はここに本願寺を再興したが、この年の一一月二四日、逝去。五〇歳

石山本願寺は現在の大阪城天守閣あたりにあった。

であった。

　そして、本願寺の後継者とされたのは、長男教如であった。教如は葬儀のあと、還骨勤行《かんこつごんぎょう》の儀式で、はじめて宗主《しゅうしゅ》の座に座った。義絶が許されてから一〇年目、三五歳のときである。

　ところが、それから一年もたたない一五九三(文禄《ぶんろく》二)年、教如は秀吉によって奈落《ならく》の底へ叩きつけられる。教如を大坂城へ召した秀吉は一一カ条の非を示して、一〇年後に宗主の座を弟准如《じゅんにょ》に譲ることを命じたのである。

　その一一カ条とは、大坂拘様にかかわること、折檻《せっかん》されていた家臣を召しだしたこと、そして女性問題からなっていた。准如に譲るべき理由として、秀吉は顕如の譲り状があるとした。

　だが、これは母如春尼の謀略であったとの説もある。その説によ

准如

1577～1630年。西本願寺(本願寺派本願寺)12代。本願寺11代顕如の三男として生まれ、幼いときに越前《えちぜん》に下る。16歳のときに父顕如が死去し、長兄教如が本願寺12代を継承した。しかし翌年、秀吉の命により教如に代わって12代となった。その後、教如が東本願寺を分立したため、これに対し西本願寺として教団体制につとめた。

准如上人像　京都市・西本願寺蔵

ると、如春尼が末子の准如に本願寺宗主を継承させるため、有馬《ありま》温泉で湯治中の秀吉を訪ね、顕如の准如への譲り状を示して頼んだといわれるが、定かではない。

いずれにせよ、教如が宗主就任後、わずか一年で秀吉に宗主引退の約束を迫られたことは事実だ。さらに、秀吉の詰問を受けた席で、教如に従っていた坊官(執事)が譲り状の問題で抗弁したことが、秀吉の怒りに油をそそぐ結果になった。「一〇年後に引退」は撤回され、「いますぐ、ただちに退隠せよ」と命ぜられたのである。

かくて教如は、一年足らずで宗主の座を去る。

東本願寺の分立

引退した教如は裏方と呼ばれ、本願寺の一角に居していた。だが教如は、石山合戦で籠城を主張して父親から義絶させられたことからもわかるように、行動派だ。黙って蟄居《ちっきょ》しているわけがない。

年代は定かでないが、ここに別の堂舎を建立。さらに、一五九九(慶長《けいちょう》四)年には『正信偈《しょうしんげ》・和讃《わさん》』四帖《じょう》を開板(印刷)するなど、積極的に活動している。『正信偈・和讃』は、一四七三(文明《ぶんめい》五)年の蓮如開板本を復刻したものだ。

このように教如は、引退どこ吹く風で、〝宗主〟としての活動を続けたのである。

なぜ教如にそれができたかといえば、教如を支持した門徒末寺があったからだ。近江の江北教団、同じく江北の下寄組一二カ寺、湯次《ゆすき》二一カ寺、湖西教団、さらに三河の三カ寺が教如につくことを盟約し、准如の本願寺へ参詣する者の葬儀を執り行わないことを誓約している。

このほか、各地で〝教如教団〟が形成されていた。これが、やがて本願寺分立へと発展していく。

秀吉の没後、豊臣家は、関ケ原《せきがはら》の戦いで徳川家康《とくがわいえやす》に敗れる。この戦いで教如は、家康に味方したことから、その庇護《ひご》を受けるようになる。そして、一六〇二(慶長七)年に家康から、堀川七条近くの烏丸《からすま》六条に四町四方を寄進されるのである。

教如はここへ堀川の本願寺で居していた堂舎を移す一方、翌一六〇三(同八)年、親鸞聖人木像を上野厩橋《こうずけまやはし》(群馬県前橋市)の妙安寺《みょうあんじ》より迎えて、ここに東本願寺(大谷派真宗本廟《しんしゅうほんびょう》)が分立するのである。

大谷光瑞《おおたにこうずい》

探検家・門主・実業家として伝道、仏教文化に貢献

幕末から明治にかけて、外国から西洋文明が押し寄せ、キリスト教が流入、国内は廃仏毀釈《はいぶつきしゃく》の風が吹き荒れていた。大谷光瑞は、こうした激動の時代に本願寺派二一世明如《みょうにょ》の長男として誕生した。

父明如は、留学僧を派遣し、西欧の事情を調査するなどして教団の近代化をはかった。この先取の精神のもとに育った光瑞は、日本における西欧の実証的学問と科学的思考の時代の到来に対し、いかにして浄土真宗の近代的学問を確立させるかを考

鏡如《きょうにょ》上人御影《ごえい》　東京都・築地本願寺《つきじほんがんじ》蔵

大谷光瑞プロフィール

1876〜1948年。本願寺派22世門主《もんしゅ》。10歳のとき得度して法名鏡如《きょうにょ》と称す。仏教文化を探る中央アジアの探検事業は特筆される。父の逝去により28歳にして門主となる。わずか10年で職を辞し、その後は海外を拠点に、アジア諸国発展のため事業手腕を発揮。中国では孫文《そんぶん》政府の最高顧問、わが国では内閣顧問をつとめた。鉄輪《かんなわ》別邸(大分県)にて、73歳で遷化《せんげ》。

え、二四歳のときに海外に留学した。

大谷探検隊の編成を決意

清国《しんこく》巡遊、インドの仏跡巡拝、欧州での宗教情勢視察と、二年近くにわたる留学をそろそろ終えようとしていた一九〇〇年代初頭。ヨーロッパ東洋学会は、中央アジアブームにわいていた。

英・仏・露各国が先を競うようにして、次から次へと探検隊を中央アジアへ送りこみ、ヨーロッパ各紙は、中央アジアに関する遺跡や古文書の発見、考古学的な発掘調査の進行など次々に報じていた。しかも、それらの遺跡や収集された文化財の大半は、いずれも仏教文化に関するものであった。

ヨーロッパにいて、これら中央アジアブームを目《ま》の当たりにした光瑞は、血が騒ぎ、焦燥感から居ても立ってもいられなくなった。

なぜなら中央アジア——すなわち西域は、シルクロードと呼ばれ、古来、東西文化の交通路であって、仏教の栄えた地方である。ここに埋もれている古経・仏像・古美術はいずれも、仏教東漸の歴史を探るのに重要な材料ばかりであることを、光瑞は当然ながら熟知している。そして本来なら、仏教徒が行う発掘作業であるはずのものが、すべてキリスト教徒たる西洋人の手で行われている。

（ただひとりとして東洋人がいないのは、いったいどうしたことだ）

という思いに光瑞は、かられたのであった。

キリスト教徒の西洋人にしてみれば古経や仏像は単なる〝骨董品《こっとうひん》〟だが、これらは仏教徒にとって、かけがえのない先聖の遺宝である。光瑞はあせりに似た気持ちを抱いた。

「仏教について深い知識をもたない西洋人にとって、古経は猫に小判だ。第一、手に入れても、それを解読することは困難だろう。よしんば解読できたとしても、その心をくみとり、思想史的に位置づけたり、文化史との関係をたどったりする作業までは手が伸びまい。いや、不可能に近いといっていい。それでは貴重な資料が散逸するだけで、仏教徒にとって大きな損失となる」

こう考えた光瑞の結論は、仏教徒

ロンドン滞在中の大谷光瑞《おおたにこうずい》
龍谷大学大宮図書館蔵

である東洋人が中央アジアへ出かけ、発掘・探検すべきであるというものであった。

光瑞のこの思いは、次第に明確なものとなっていった。そして、留学を終え、日本への帰途、中央アジアへ立ち寄ることを決心する。

アジアの地図を広げ、中央アジアからインドへ抜けるルートを策定し、その途次において各地の調査をしようというのが、光瑞の計画であった。

だが、光瑞は探検家ではない。いや、探検家ともっとも離れた世界に位置する宗教家である。探検というものが、どれほどの人力を必要とするものか、あるいはどれほどの資金を必要とするものか、皆目検討がつかなかった。それでも、光瑞は留学仲間と大谷探検隊の編成を決意する。

自ら西域に仏教文化を探る

光瑞が意図した探検の目的は、著書『西域考古図譜《さいいきこうこずふ》』の序において光瑞自らが記している。

それは、以後三次にわたり、シルクロードへ遠征する大谷探検隊全体についての目的といえるが、整理すると次のようになる。

一、仏教東漸の経路を明らかにすること。すなわち、昔、中国の求法僧《ぐほうそう》がインドに入った遺跡を訪ね、中央アジアがイスラム教徒の手に落ちたために仏教が被った圧迫の状況を推究すること。

二、中央アジアに残された経論・仏像・仏具などを収集し、仏教教義の討究や考古学上の研鑽《けんさん》に役立てること。

三、可能なかぎり、地理学・地質学・気象学上の種々の疑団をも氷解せしめるよう努めること。

以上、三つがメインテーマで、どれをとっても、仏教界にとって貴重な資料となるものだった。大谷探検隊の目的は、西欧の探検家のような〝世界史の空白を埋める〟ことではなく、〝仏教の源流を求める〟ことにあり、あくまでも仏教徒としての使命感から興された事業といえる。

特筆すべきは、やはり光瑞自身の探検参加である。諸般の事情で、第一次探検隊に参加しただけであったが、探検の地は中央アジア、どんなアクシデントが起こるかわからない。そこへ次期門主となるべき光瑞が出かけるというのだから、大変な決断であったといっていいだろう。

しかも、莫大な費用がかかる。光瑞にして、はじめて成し得た決断であり、壮挙であった。

宗門の内外を問わず活躍

光瑞が、第一次大谷探検隊四名を率いてロンドンを出発したのは、一九〇二（明治三五）年八月一六日のことであった。

築地本願寺・東京都　インド風の現在の建物は一九三四（昭和九）年落成。内部も椅子《いす》式で、当時としては斬新なものだった。開かれた教団をめざしていた光瑞《こうずい》の発案といわれている

年が改まった一九〇三（同三六）年。計画にしたがって、中央アジアからインドを旅行中であった光瑞のもとに、父で本願寺派二一世明如が死去したという知らせが届く。光瑞は、急遽《きゅうきょ》帰途につき、本願寺の法灯をつぐことになった。

仏教者としての大谷光瑞

二二代門主となった光瑞は一九一一（大正元）年、宗祖聖人六五〇回遠《おん》忌《き》法要をつとめる。その雄大な人柄と企画力を反映した大規模な法要となり、一〇〇万人を超えるという前代未聞の参詣者を得たといわれる。

その後、財政問題などにより門主の職を辞したが、仏教の発展のため、行動範囲はますます広がっていく。

大連《ダイレン》・上海《シャンハイ》を根拠地に、シンガポールでゴム園、セレベス島でコーヒー園、トルコで絹織物・染職・バラ園など、各地で農園を経営し、国際的な実業家として活躍した。これらの事業について徳富《とくとみ》蘇峰《そほう》は、現地住民の生活向上を意図したもので仏教精神の実践であったと評している。

また著作の刊行、欧米各国の社会・宗教視察もかかさず、上海別院や築地本願寺など自ら関わった建築物も多い。その見識の広さからも、たぐいまれな国際人であったといえよう。

一九四八（昭和二三）年一〇月五日、大分県別府市の鉄輪《かんなわ》別邸にて七三歳で逝去。

光瑞は、アジア諸国が西欧の支配から自立することを願い、仏教こそ世界の宗教として、その役割を発揮すべきことを求めていた。探検事業も、東洋の仏教徒としての責務から試みた点に歴史的意義があるといえよう。

特集②

同朋集団を形成した

親鸞の門弟たち

親鸞《しんらん》は、阿弥陀仏《あみだぶつ》を信じて念仏のもとに集う人々を「御同朋《おんどうぼう》」「御同行《おんどうぎょう》」と呼んで敬愛の念で接した。「親鸞は弟子一人《いちにん》ももたず」と唯円《ゆいえん》の『歎異抄《たんにしょう》』にも記されているように、伽藍《がらん》も建てず教団をつくる意志さえももたなかった。

だが親鸞没後、有力門弟たちを中心に門徒集団が成長し、原始真宗教団が形成される。

筑波山《つくばさん》をのぞむ小島《おじま》の草庵跡・茨城県下妻《しもつま》市

茨城県笠間市稲田にある西念寺《さいねんじ》は、親鸞聖人立教開宗の地として知られている

同朋集団の形成

越後《えちご》(新潟県)配流《はいる》を解かれたあと、親鸞《しんらん》は常陸《ひたち》(茨城県)の下妻《しもつま》・小島《おじま》・稲田《いなだ》などに草庵を結んで、帰洛《きらく》するまでの二〇年間、関東一円から東北地方にかけて布教活動に邁進《まいしん》した。古来、関東の地には、山伏や修験者を中心とする古代仏教が根を張っていた。親鸞のひ孫にあたる覚如《かくにょ》が著した『親鸞聖人伝絵《しんらんしょうにんでんね》』のなかには、改心して親鸞に帰依《きえ》した山伏弁円《べんねん》(明法房《みょうほうぼう》)についての記述がありこのあたりの事情をよく伝えている。

親鸞から教えを受けた念仏者は、『親鸞聖人門侶交名《もんりょきょうみょう》牒《ちょう》』『二十四輩牒《にじゅうよはいちょう》』『御消息集《ごしょうそくしゅう》』などに見える七十数名を中心に、数千人に達したとされる。

親鸞の門弟のなかでも中心人物の一人である性信《しょうしん》は、村人から「悪四郎」と呼ばれていたほどの乱暴者であったが親鸞に導かれ、持ち前の才知と手腕で布教を助けた。名主《みょうしゅ》という立場にありながら門弟となった真仏《しんぶつ》は財政面で親鸞を助けた。また、唯円《ゆいえん》は教えを心に深く刻んで忘れず、親鸞の没後、異義を正すため『歎異抄《たんにしょう》』を著した。

親鸞が帰洛して関東の地を離れて以後、親鸞の教えを受けた同朋たちは、法然《ほうねん》の命日の毎月二五日に寄りあっては法を聞き念仏をして、門徒としての自覚を深めていった。これが門徒集団と呼ばれるもので、やがて有力な門弟を中心に集団化していき、それぞれ所在する地名を冠して呼ばれた。真仏を中心とする高田門徒(下野《しもつけ》=栃木県)、順信《じゅんしん》を中心とする鹿島《かしま》門徒(常陸《ひたち》=茨城県)、性信・善性《ぜんしょう》を中心とする横曽根《よこそね》門徒(下総《しもうさ》=茨城・千葉県)などが有力であった。とくに高田門徒の教線は東北地方から東海地方にまで及んだ。

親鸞自身は教団をつくる意志はなかったが、親鸞没後、これら各地に割拠する門徒集団は、しだいに組織化され、門徒集団はやがて〝門徒教団〟として教線を伸ばしていく。

本願寺と門徒教団

現在の真宗十派のうち本願寺《ほんがんじ》派と大谷《おおたに》派は、本願寺を基礎として親鸞の血統を伝えている。また木辺《きべ》派が本願寺三世覚如《かくにょ》の長男で、覚如から義絶された存覚《ぞんかく》の系統を引いている。そのほかは、すべて親鸞の関東時代の門弟の流れをくんでいる。

●本願寺派・大谷派

本願寺は、親鸞の遺骨を納めた大谷廟堂《おおたにびょうどう》にはじまり、覚如が寺院化した。覚如は〝三代伝持の血脈〟すなわち、源空《げんくう》(法然)－親鸞－如信《にょしん》という法流を、自分が相承しているとして、その正当性を主張した。全門徒を本願寺に統括しようと試み、関東に下降して親鸞の直弟子二四名を選び「二十四輩」とするなど、門徒統一に奔走する。だが、関東を中心とする有力門徒たちには、覚如の方針を受容されず、かえって独自の教団展開を促す結果となる。覚如の試みは失敗し、浄土真宗が本願寺のもとに結集されるのは八世蓮如の時代であった。そして石山合戦後、一一世顕如《けんにょ》の長男教如《きょうにょ》の率いる東本願寺と、その弟准如《じゅんにょ》を宗主とする西本願寺とに分立するのである。

●高田派

そのほかの八派のなかで最も大きな流れは高田派で、真仏・顕智《けんち》を中心とする高田門徒から発展した。現在、本山の専修寺《せんじゅじ》は三重県津市にあるが、室町時代になるまでは下野(栃木県)にあった。各地の門徒が歴史のなかで次々と本願寺教団に統合されていったのに対し、高田門徒だけは終始本願寺とは別の立場から布教活動を続けてきた。真仏からは多くの優秀な弟子が輩出し、出雲路《いずもじ》派と木辺派をのぞく五派が真仏の系統から派生している。

関東二十四輩

	門弟	寺名(所在地)
第一番	性信	**坂東報恩寺**(東京都台東区)
		下総報恩寺(茨城県常総市)
第二番	真仏	**専修寺**(栃木県真岡市)
第三番	順信	**無量寿寺**(茨城県鉾田市鳥栖)
		無量寿寺(茨城県鉾田市下冨田)
第四番	乗然	**如来寺**(茨城県石岡市)
第五番	信楽	**弘徳寺**(茨城県八千代町)
		弘徳寺(神奈川県厚木市)
第六番	成然	**妙安寺**(茨城県境町)
		妙安寺(茨城県坂東市)
		妙安寺(群馬県前橋市)
第七番	西念	**宗願寺**(茨城県古河市)
		長命寺(長野県長野市)
		西念寺(茨城県坂東市)
		長命寺(千葉県野田市)
第八番	證性	**蓮生寺**(福島県棚倉町)
		青蓮寺(茨城県常陸太田市)
第九番	善性	**東弘寺**(茨城県常総市)
第十番	是信	**本誓寺**(長野県長野市)
		本誓寺(岩手県盛岡市)

●**佛光寺派・興正派**

京都にある佛光寺《ぶっこうじ》派と興正《こうしょう》派は、真仏の弟子源海《げんかい》の系統で、もともとはひとつの教団であった。存覚に教えを受けた七世了源《りょうげん》のときには、「絵系図《えけいず》」や「名帳《みょうちょう》」を使った布教で本願寺をしのぐ勢いだった。しかし、一四世経豪《きょうごう》が蓮如《れんにょ》に帰依《きえ》し分流した興正寺《こうしょうじ》は、明治時代に独立するまで本願寺の末寺筆頭であった。興正派の本山となった現在も西本願寺と隣接した位置にある。

●**三門徒派・誠照寺派・山元派**

福井県にあるこの三派は、もとは高田門徒の系統をひく念仏集団であったが鎌倉時代末期に分流した。三門徒派の祖といわれる如導《にょどう》は、北陸布教に大きな役割を果たした。しかし、蓮如の北陸布教により多くの門徒が本願寺に帰属したため、かつての勢力はなくなった。

●**出雲路派**

同じく福井県にある出雲路派は、覚如の弟子の乗専《じょうせん》が京都出雲路に開いた毫摂寺《ごうしょうじ》にはじまる。山元《やまもと》派とも縁が深く、応仁《おうにん》の乱のころ京都から福井に移った。

●**木辺派**

性信の横曽根門徒の系統で、近江《おうみ》瓜生津《うりうづ》(滋賀県東近江市)に布教をすすめた一派が錦織寺《きんしょくじ》を本山として独立した。覚如に義絶された存覚の流れをくんでいる。

第十一番	無為信	**無為信寺**(新潟県阿賀野市)
		稱念寺(宮城県仙台市)
第十二番	善念	**善重寺**(茨城県水戸市)
		善徳寺(茨城県常陸大宮市)
第十三番	信願	**慈願寺**(栃木県那珂川町)
		慈願寺(栃木県那須烏山市)
		観専寺(栃木県宇都宮市)
第十四番	定信	**阿弥陀寺**(茨城県那珂市)
		願船寺(茨城県東海村)
第十五番	入西	**枕石寺**(茨城県常陸太田市)
第十六番	入信(穴沢)	**寿命寺**(茨城県常陸大宮市)
第十七番	念信	**照願寺**(茨城県常陸大宮市)
		照願寺(千葉県いすみ市)
第十八番	入信(八田)	**常福寺**(茨城県つくば市)
第十九番	明法	**上宮寺**(茨城県那珂市)
		法専寺(茨城県常陸大宮市)
第二十番	慈善	**常弘寺**(茨城県常陸大宮市)
第二十一番	唯仏	**浄光寺**(茨城県ひたちなか市)
第二十二番	唯信(戸森)	**唯信寺**(茨城県笠間市)
第二十三番	唯信(幡谷)	**信願寺**(茨城県水戸市)
		覚念寺(茨城県日立市)
第二十四番	唯円	**西光寺**(茨城県常陸太田市)
		本泉寺(茨城県常陸大宮市)

コラム②

棟方志功

板画はつくらなくても、自然に生まれてくる

棟方志功《むなかたしこう》は、近代日本が生んだ偉大なる板(版)画家としてだれもがその名を知る芸術家だが、彼の創作の背景に〈他力〉という念仏思想があることは意外と知られていない。

棟方は、雑誌に載ったゴッホの油絵を見て感動し、「ワだばゴッホになる」と、二一歳で青森から上京。油絵画家をゴッホというのだと思っていたのだ。最初からもっとも権威のある帝展をめざし、四回続けて落選。だがあきらめず、五回目に入選。

美術評論家であり、宗教学者であった柳宗悦《やなぎむねよし》らとの出会いが、棟方を大きく飛躍させる。

「芸術家にエゴイズムは大切だが、自分にだけとらわれているうちはだめだ」

大戦中、疎開先の富山県で真宗の教えにふれ、とくに他力の教えに目覚める。それまでの「自分の力で仕事をする」という態度が一転し、常に仏の慈悲を感じながら、「自分というものは、なんという無力なものか、自分から物が生まれたほど小さいものはない」と謙虚な創作姿勢をもつようになる。その境地でこう述懐している。

「仏教でいう〈他力〉を信ずると、板画はつくらなくても、自然に生まれてくるのです」

「私が彫っているのではありません。私は仏さまの手先になって、板木の上を転げまわっているだけです」

いつも、彫りおえた作品に向かって「ありがとうございました」と合掌していたというエピソードもある。

観音経板画柵《かんのんぎょうはんがさく》　本身《ほんしん》の柵《さく》　棟方志功《むなかたしこう》作・日本民藝館《にほんみんげいかん》蔵

浄土真宗十派本山
親鸞聖人関東二十四輩

第5章

ぜひ訪ねたい

「浄土真宗ゆかりのお寺」

京都市・東本願寺

京都市・西本願寺

本願寺《ほんがんじ》（西本願寺《にしほんがんじ》）

浄土真宗本願寺派本山

＊「お西さん」と親しまれる

データ
住所＝京都市下京区堀川通花屋町下ル

華麗なる桃山文化の粋を伝える

京都市民から「お西さん」と呼ばれ親しまれている西本願寺《にしほんがんじ》は、正式には「浄土真宗本願寺派・本願寺」と称する。

堀川通《ほりかわどおり》に面した三万坪を超える広大な敷地は、一五九一（天正《てんしょう》一九）年に豊臣秀吉《とよとみひでよし》の寄進を受けて以来のもの。一六一七（元和《げんな》三）年に浴室から出火、諸堂が焼失したが、その後、伏見城《ふしみじょう》や聚楽第《じゅらくだい》からの移築などによって、伽藍が整えられた。そのため、桃山文化の絢爛《けんらん》豪華さをいまに伝える建築物などが多く残されている。

国宝に指定されている書院は、伏見城から移築されたものともいわれる。「鴻《こう》の間《ま》」と呼ばれる対面所の大広間に描かれた襖絵《ふすまえ》などは、逆遠近法を用いて描かれたもの。遠くを大きく、手前が小さく描かれているために、目の錯覚によって、上座の人間が大きく見えるようになっている。これは秀吉が諸大名と対面するときに、より威厳を誇るために描かせたとも伝えられる。

同じく国宝の飛雲閣《ひうんかく》は、聚楽第からの移築とされ、三層の楼閣をもつことから、金閣・銀閣と並び、京都三名閣のひとつ。

また、桃山建築の代表のひとつ、唐門《からもん》も国宝で、その彫刻の見事さ、彩色の美しさは、鳩が糞で汚すことを恐れて近づかなかったという言い伝えもあるほど。

宗祖親鸞《しんらん》聖人像を安置する御影堂《ごえいどう》と本尊阿弥陀如来を安置する阿弥陀堂はいずれも江戸時代に建立された

もので、国宝となっている。

東西四八メートル、南北六二メートル、高さ二九メートルの単層入母《いりも》屋《や》造りの御影堂の荘厳さには圧倒される。阿弥陀堂・唐門・飛雲閣は、二〇二二（令和四）年に大修復が行われた。

このほか、寺宝が多いことでも知られ、親鸞聖人像、『三十六人家集』が国宝、『慕帰絵詞《ぼきえことば》』『伏見《ふしみ》天皇宸翰《しんかん》御歌集』が国の重要文化財となっている。

多くの人たちが西本願寺を参詣に訪れているが、人気のひとつが白洲にある「逆さ銀杏《いちょう》」。枝が横に張っていることからその名がつけられているが、江戸天明《てんめい》年間の大火のとき、水を吹きだして諸堂を守ったともいわれ、「水吹き銀杏」という名もある。

また、太鼓楼《たいころう》は幕末の一時期、新《しん》撰組《せんぐみ》の屯所として使われたことでも、よく知られている。

真《しん》宗《しゅう》本《ほん》廟《びょう》（東《ひがし》本《ほん》願《がん》寺《じ》）

真宗大谷派本山

＊京都駅前に偉容を誇る

データ
住所＝京都市下京区烏丸通七条上ル

門徒の力で築きあげた巨大伽藍

　JR京都駅前から、京都の中心を南北に走る烏丸通《からすまどおり》を北上すると、まもなく左手に東本願寺《ひがしほんがんじ》の御影堂門《ごえいどうもん》が現れる。顕如《けんにょ》の没後、そのあとを継いだ教如《きょうにょ》は、秀吉の裁定により弟准《じゅん》如《にょ》にその座を譲り、一度は引退したが、一六〇二（慶長《けいちょう》七）年、徳川家康《とくがわいえやす》から現在の地を寄進され、東本願寺を建立した。

　西本願寺が「お西さん」と呼ばれるのに対し、東本願寺は「お東さん」と呼ばれ、ともに京都市民から親しまれ、多くの参詣者・観光客を集めている。

　東本願寺は建立以来四度の火災により伽藍が焼失。最後の火災は、幕末の一八六四（元治《げんじ》元）年。長州藩《ちょうしゅう》が薩摩《さつま》・会津《あいず》両藩と戦った禁門《きんもん》の変の戦火に巻きこまれて伽藍が焼失。現在の諸堂は一八九五（明治二八）年に再建されたもの。

　そのときには、全国から一〇〇〇万人に及ぶ門徒が集まり、再建の力となったという。御影堂と阿弥陀堂をつなぐ渡り廊下に安置された毛綱は、そのときの名残りの品。

　用材搬入の際に、ワラや麻など一般に用いられる綱では、それが切れる事故が相次ぎ、全国の門徒たちが自らの頭髪を供出して編んだのがこの毛綱で、太さ四〇センチ、長さ一一〇メートル、重さ一トンのものなど、全部で五三本作られている。

　その毛綱なくして完成されなかったといわれるのが、間口七六メートル、奥行五八メートル、高さ三八メ

ートル、広さは畳九二七畳分という御影堂。世界最大級の木造建築ともいわれるこのお堂を支える九〇本の柱は、大人二人でようやく抱えられるほどの太さ。この搬入は毛綱なくしては不可能だったのである。その偉容・重厚さは見る者を圧倒し、これを築きあげた門徒の結束力の強さを思い知らされる。

京都の人たちは、京都タワーを「お東さんのロウソク」と呼ぶが、東本願寺の境内に入ってみると、なるほどと思うはず。京都タワーが本当にロウソクのように見える。

北に御影堂、南に阿弥陀堂が並び、六棟が二〇一九(令和元)年に、白書院など一七棟が二〇二三(令和五)年に国の重要文化財に指定された。

寺宝には、国宝の親鸞《しんらん》自筆の『教《きょう》行信証《ぎょうしんしょう》』(坂東本《ばんどうぼん》)、重文の親鸞聖人絵像『安城御影《あんじょうのごえい》』や『本願寺聖人伝《でん》絵《ね》』などがある。

高田山《たかださん》 専修寺《せんじゅじ》

真宗高田派本山

＊専修念仏の根本道場

データ

住所＝三重県津市一身田町《いしんでんちょう》

真宗の長い歴史を伝える古刹

　宗祖親鸞《しんらん》が関東教化《きょうけ》中の一二二六（嘉禄《かろく》二）年、高田（栃木県真岡《もおか》市）に建立した専修寺《せんじゅじ》がはじまり。その後、教化の中心が東海・北陸に向けられたことから一四六五（寛正《かんしょう》六）年、現在の地に寺院が建てられた。栃木の専修寺が火災に遭ったことなどから、本山の機構、宝物などがここに移され、「一身田《いしんでん》の専修寺」と呼ばれるようになった。

　ここ一身田には歴代の上人が住んだこともあり、一時は本願寺をしのぐ教団の中心地として栄えた。そのため、親鸞自筆の国宝『三帖和讃《さんじょうわさん》』、『西方指南抄《さいほうしなんしょう》』、重文『教行信証《きょうぎょうしんしょう》』や『親鸞聖人消息』をはじめ、歴代の上人にまつわる品々など、数多くの寺宝が残されている。

　専修寺の伽藍は二度の火災により、多くが焼失、創建当時の姿を残しているのは総門だけだが、江戸期に再建された諸堂は、本山としての趣をもっている。

　なかでも、親鸞聖人像を安置した御影堂《みえいどう》は一六〇〇年代後半に建てられたもので、間口四三メートル、奥行三三・五メートル、広さ七二五畳を誇り、国宝となっている。

　また、「証拠の如来」と呼ばれる阿弥陀如来立像《りゅうぞう》を本尊とする如来堂（本堂）は、一七四八（寛延《かんえん》元）年、二七年の工期を経て完成されたもので、これも国宝である。

　専修寺で見逃せないのは、県指定の名園と安楽庵《あんらくあん》。秀吉が伏見城内に造った茶室を、藤堂高虎《とうどうたかとら》の長女が一五世上人の夫人となった際、専修寺に移したとのいわれがある。

渋谷山《じゅうこくさん》 佛《ぶっ》光《こう》寺《じ》 真宗佛光寺派本山

＊京都布教の中心地

データ
住所＝京都市下京区高倉通佛光寺下ル

親鸞建立の山科のお寺にはじまる

一二一二(建暦《けんりゃく》二)年、親鸞《しんらん》が京都山科《やましな》に建立した興隆正法寺《こうりゅうしょうぼうじ》(興正《こうしょう》寺《じ》)にはじまるといわれる古刹。その後、関東の門徒を源流とする高田派の京都布教の中心地となり、了源《りょうげん》が東山渋谷《しぶたに》に移して、佛光寺《ぶっこうじ》としている。

了源の光明本尊《こうみょうほんぞん》(絵像)・名帳《みょうちょう》・絵系図などを使った布教は門徒を着々と増やし、室町時代には本願寺以上の勢力を誇っていた。

応仁の乱によって、諸堂のほとんどが焼失し、本願寺教団の伸張もあって、一五世紀末には佛光寺門徒は本願寺に帰属したこともあったが、一五八六(天正《てんしょう》一四)年、秀吉の大仏殿建立のために現在の地へ移転した。

京都の古い町並みを残す、落ちついたたたずまいのなかにあり、境内は静けさに満ちている。周囲が低い家並みの民家や商家が多いため、山門の立派さが非常に印象的。また、御影堂《ごえいどう》(大師堂)の偉容は、実際以上の大きさを感じさせる。

現在地に移転後も、二度の火災に遭っており、いまの御影堂・本堂とも明治になってから再建されたものであるが、了源が一三二〇(元応《げんおう》二)年に新造した寺宝の木造聖徳太子孝《きょう》養《よう》像は無事に伝えられ、国の重要文化財の指定を受けている。

佛光寺の名の起こりは、盗まれて竹やぶに捨てられていた本尊の阿弥陀如来像を、後醍醐《ごだいご》天皇が夢で東南の方角から光が差しこむのを見て、人を差し向けて発見したことから、「阿弥陀佛光寺」の勅号を賜ったことと伝えられる。

円頓山《えんとんざん》 興正寺《こうしょうじ》 真宗興正派本山

*かつての本願寺門跡筆頭

データ
住所＝京都市下京区堀川通七条上ル

本願寺、佛光寺とも深い関係をもつ

興正寺《こうしょうじ》の起こりは、一五世紀に佛光寺一四世経豪《きょうごう》が蓮如《れんにょ》に帰依《きえ》し、あとを弟の経誉《きょうよ》に譲って、山科《やましな》にお寺を建立して、佛光寺の旧称をつけたことによる。

経豪はその後、蓮教《れんきょう》と名乗り、多くの門徒を獲得、佛光寺の末寺も多くが蓮教に従ったことから、興正寺は本願寺と対等といわれるほどの地位をもつようになり、脇門跡として一門の筆頭となり、大きな勢力を保ちつづけた。

本願寺が焼き討ちに遭い、大坂《おおざか》石山に移ったときには、興正寺も同じく大坂天満《てんま》へ移転し、一五九一（天《てん》正《しょう》一九）年に本願寺が京都に戻ったときに現在地に移るといったように、長年にわたって本願寺と行動をともにしてきた。

江戸時代初期に、宗義上の論争に端を発して、本願寺とのあいだに不和が生じ、独立の動きもあったが、幕府の裁定を受けて、江戸時代を通じて、西本願寺に属していた。

しかし、一八七六（明治九）年の真宗四派大教院分離のときに、本願寺から独立し、興正派本山となっている。

別派独立後は、西日本の末寺門徒が本願寺に帰属、明治初年に二五〇〇といわれた末寺が激減するといった苦難も経験した。

御影堂《ごえいどう》は一九一二（明治四五）年に、阿弥陀堂は一九一五（大正四）年に再建されたもの。三門から一歩、境内に足を踏みいれると、落ちついたたたずまいが漂っていて、京都駅前という立地を忘れさせる。

出雲路山《いずもじさん》 毫摂寺《ごうしょうじ》 真宗出雲路派本山

＊越前四カ本山のひとつ五分市《ごぶいち》本山

データ
福井県越前市清水頭町《しみずがしらちょう》

北国一の呼び声高い大鐘が有名

毫摂寺《ごうしょうじ》は、一二三三（天福《てんぷく》元）年に親鸞《しんらん》が京都の上加茂《かみかも》と下加茂《しもかも》のあいだの出雲路《いずもじ》に開創したのがはじまりとされている。

その後、一三三八（暦応《りゃくおう》元）年に越前山元《やまもと》の庄《しょう》（福井県鯖江《さばえ》市）へ移転。そして越前市の郊外、五分市《ごぶいち》村と呼ばれた現在の地に移されたのは、江戸時代に入ってからのこと。一二世善照《ぜんしょう》が諸堂を整え、栄えた。

その後、落雷などによる火災で何度も諸堂の焼失と再建を繰り返した。阿弥陀堂と御影堂《ごえいどう》は、一八七七（明治一〇）年の火災ののち、一八八四（同一七）年に再建された。一七八八（天明《てんめい》八）年建造の太鼓堂がもっとも古く、阿弥陀堂門・御影堂門・経蔵・鐘楼は一八一一（文化《ぶんか》八）年建造。

梵鐘は、その大きさ、音の見事さで名高く、北国一といわれている。

境内は約一万坪と広大で、立派な松が繁る落ちつきと荘厳さをもった景観は、一見に値する。

境内に建つ「のゑ女《じょ》の碑」は、一八〇八（文化《ぶんか》五）年、乳母であったのゑ女が寺の姫二人と遊んでいたときに、突然襲ってきた猪から、重傷を負いながらも姫たちを守りとおし、福井藩からも褒賞されたとの逸話に基づいて、一九三四（昭和九）年に建てられたものだ。のゑ女の墓石は、碑の裏手、大楓《かえで》の下にある。

また、明治天皇の皇后にゆかりがあり、遺品が残る。

毎年、八月二七・二八日は「毫摂寺の大寄《おおよ》り」といわれる大縁日が開かれ、寺宝が開放されるため、多くの参詣者が集まる。

山元山《やまもとさん》 證誠寺《しょうじょうじ》

真宗山元派本山

データ

住所＝福井県鯖江市横越町《よこごしちょう》

苦難の歴史を歩んだ古刹

寺伝によると、親鸞《しんらん》が越後配流の途中に越前山元《やまもと》の庄《しょう》(鯖江《さばえ》市水落《みずおち》町《ちょう》)の草庵で布教し、そのゆかりの地で親鸞の子善鸞《ぜんらん》も布教活動を行い、後二条《ごにじょう》天皇から一三〇四(嘉元《かげん》二)年、「山元山護念院證誠寺《やまもとさんごねんいんしょうじょうじ》」の勅号を賜ったのがこのお寺の起こりとされている。

しかし、実際には三門徒派の祖如《にょ》導《どう》の弟子道性《どうしょう》が、一四七五(文明《ぶんめい》七)年に現在の地に定めたとされている。

その後、證誠寺は道性の率いる横《よこ》越《ごし》門徒の中心寺院として、近江《おうみ》・美《み》濃《の》(滋賀県・岐阜県)にまで及ぶ勢力を誇るようになったといわれる。

しかし、蓮如《れんにょ》にその教義を否定され、その蓮如が越前吉崎《よしざき》(福井県あわら市)で布教をはじめて北陸の真宗門徒の多くが蓮如のもとに入ったため、勢力は衰えることになる。

また、一向一揆において、朝倉氏についたため、織田信長《おだのぶなが》の焼き討ちに遭い、諸堂を焼失。さらに、江戸初期には毫摂寺《ごうしょうじ》の独立再興もあり、かつての勢力はまったくみられなくなった。

江戸時代に天台宗聖護院《しょうごいん》門跡の所属となり、明治維新で天台宗からは離れたものの、政府の通達で本願寺派に属し、一八七八(明治一一)年に、ようやく別派独立し、山元派を称するようになった。

古い歴史をもちながら、苦難の道を歩んできた證誠寺だが、親鸞自刻と伝えられる木像が残されているほか、本尊となっている阿弥陀如来立《りゅう》像《ぞう》は、恵心僧都源信《えしんそうずげんしん》作といわれる名品である。

＊越前四カ本山のひとつ 横越《よこごし》本山

上野山《うわのさん》 誠照寺《じょうしょうじ》

真宗誠照寺派本山

＊越前四カ本山のひとつ鯖江《さばえ》本山

データ
住所＝福井県鯖江市本町《ほんまち》

名匠左甚五郎作の龍が伝わる

一二〇七（建永《けんえい》二）年、親鸞《しんらん》が越後配流の途中で、越前上野《うわの》ヶ原《がはら》の豪族波多野景之《はたのかげゆき》の別荘ではじめて弥陀本願の要法を説き、それに感激した景之が念仏道場として開いた「車《くるま》の道場」（鯖江《さばえ》市日の出町）が誠照寺《じょうしょうじ》のはじまりとされる。その後、誠照寺は現在地に移されたが、車の道場は別院として、「上野別堂《うわのべつどう》」と呼ばれている。

　誠照寺は一五世紀初めまで、真照寺《しんしょうじ》といっていたが、一四三七（永享《えいきょう》九）年、後花園《ごはなぞの》天皇から勅願所の宣下を受けたのを機会に、いまの誠照寺とされたといわれる。

　戦国時代には、北陸地方一帯に勢力を拡大して、織田信長《おだのぶなが》は本願寺と対立したときに、誠照寺に助力を求めたといわれるほどで、それ以降、信長の重臣であった柴田勝家《しばたかついえ》との関係が深まり、勝家の越前平定の力ともなったという。

　しかし、勝家と羽柴《はしば》（豊臣）秀吉との戦いに巻きこまれ、秀吉軍によって火を放たれ、誠照寺の伽藍は一五八三（天正《てんしょう》一一）年に焼失した。

　その後、一度は復興したものの、一八六二（文久《ぶんきゅう》二）年に再び火災に遭い、鐘楼と四足門《しそくもん》（山門）を残して焼失、あとの諸堂は明治以降に再建されたもの。

　焼失を免れた四足門「鳥不棲門《とりすまずのもん》」の別名をもつが、これは左甚五郎《ひだりじんごろう》作の「駆けだしの龍」の彫刻のあまりの迫力に、鳥が恐れて近寄ろうとしないことからこの名がついている。また、鐘楼の鐘もかつて準国宝の指定を受けた名鐘である。

鹿苑山《ろくおんさん》 専《せん》照《しょう》寺《じ》

真宗三門徒派本山

データ
住所＝福井市みのり

福井市最古の木造建築

三門徒とは、室町時代に越前《えちぜん》（福井県）で勢力を誇った横越《よこごし》・鯖江《さばえ》・中野《なかの》の三つの門徒のことで、その中野門徒の流れが現在の三門徒派となっている。そのため、専照寺《せんしょうじ》は中野本山の名でも知られる。

専照寺を建立したのは、三門徒派の祖となった如導《にょどう》の孫浄一《じょういち》で、越前大町（福井市）の専修寺から分かれ、越前中野（福井県越前市）に開創された。中野門徒の名も、ここから出ている。現在地に移ってきたのは、一七二四（享保《きょうほう》九）年のこと。

浄一の熱心な布教活動によって、中野門徒は大きな勢力をもつようになり、一四三七（永享《えいきょう》九）年には、将軍足利義教《あしかがよしのり》の帰依《きえ》を受けて、鹿苑院《ろくおんいん》の領地を寄進されている。

以来、専照寺は一身田《いしんでん》の高田派専《せん》修寺《じゅじ》と本願寺が勢力を拡大するなかで、別派独立を保っていたが、江戸時代の一時期には、天台宗妙法院《みょうほういん》門跡の所属となっていた歴史ももつ。また、明治初めには、東本願寺の大谷派に属したが、その後まもなく独立し、三門徒派を称している。

多くの門徒を抱え、一大勢力を誇っていた往時をしのばせてくれるのは、現在では御影堂《ごえいどう》のみになってしまった。あとの諸堂は、一九四八（昭和二三）年の福井大地震によってすべて倒壊している。

現存する御影堂は、福井市最古の木造建築として、その由緒ある姿を見せてくれる。

＊越前四カ本山のひとつ中野本山

越前の毫摂寺《ごうしょうじ》、鯖江の誠照寺《じょうしょうじ》・證《しょう》誠寺《じょうじ》と、この専照寺をあわせて「越前四カ本山」と呼んでいる。

遍照山《へんじょうさん》 錦《きん》織《しょく》寺《じ》 真宗木辺派本山

＊天女伝説のお寺

データ

住所＝滋賀県野洲《やす》市木部《きべ》

親鸞が『教行信証』を完成させた地

寺伝によると、天台宗延暦寺《えんりゃくじ》三代座主《ざす》慈覚大師円仁《じかくだいしえんにん》が、この地に毘沙門天《びしゃもんてん》をまつるためのお堂を建立したのがはじまりとされる。

一二三五(文暦《ぶんりゃく》二)年、関東から京都へ帰る途上の親鸞《しんらん》がここに立ち寄り、『教行信証《きょうぎょうしんしょう》』を完成させたといわれ、それ以来、真宗のお寺として多くの門徒を集め、木辺門徒が形成されていった。

錦織寺《きんしょくじ》の名の起こりは、一二三八(暦仁《りゃくにん》元)年に、四条《しじょう》天皇から勅額を下されたことによる。天女が舞い降りて、蓮の糸で織った紫紅の錦を宮中にささげたところ、それに感激した天皇が「天神護法錦織之寺《てんじんごほうきんしょくのてら》」と名づけたのだという。

その後、蓮如《れんにょ》によって本願寺が勢力を拡大すると、木辺門徒の多くも蓮如に帰依《きえ》、本願寺に属するようになる。また、織田信長《おだのぶなが》の石山本願寺攻撃のときには、浄十宗鎮西《ちんぜい》派に転宗して、攻撃を免れたともいわれ、錦織寺の勢力は衰えていく。

さらに、一六九四(元禄《げんろく》七)年、火災によって、諸堂や親鸞ゆかりの品などの寺宝が焼失、錦織寺は荒れ果てることとなった。

だが、一七〇二(同、五)年になり、五代将軍徳川綱吉《とくがわつなよし》の母桂昌院《けいしょういん》の帰依《きえ》を受け、その援助によって諸堂が再建され、その後、真宗にも復帰して、現在にいたっている。

静かな田園地帯のなかに、整然と諸堂が立ち並ぶ境内は落ちついたたたずまいをみせ、錦織寺が歩んできた長い歴史とその由緒をしのばせてくれる。

高龍山《こうりゅうざん》　謝徳院《しゃとくいん》　報恩寺《ほうおんじ》　真宗大谷派

＊坂東報恩寺《ばんどう》

「まないた開き」は江戸歳時期のひとつ

下総横曽根《しもうさよこそね》(茨城県)にあった報恩寺が兵火で焼かれ、徳川家康《とくがわいえやす》に願いでて、江戸《えど》に移ったのが坂東報恩寺《ばんどうほうおんじ》のはじまりである。外桜田・八丁堀《はっちょうぼり》広沢新田と移ったあと、一八一〇(文《ぶん》化《か》七)年に現在地に落ちついた。

一月一二日の「まないた開き」の儀式は有名である。これは性信《しょうしん》の弟子となった飯沼《いいぬま》天神が天神社の神主《かんぬし》の夢に現れて、毎年、報恩寺に二匹の鯉を贈るよう告げたという故事からはじまったもので、江戸歳時記のひとつにもなっている。

また、東本願寺所蔵の『教行信《きょうぎょうしん》証《しょう》』(坂東本《ばんどうぼん》)は、もとはこの報恩寺にあったもの。

データ
住所＝東京都台東区東上野

高龍山《こうりゅうざん》　謝徳院《しゃとくいん》　報恩寺《ほうおんじ》　真宗大谷派

＊下総報恩寺《しもうさ》

性信による最初の真宗念仏道場

東京上野の報恩寺《ほうおんじ》の支坊となっているが、親鸞《しんらん》の第一番目の弟子性信《しょうしん》が最初に念仏道場を興した下総横曽《しもうさよこそ》根《ね》の地に建っている。もとは空海《くうかい》が開いた真言宗の大楽寺《だいらくじ》という巨刹で、その跡に性信が諸堂を建立したといわれ、性信の墓も本堂の裏にある。

一六〇〇(慶長《けいちょう》五)年に焼失、江戸に移り、現在の坂東報恩寺の基礎が築かれたが、一八〇六(文化《ぶんか》三)年に現在地に本堂が再建されている。

諸堂は筑波山《つくばさん》をのぞむ位置に建てられている。門前には「親鸞聖人舟繫《つな》ぎの松」があり、かつては沼にかこまれ、舟に乗らなくては来られなかったことを教えてくれる。

データ
住所＝茨城県常総《じょうそう》市豊岡町《とよおかまち》丙

高田山《たかださん》 専《せん》修《じゅ》寺《じ》 真宗高田派

データ

住所＝栃木県真岡市高田

真宗教団発祥のお寺

一二二五（嘉禄《かろく》元）年、親鸞《しんらん》が真岡《もおか》城主大内国時《おおうちくにとき》らの援助で阿弥陀如来像をまつって開創したのがはじまりで、翌年後堀河《ごほりかわ》天皇から「専修阿弥陀寺《せんじゅあみだじ》」の勅号を賜った。親鸞はこのお寺で七年間布教につとめたのちに京都に帰り、あとを真仏《しんぶつ》が受け継ぎ、関東真宗教団の中心地とした。一五

＊一身田《いしんでん》専修寺の本寺

世紀、一身田《いしんでん》（三重県津市）に専修寺《せんじゅじ》が新たに建立され、本山は移ったが、その後も本寺専修寺として隆盛を続けてきた。諸堂は近世に入って再建されたものだが、御影堂《みえいどう》・如来堂などは国の重文指定を受けている。また、御影堂にまつられている等身大の親鸞聖人像は親鸞自刻といわれる。

光明山《こうみょうざん》 無《む》碍《げ》光院《こういん》 無《む》量《りょう》寿《じゅ》寺《じ》 浄土真宗本願寺派

データ

住所＝茨城県鉾田《ほこた》市鳥栖

幽霊伝説と親鸞

もとは平城《へいぜい》天皇の勅願所として建てられた無量院《むりょういん》無量寺《むりょうじ》という三論宗《さんろんしゅう》の寺院であったといわれるが、親鸞《しんらん》によって真宗に変わった。真宗への改宗には幽霊伝説が伝えられている。平高時《たいらのたかとき》という地頭《じとう》の妻が難産で死に、このお寺に葬られたが、以来、夜な夜な泣き叫ぶ声が墓から聞こえ、

＊鳥栖《とりのす》の無量寿寺

ついには住職も逃げだした。高時から妻の霊をなぐさめてほしいと頼まれた親鸞は、小石に経文を書写し、墓に埋めたところ、その夜から泣き声がやんだという。親鸞はその後、三年間ここにとどまったのち、あとを順信《じゅんしん》にまかせた。順信は鹿島《かしま》神宮の神官片岡信親《かたおかのぶちか》と伝わる。

光明山《こうみょうざん》 無碍光院《むげこういん》 無量寿寺《むりょうじゅじ》 真宗大谷派

＊冨田《とみた》の無量寿寺

順信の隠居所としてはじまる

鳥栖《とりのす》の無量寿寺から約二キロのところにある冨田《とみた》の無量寿寺は、順信《じゅんしん》が晩年に隠居所としたことからはじまったといわれている。しかし寺伝によれば、順信は鹿島《かしま》神宮の神官片《かた》岡信親《おかのぶちか》の子信弘《のぶひろ》とされる。

順信は鳥栖の無量寿寺に住み、性《しょう》信《しん》とともに親鸞《しんらん》を支え、関東教化《きょうけ》につとめて鹿島門徒を形成し、その中心人物として真宗教団のなかでも重要な人物となっていった。その順信が晩年に、隠居したのが休憩所としていた塔の峰の草庵で「鳥栖の隠居所」と呼ばれていたらしい。その後、一六〇五（慶長《けいちょう》一〇）年に現在地に移ったのが冨田の無量寿寺という。

データ

住所＝茨城県鉾田《ほこた》市下冨田

帰命山《きみょうざん》 無量寿院《むりょうじゅいん》 如来寺《にょらいじ》 真宗大谷派

＊乗然ゆかりのお寺

「霞ヶ浦の御草庵」と呼ばれる

鎌倉時代、霞ヶ浦《かすみがうら》に怪しく光る物体が現れた。漁師は恐れ、漁ができず困っていた。白髪の老人が浮木に乗って浮島に現れ、「明日、親鸞《しんらん》聖人が通るので光る物体を見せ、救済をお願いせよ。浮木は天竺《てんじく》よりの名木なので、親鸞聖人に差し上げるがよい」といって姿を消した。次の日、親鸞はその話を聞いて自ら舟をこぎ、光る物体めがけて網を投げると、一体の阿弥陀如来像があがってきた。親鸞は浮島に草庵を結び、阿弥陀如来像と浮木で刻んだ聖徳太子像をまつり、乗然《じょうねん》に託したのが如来寺《にょらいじ》のはじまりとされる。乗然は順信《じゅんしん》（鹿島《かしま》神宮の神官片岡信親《かたおかのぶちか》）の弟と伝わる。

データ

住所＝茨城県石岡市柿岡

新堤山《にいつつみざん》 宗智院《しゅうちいん》 弘徳寺《こうとくじ》 真宗大谷派

＊信楽の自邸跡に建つ

データ
住所＝茨城県結城郡《ゆうき》八千代町《やちよまち》新地

大蛇伝説で知られる

信楽《しんぎょう》は、下総《しもうさ》守護職千葉常胤《ちばつねたね》の孫とされる。守り本尊薬師如来の夢のお告げで小島《おじま》の草庵に親鸞《しんらん》を訪ねて弟子となり、自邸を念仏道場としたのが弘徳寺《こうとくじ》のはじまりと伝えられる。

親鸞の曾孫《ひまご》である覚如《かくにょ》の著作『口《く》伝抄《でんしょう》』には、信楽が親鸞の教えに異義をとなえて門下から一時期離れたことが記され、覚如は関東巡礼に訪れた際に九〇歳の信楽に会い、再び親鸞の弟子に加えたという。

このお寺は大蛇伝説で有名だ。嫉妬に狂った女性が大蛇になって人々を困らせていたので親鸞が浄土三部経をとなえたところ、大蛇は極楽往生し、大蛇の頭骨が寺宝として残る。

親縁山《しんえんざん》 心光院《しんこういん》 弘徳寺《こうとくじ》 浄土真宗本願寺派

＊信楽悔悟のお寺

データ
住所＝神奈川県厚木市飯山《いいやま》

親鸞の長男、善鸞の墓がある

当地には聖徳太子発願《ほっがん》といわれる地蔵堂があり、親鸞《しんらん》が念仏道場として信楽《しんぎょう》に託したと伝えられる。

このお寺には、親鸞に異義をとなえて義絶されたという善鸞《ぜんらん》の墓がある。二人の対立があったかどうかは諸説分かれるが、関東で親鸞の教えに異義をとなえる人が多くなり、心配した親鸞が長男の善鸞を関東に下したところ、善鸞までもが異義をとなえるようになり、信楽もそれに同調したという。

寺伝によれば、信楽は一二六〇(文応《ぶんおう》元)年に上洛し、八八歳となっていた親鸞に会って門下に戻ることが許されたという。

一谷山《いっこくさん》 大法院《だいほういん》 妙安寺《みょうあんじ》 真宗大谷派

データ
住所＝茨城県猿島《さしま》郡境町《さかいまち》一ノ谷《いちのや》

妙安寺の基礎となった古刹

寺伝によれば、成然《じょうねん》は関白九条兼実《くじょうかねざね》の一門であったが、下総境《しもうさきかい》の豪族のもとに身を寄せているときに親鸞《しんらん》に帰依《きえ》し、出家したといわれる。

京都に戻る親鸞と稲田の草庵で別れるときに、親鸞自刻の寿像を形見として与えられた成然が、近くの一《いち》ノ谷《のや》に一二三二（貞永元《じょうえい》）年創建した。

＊成然最初のお寺

一三三二（正慶元《しょうきょう》）年に覚如《かくにょ》が移り住み、一四九九（明応八《めいおう》）年に現在地へ移転されたという。現在の境内から約五〇〇メートル南にある旧境内の大銀杏《いちょう》のもとには、成然の墓も残されている。妙安寺はのちにみむら、前橋と移っていったが、恵心僧都《えしんそうず》筆三尊来迎仏などの寺宝が残る。

一谷山《いちこくざん》 最頂院《さいちょういん》 妙安寺《みょうあんじ》 真宗大谷派

データ
住所＝茨城県坂東市みむら

聖徳太子の創建と伝えられる

一ノ谷《いちのや》に妙安寺《みょうあんじ》を開創した成然《じょうねん》が一二三三（天福元《てんぷく》）年、聖徳太子の夢告により、太子創建の廃寺を復興させたのが、みむらの妙安寺である。一ノ谷の妙安寺とは車で約一〇分ほどの距離。

寺宝として『聖徳太子絵伝』が伝わり、国の重要文化財となっている。

＊成然が再興したお寺

聖徳太子火防《ひぶせ》の尊像は、左手に杉の小枝を、右手に柄香炉《えごうろ》を持った像で、江戸時代に火災が起こったときに、聖徳太子が左手に持った杉の小枝で火を消したという故事があり、そこから名づけられている。

また、本堂にある太鼓は、三代将軍徳川家光《とくがわいえみつ》から拝領した。

一谷山《いちこくさん》 最頂院《さいちょういん》 妙安寺《みょうあんじ》 真宗大谷派

＊成然ゆかりのお寺

データ

住所＝群馬県前橋市千代田町《ちよだまち》

東本願寺の親鸞聖人像のお里御坊

みむらの廃寺を復興した妙安寺《みょうあんじ》は、一五九〇（天正《てんしょう》一八）年、酒井重忠《さかいしげただ》の要請で川越《かわごえ》（埼玉県）に移り、一六〇一（慶長《けいちょう》六）年に酒井家の前橋《まえばし》移封に伴って、現在地に移ってきた。

妙安寺が前橋に移った一年後、徳《とく》川家康《がわいえやす》によって本願寺が東西に分かれた際、妙安寺に伝わる、親鸞《しんらん》が形見として成然《じょうねん》に与えたという親鸞自刻の寿像を東本願寺に奉安することになった。そのため、一ノ谷・みむらとともに、前橋の妙安寺は「お里御坊」と呼ばれている。

寺宝には、『親鸞聖人縁起絵伝《えんぎえでん》』をはじめ、真宗七高祖像、親鸞聖人像、成然上人像など数々がある。

足立山《あだちさん》 野田院《のだいん》 宗願寺《そうがんじ》 浄土真宗本願寺派

＊西念ゆかりのお寺

データ

住所＝茨城県古河《こが》市中央町

武州惣道場の伝統を受け継ぐ

西念《さいねん》は、信濃《しなの》源氏の流れをくむ井《いの》上盛長《うえもりなが》の子とされる。越後国府《こくふ》（新潟県上越市）に親鸞《しんらん》を訪ねて西念の法名《ほうみょう》を授かった。

赦免《しゃめん》となった親鸞は西念の案内で一二一七（建保《けんぽう》五）年、井上氏の所領だった武州野田（埼玉県さいたま市）に念仏道場を開いた。

親鸞から野田の道場を託された西念は武州一帯に教線を拡げ、武州惣《そう》道場と仰がれた。

そののち一三三五（建武《けんむ》二）年に起こった足利尊氏《あしかがたかうじ》による後醍醐《ごだいご》天皇打倒の兵乱で焼け、武州野田の地を退去し、一三四二（康永《こうえい》元）年、現在地に宗願寺《そうがんじ》として再興されたという。

足立山《そくりゅうざん》 長命寺《ちょうめいじ》 浄土真宗本願寺

長寿の西念をたたえ、覚如が命名

古河《こが》の宗願寺《そうがんじ》と同じく、武州野田にあった西念《さいねん》の武州惣《そう》道場にはじまる。一二八八（正応《しょうおう》元）年、親鸞《しんらん》の曾《ひ》孫覚如《まごかくにょ》が関東巡礼に訪れた際、一〇七歳の西念に面会し、「長命寺」の寺号を授けたといわれる。西念はその翌年、親鸞の寿像に向かい端座合掌して往生をとげたと伝えられる。

長命寺は一三三五（建武《けんむ》二）年の兵乱で焼け、一門は二つに分かれて武州野田を離れた。一派は古河に移り、もう一派は故郷の信州駒沢《こまざわ》（長野市）に移り、さらに一五一九（永正《えいしょう》一六）年に布野《ふの》（長野市柳原《やなぎはら》）へ移転、一七〇〇年（元禄《げんろく》一三）年に現在地に移転したと伝えられる。

データ
住所＝長野市南堀《みなみほり》

極楽山《ごくらくさん》 聴衆院《ちょうしゅういん》 西念寺《さいねんじ》 真宗大谷派

藤原期の阿弥陀如来坐像をまつる

現在地の辺田《へた》にはもともと、聖徳太子創建とされる天台宗の聖徳寺《しょうとくじ》があり、西念の弟が住職をつとめていた。弟も兄の縁で稲田の草庵に親鸞《しんらん》を訪ね、他力の念仏の教えを受けて、信証《しんしょう》という法名《ほうみょう》を授かった。そして兄の西念とともに、辺田の聖徳寺を念仏道場とした。

西念が開いた野田の武州惣《そう》道場が建武《けんむ》の兵乱によって焼けたため、宝物などが聖徳寺に納められ、一六六四（寛文《かんぶん》四）年、東本願寺一四世琢如《たくにょ》が西念寺《さいねんじ》と改め、西念を開基、信証を二世と定めた。

寺宝の阿弥陀如来坐像は、平安時代藤原期の作とみられる。

データ
住所＝茨城県坂東市辺田《へた》

極楽山《ごくらくさん》 聴衆院《ちょうしゅういん》 長命寺《ちょうめいじ》 真宗大谷派

＊西念ゆかりのお寺

データ

住所＝千葉県野田市上花輪

野田の太子堂として知られる

西念《さいねん》の妹が当地の神主に嫁いでいた縁で一二二〇（承久《じょうきゅう》二）年、親鸞《しんらん》が西念《さいねん》に建立させたと伝わる。

境内の太子堂には親鸞自刻の聖徳太子孝養《きょうよう》像がまつられ、毎年四月一五日に太子講が開かれる。醤油の産地として栄えてきた野田の町だけに昔から桶や樽などの職人が多く住み、職人たちの信仰を集めてきた。

長命寺《ちょうめいじ》には一八三八（天保《てんぽう》九）年の過去帳が伝えられており、そこには天保の大飢饉の惨状がかなり詳しく記されている。幕府はもとより、地元の醤油問屋なども救済に当たったが多くの餓死者を出し、長命寺にも五〇〇人近い餓死者が葬られた。

寶池山《ほうちざん》 浄華台院《じょうげだいいん》 蓮正寺《れんしょうじ》 単立（浄土真宗東本願寺派）

＊證性ゆかりのお寺

データ

住所＝福島県東白川《ひがししらかわ》郡棚倉《たなぐら》町棚倉新町《あらまち》

證性の父、畠山重忠の守り本尊が残る

證性《しょうしょう》は、鎌倉幕府の重鎮として知られた畠山重忠《はたけやましげただ》の次男重秀《しげひで》とされる。畠山氏は北条《ほうじょう》氏の策略によって重忠と長男重保《しげやす》が討死《うちじに》し滅亡するが、重秀は難を逃れて京都高山寺《こうざんじ》の明恵《みょうえ》のもとで出家した。その後一二一四（建保《けんぽう》二）年に小島《おじま》の草庵に親鸞《しんらん》を訪ねて弟子となり、下野塩谷荘犬飼《しもつけしおのやのしょういぬかい》（栃木県）に蓮正寺《れんしょうじ》を開いたという。

一六二七（寛永《かんえい》四）年、蓮生寺は犬飼から現在の棚倉《たなぐら》の地へ移転した。一八五四（安政《あんせい》元）年の火災で寺宝の多くを焼失したが、重忠の守り本尊阿弥陀如来像と親鸞聖人像だけは無事に持ちだされ、いまに伝えられている。

皇跡山《おうせきざん》 極楽院《ごくらくいん》 青《しょう》蓮《れん》寺《じ》

浄土真宗本願寺派

＊證性ゆかりのお寺

田園地帯にひっそりとたたずむ

寺伝によれば、のちに天武《てんむ》天皇となる浄御原親王《きよみはらしんのう》が下向したときに滞在した御殿に聖徳太子像をまつったのがはじまりとされる。

それから五〇〇年以上経って、天台宗の僧（親鸞《しんらん》の弟子になる前の善《ぜん》性《しょう》）が寺院として再興し瑞巌寺《ずいがんじ》と名づけた。そして一二一八（建保《けんぽう》六）年、證性《しょうしょう》が父畠山重忠《はたけやましげただ》らを弔うため東国を行脚《あんぎゃ》中、瑞巌寺で一夜を過ごしたときに聖徳太子から夢告を受け、親鸞を訪ねて弟子となり、瑞巌寺に戻って念仏道場とした。

その後、青い蓮の花に親鸞と聖徳太子が蓮座する夢を見たことから青《しょう》蓮寺《れんじ》としたという。

データ
住所＝茨城県常陸太田市東連地町《とうれんじちょう》

高柳山《こうりゅうざん》 信順院《しんじゅんいん》 東《とう》弘《こう》寺《じ》

真宗大谷派

＊善性ゆかりのお寺

教えが東にひろまることを願う

善性《ぜんしょう》は、後鳥羽《ごとば》天皇の第三皇子正《まさ》懐親王《なりしんのう》ともいわれる。比叡山にのぼり出家したのち、諸国行脚《あんぎゃ》の途中で、下総《しもうさ》国守豊田治親《とよだはるちか》のもとに滞在していたときに小島《おじま》の草庵に親鸞《しんらん》を訪ねて弟子となった。

治親の屋敷に親鸞が宿をとったときのこと、「ここに念仏道場を建てるといい」との夢のお告げがあり、庭に柳の枝をさすと一晩で三メートルの高さに成長した。その奇跡の地に善性はお寺を建立し、親鸞の教えが東国にまでひろまるようにとの願いを込め、高柳山東弘寺《こうりゅうざんとうこうじ》と名づけた。

そして、戦国時代天正《てんしょう》年間に近くの大房《だいぼう》の現在地へ移転した。

データ
住所＝茨城県常総《じょうそう》市大房《だいぼう》

平林山《へいりんざん》 新田院真田園《にったいんさなだえん》 本誓寺《ほんせいじ》 真宗大谷派

＊是信ゆかりのお寺

歴代領主の帰依を受ける

是信《ぜしん》は、藤原氏の流れをくむ吉田《よしだ》大納言信明《だいなごんのぶあき》といわれ、罪に問われて越後に左遷され、国府《こくふ》（新潟県上越市）の親鸞《しんらん》を訪ねて弟子となった。

一二一三（建保《けんぽう》元）年、親鸞《しんらん》は是信とともに常陸へ向かう途中に善光寺《ぜんこうじ》を参詣し、倉科《くらしな》（長野県千曲市）にあった大台宗の寺院を本誓寺《ほんせいじ》と改め、是信《ぜしん》に託したと伝えられる。

四世住職は新田義貞《にったよしさだ》の末男貞重《さだしげ》といわれる。武田信玄《たけだしんげん》はじめ歴代領主の帰依《きえ》を受け、真田園の号は真田信之《さなだのぶゆき》から授かった。松代《まつしろ》城主松平忠輝《まつだいらただてる》の命《めい》によって一六一〇（慶長《けいちょう》一五）年に現在地に移り、二代将軍徳川秀忠《とくがわひでただ》からも寺領の寄進を受けた。

データ
住所＝長野市松代町《まつしろまち》松代

石森山《せきしんざん》 重願院《じゅうがんいん》 本誓寺《ほんせいじ》 真宗大谷派

＊是信ゆかりのお寺

是信、奥州教化の中心地

一二一五（建保《けんぽう》三）年、是信《ぜしん》は稲田の草庵に親鸞《しんらん》を訪ね、奥州教化《おうしゅうきょうけ》の使命を受けたといわれる。

是信は奥州和賀《わが》郡笹間《ささま》（岩手県花巻市）にしばらく滞在したのち、紫波《しわ》郡彦部石ヶ森《ひこべいしがもり》（岩手県紫波町《しわちょう》）に本誓寺《ほんせいじ》を開く。ここを拠点に教線を拡げ、一二六六（文永《ぶんえい》三）年、八六歳で往生をとげたと伝わる。

本誓寺は一五八四（天正《てんしょう》一二）年に焼失し、紫波町二日町に再建されたが六年後、初代南部藩主信直《のぶなお》より寺領を拝領し、盛岡の現在地へ移転。一六三五（寛永《かんえい》一二）年、是信の墓が残る彦部に正養寺《しょうようじ》が建立され、二日町の本誓寺は支院となった。

データ
住所＝岩手県盛岡市名須川町《なすかわちょう》

佛性山《ぶっしょうざん》 金剛院《こんごういん》 **無為信寺《むいしんじ》**

真宗大谷派

＊無為信ゆかりのお寺

かつての姿をいまに伝える

無為信寺《むいしんじ》は一二四六（寛元《かんげん》四）年、奥州会津《おうしゅうあいづ》郡門田一《もんでんいち》ノ堰《のせき》（福島県会津若松市）に開創された。寺伝によれば、無為信《むいしん》は甲斐《かい》武田氏初代信義《のぶよし》の子で会津出身とされる。

一六五四（承応《しょうおう》三）年、奥州棚倉《たなぐら》城主内藤氏に招かれて移転、さらに移封に伴って駿河《するが》田中（静岡県藤枝市）へ、享保《きょうほう》年間には法統が途絶え、京都の東本願寺に移管された。

現在地に再建されたのは一七六〇（宝暦《ほうれき》一〇）年、土地の豪農佐藤家の尽力があったといわれている。

諸堂の配置などは再建当時の姿を忠実に再現しているという。『藤原氏系図』（重文）などが残る。

データ

住所＝新潟県阿賀野《あがの》市下条町《げじょうちょう》

橘昌山《きっしょうざん》 本誓院《ほんせいいん》 **稱念寺《しょうねんじ》**

浄土真宗本願寺派

＊無為信ゆかりのお寺

杜《もり》の都にたたずむ古刹

寺伝によれば、無為信《むいしん》は飛鳥《あすか》時代の橘朝臣《たちばなあそん》の流れをくみ、紀州田辺《たなべ》（和歌山県）の領主であったが源平合戦のころに思うところあって出家し、稲田の草庵に親鸞《しんらん》を訪ねて弟子となり、親鸞から奥州教化《おうしゅうきょうけ》の使命を受けたと伝えられている。

無為信は会津（福島県）に念仏道場を開き、親鸞から「稱念寺《しょうねんじ》」の寺号を賜わったとされる。

一五八九（天正《てんしょう》一七）年、伊達政宗《だてまさむね》が会津を征服、米沢から仙台に居城を移したときに、稱念寺も招かれて六〇〇〇坪の寺領を拝領したという。

現在の山門が朱《しゅ》塗りであるため、「赤門寺《あかもんでら》」の名で親しまれている。

データ

住所＝宮城県仙台市青葉区新坂町《にいざかまち》

遍照山《へんしょうざん》 光明院《こうみょういん》

善重寺《ぜんじゅうじ》 真宗大谷派

＊善念ゆかりのお寺

データ
住所＝茨城県水戸市酒門町《さかどちょう》

水戸光圀とも縁が深い

寺伝によると、善念《ぜんねん》は鎌倉武士の三浦義重《みうらよししげ》とされ、鹿島《かしま》神宮へ参拝の帰りに桜川で親鸞《しんらん》と出会い、弟子となり、一二三二（貞永《じょうえい》元）年に笠間《かさま》に善重寺《ぜんじゅうじ》を建立。本願寺の東西分派にあたり衰退するが、一五八六（天正《てんしょう》一四）年、一三世善空《ぜんくう》が鷹匠町《たかじょうまち》（水戸市南町）に再興し、一六六七（寛文《かんぶん》七）年、水戸光圀《みとみつくに》の命《めい》により現在地に移された。

太子堂にまつられている聖徳太子孝養《きょうよう》像は、一六七八（延宝《えんぽう》六）年に光圀によって寄進されたもので、檜《ひのき》の寄木造りで、玉眼をはめ、極彩色をほどこした美しい像。寺伝では湛慶《たんけい》の作と伝えられる国の重要文化財。

額光山《がくこうざん》 信楽院《しんらくいん》

善徳寺《ぜんとくじ》 浄土真宗本願寺派

＊善念ゆかりのお寺

データ
住所＝茨城県常陸大宮市鷲子《とりのこ》

山里の静かなお寺

寺伝によると、善念《ぜんねん》は常陸太田城主初代佐竹昌義《さたけまさよし》の曾孫《ひまご》、南酒出義茂《みなみさかいでよししげ》とされる。稲田の草庵に親鸞《しんらん》を訪ねて、善念の法名《ほうみょう》を授かったという。

一二一三（建保《けんぽう》元）年、善念が南酒出（茨城県那珂市）の領地に建立したのが、善徳寺《ぜんとくじ》のはじまりとされる。一三一四（正和《しょうわ》三）年に善鸞《ぜんらん》の子善明《ぜんみょう》によって現在地に移された。

一四八九（延徳《えんとく》元）年の火災によって諸堂をことごとく焼失し。一六三〇（寛永《かんえい》七）年になって、ようやく再建され、そのときの建築物がいまに残っている。周囲を山に囲まれた場所に建つ小さなお寺だが、静かで趣のある名刹である。

粟野山《あわのさん》 無量光院《むりょうこういん》 慈願寺《じがんじ》 浄土真宗本願寺派

＊健武《たけぶ》の慈願寺

データ

住所＝栃木県那須郡那珂川町健武《たけぶ》

信願は常陸太田佐竹一族とされる

健武《たけぶ》の信願《しんがん》は、常陸太田佐竹氏出身の稲木《いなき》城主義清《よしきよ》という。出家したのち、親鸞《しんらん》を稲田の草庵に訪ねて弟子となり、一二三三（天福《てんぷく》元）年、常陸粟野鹿崎《あわのしかざき》（茨城県城里町《しろさとまち》）に念仏道場を開いた。また、信願に随行した稲木家の従者も親鸞の弟子となり、故郷の健武にお堂を建て親鸞と信願を招いて説法を行い、親鸞堂と呼ばれた。のちに覚如《かくにょ》が関東巡礼のときに両道場に立ち寄り、「慈願寺《じがんじ》」の寺号を授けたといわれる。その後転々とし、一五八〇（天正《てんしょう》八）年、現在地に再興された。

寺宝として、親鸞自刻の寿像、親鸞聖人五〇歳御歯骨などが残る。

鹿崎山《しかざきさん》 信寿院《しんじゅいん》粟野坊《あわのぼう》 慈願寺《じがんじ》 真宗大谷派

＊烏山《からすやま》の慈願寺

データ

住所＝栃木県那須《なす》烏山《からすやま》市中央

信願は那須与市の子孫とされる

烏山《からすやま》の慈願寺《じがんじ》は、源平合戦で活躍した那須与一《なすのよいち》の子孫とされる信願《しんがん》によって一二二三年（貞応《じょうおう》二）年、下野《しもつけ》粟野鹿崎《あわのしかざき》（栃木県鹿沼《かぬま》市）に建立され、一六八〇（延宝《えんぽう》八）年、現在の烏山《からすやま》の地へ移転されたという。

江戸時代に三度の火災により焼失、さらに一八七七（明治一〇）年の大火により灰燼《かいじん》に帰したが、その都度再建され、二四〇〇坪の境内に本堂・書院・鐘楼・宝蔵などが立ち並ぶ。

親鸞《しんらん》が京都に帰って九年後、上洛した信願に形見として授けたといわれる親鸞自刻の寿像、信願の守り本尊だった弥陀八幡神像、蓮如《れんにょ》・実如《じつにょ》・教如《きょうにょ》などの直筆が残されている。

稲木山《いなきさん》 観専寺《かんせんじ》 浄土真宗本願寺派

＊信願ゆかりのお寺

親鸞の形見の絵像が伝わる

観専寺《かんせんじ》の信願《しんがん》も、常陸太田佐竹氏出身の稲木《いなき》城主義清《よしきよ》とされる。一子を失ったことから天台宗の僧となり、義空《ぎくう》と呼ばれていた一二〇六（建永《けんえい》元）年、下野《しもつけ》宇津《うつ》西原（宇都宮市）に観専寺を建立。一二一四（建保《けんぽう》二）年に親鸞《しんらん》が立ち寄り、義空は他力の念仏の教えを受けて弟子となり、信願の名を授かったという。

寺宝の親鸞が形見として信願に与えたという自作の絵像は、西本願寺二〇世広如《こうにょ》が「関東無双の真影」と絶賛したといわれる名作である。

一時衰退し、江戸中期慶安《けいあん》年間、宇都宮藩主二代奥平忠昌《おくだいらただまさ》によって現在地に再興された。

データ
住所＝栃木県宇都宮市材木町《ざいもくちょう》

証拠山《しょうこさん》 大山禅坊《おおやまぜんぼう》 阿弥陀寺《あみだじ》 真宗大谷派

＊定信ゆかりのお寺

親鸞の大山禅房といわれる古刹

寺伝によれば、越後から奥州教化《おうしゅうきょうけ》に訪れた親鸞《しんらん》が一二一六（建保《けんぽう》四）年に常陸奥郡《おうぐん》大山《おおやま》（茨城県城里町阿波《しろさとまちあわ》山《やま》）に草庵を結んだのが阿弥陀寺《あみだじ》のはじまりとされる。親鸞は京都に帰るとき、定信《じょうしん》に託したという。

定信はもと三井寺《みいでら》（滋賀県大津市）の僧で、一二一七（同五）年に大山にて親鸞の弟子となり、定信の没後は、善鸞《ぜんらん》の子善明《ぜんみょう》が三世住職となったと伝わる。

一三九一（明徳《めいとく》二）年に額田《ぬかだ》城主小野崎《おのさき》氏の招きで現在地に移された。しかし一八六四（元治《げんじ》元）年、水戸の天狗《てんぐ》党の乱によって諸堂をすべて焼失し、明治期に再建された。

データ
住所＝茨城県那珂市額田南郷《ぬかだみなみごう》

華輪山《かりんざん》 真風院《しんぷういん》 願《がん》船《せん》寺《じ》 真宗大谷派

水戸光圀による寺号

願船寺《がんせんじ》は以前、「願泉寺」と書いて天台宗系のお寺だった。一二一四年（建保《けんぽう》二）年、常陸太田城主佐竹氏が三井寺《みいでら》（滋賀県大津市）から安信《あんしん》（のちの定信《じょうしん》）を招いて、当地石神《いしがみ》にお寺を建立し、祈願所としたのがはじまりとされる。

寺伝によれば、一二一九（承久元《じょうきゅう》）年、定信は聖徳太子の夢告を受けて親鸞の弟子となったとされる。その後、願泉寺を念仏道場とし、親鸞から大山《おおやま》の草庵（阿弥陀寺《あみだじ》）も託された。

当地は江戸時代、水戸藩領となり、水戸光圀《みとみつくに》が願泉寺の湧水を茶立てに愛用した縁で、親鸞の教えを示す「願船寺」に改められた。

＊定信ゆかりのお寺

データ
住所＝茨城県那珂郡東海村石神外宿《いしがみとじゅく》

大門山《おおかどさん》 伝灯院《でんとういん》 枕《ちん》石《せき》寺《じ》 真宗大谷派

『出家とその弟子』で有名なお寺

入西房道円《にゅうさいぼうどうえん》が一二一二（建暦《けんりゃく》二）年に常陸奥郡《おうぐん》大門《おおかど》（常陸太田市）に開創し、のちに内田に移され、一五四〇（天文《てんぶん》九）年に現在地へ移転された。

入西と親鸞《しんらん》の出会いは、倉田百三《くらたひゃくぞう》著『出家とその弟子』にも描かれている。雪の夜、日野頼秋《ひのよりあき》（出家前の名）の屋敷を親鸞一行が訪ね、一夜の宿を求めたが、頼秋は「石を枕にするがいい」と追い払う。その夜、頼秋の夢に日野家の守り本尊千手観《せんじゅかん》音《のん》が現れ、「門前に阿弥陀如来が休まれている。早くみ教えをいただくべし」と告げた。頼秋はすぐに親鸞を招き入れ、弟子となり、屋敷をお寺とし、枕石寺《ちんせきじ》と名づけたという。

＊入西ゆかりのお寺

データ
住所＝茨城県常陸太田市上河合町《かみかあいちょう》

信照山《しんしょうざん》 蓮台院《れんだいいん》 寿命寺《じゅみょうじ》 浄土真宗本願寺派

＊穴沢の入信ゆかりのお寺

常陸太田城主佐竹義繁のお寺

入信《にゅうしん》は出家前の名を佐竹義繁《よししげ》（義重）といって、常陸太田《ひたちおおた》城主であった。佐竹氏は北関東最大の戦国大名となった名門で、義繁は宗家四代当主にあたる。義繁は、武士としての生活に疑問を感じて常陸奥郡《おうぐん》穴沢《あなざわ》（茨城県城里町《しろさとまち》）に隠居後の一二一七（建保《けんぽう》五）年、夢のお告げによって親鸞《しんらん》を訪ねて弟子となり、隠居所を念仏道場とした。穴沢の道場を親鸞が訪ねたとき、西の方に光を放っている場所があり、入信とともにそこへ行き、地面を掘ると阿弥陀如来像が出てきた。その地にお堂を建て寿命寺《じゅみょうじ》と名づけ、京都に帰るとき入信に託したとされる。

データ
住所＝茨城県常陸大宮市野口

毘沙幢山《びしゃどうざん》 無為院《むいいん》 照願寺《しょうがんじ》 真宗大谷派

＊念信ゆかりのお寺

親鸞の見返り桜で知られる

善念《ぜんねん》の善徳寺《ぜんとくじ》から車で五分ほどの距離にあり、照願寺の前の山には高《たか》沢城《ざわじょう》の遺構が発見されている。念信はその城主で高沢氏信《たかざわうじのぶ》といったが、父の遺言により、親鸞《しんらん》を訪ねて出家し、常陸奥郡《おうぐん》毘《び》沙幢《しゃどう》（常陸大宮市小《こ》舟《ぶね》）に草庵を結んだといわれ、この草庵が照願寺となった。

親鸞は毘沙幢の草庵に六度足を運んだが、一二二八（安貞《あんてい》二）年、庭の桜が一日で満開になり、親鸞は何度も振り返ったと伝わる。

その後、照願寺は現在の鷲子《とりのこ》の地に移り、その桜も、江戸元禄《げんろく》年間に水戸光圀《みとみつくに》の命《めい》により鷲子の照願寺に移された。

データ
住所＝茨城県常陸大宮市鷲子《とりのこ》

小山御坊《こやまごぼう》 照願寺《しょうがんじ》 浄土真宗本願寺派

＊念信ゆかりのお寺

元禄《げんろく》年間に分立したと伝えられる

常陸鷲子《とりのこ》の照願寺と同じく念信《ねんしん》が毘沙幢《びしゃどう》に結んだ草庵にはじまると伝わるが、本願寺東西分流後は築地本《つきじほん》願寺《がんじ》の僧が説法に回ってくる輪番寺院であった。大原は、日蓮《にちれん》の生誕地に近く、真宗門徒が少なかったのも理由のひとつといわれる。

しかし、紀伊半島などから真宗門徒の漁民がこの地方にやってきて、門徒が増加してきたことから、一八一八（文政元《ぶんせい》）年、鷲子の照願寺から西信《さいしん》という僧が入り、小山御坊《こやまごぼう》照願寺となった。

西信は大原の照願寺に入るときに、覚如《かくにょ》七五歳の作『親鸞聖人伝絵《でんね》』（重文）を持参した。

データ
住所＝千葉県いすみ市大原

佛名山《ぶつみょうざん》 玉川院《たまがわいん》 常福寺《じょうふくじ》 真宗大谷派

＊八田の入信ゆかりのお寺

常陸守護職八田知家の曾孫のお寺

穴沢《あなざわ》の入信《にゅうしん》と法名《ほうみょう》は同じだが、別人である。常福寺《じょうふくじ》を開いた入信は、八田《はった》（茨城県常陸大宮市）の領主知朝《ともあさ》とされ、常陸守護職八田知家《ともいえ》の曾孫《ひまご》にあたる。親鸞《しんらん》が八田領内の太子堂に参拝したとき、弟子になったことから八田の入信と呼ばれ、自邸をお寺として、常福寺と名づけたのは、一二一六（建保《けんぽう》四）年のこととされる。

入信は、親鸞のあとを追って上洛し、八田に帰る途中、親鸞が尾張《おわり》・三河教化《きょうけ》の拠点とした日比野《ひびの》（愛知県一宮市《いちのみや》）の運善寺《うんぜんじ》にて一二三七（嘉《か》禎《てい》三）年、往生をとげたという。

常福寺は一五四一（天文《てんぶん》一〇）年、現在地の大曽根《おおぞね》へ移転された。

データ
住所＝茨城県つくば市大曽根《おおぞね》

楢原山《ならはらさん》 正法院《しょうぼういん》 上宮寺《じょうぐうじ》 浄土真宗本願寺派

データ
住所＝茨城県那珂市本米崎《もとこめざき》

親鸞暗殺を企てた山伏弁円

上宮寺《じょうぐうじ》を開いた明法《みょうほう》は、藤原氏の出身とされ、京都の聖護院《しょうごいん》で修験道をきわめた山伏で、弁円《べんねん》といった。

佐竹氏が塔之尾《とうのお》楢原谷《ならはらたに》（常陸大宮市東野《とうの》）に建てた護摩堂《ごまどう》に招かれた弁円は、稲田で布教をはじめた親鸞《しんらん》を快く思わず、殺そうと思い立ったが、親鸞の尊顔に接し弟子となり、明法の法名《ほうみょう》を授ったという。

明法は護摩堂を念仏道場とし、これが上宮寺となった。開創は一二二一（承久《じょうきゅう》三）年といわれる。一五七七（天正《てんしょう》五）年に額田《ぬかだ》に移り、その六年後に本米崎《もとこめざき》の現在地に移転。寺宝として、山伏弁円が改心して折った弓と法螺貝《ほらがい》が伝わる。

＊明法ゆかりのお寺

楢原山《ならはらさん》 法徳院《ほうとくいん》 法専寺《ほうせんじ》 真宗大谷派

データ
住所＝茨城県常陸大宮市東野《とうの》

明法の墓が残る

寺伝によると、明法となった山伏弁円《べんねん》は、平清盛《たいらのきよもり》の孫能宗《よしむね》とされる。一八歳で京都の聖護院《しょうごいん》に入り、修験者として弁円の名は全国にとどろいたと伝わる。

一二一二（建暦《けんりゃく》二）年、佐竹氏が祈願所として当地に法徳院《ほうとくいん》を建立し、弁円を招いたという。ところが加持祈禱に頼る人は少なく、弁円は親鸞《しんらん》を殺そうと稲田の草庵に乗りこむが、親鸞の尊顔に接し弟子となり、一二二六（嘉禄《かろく》二）年、法徳院近くに法専《ほうせん》寺《じ》を開いたといわれている。

明法の墓は法専寺から七〇〇メートルほど南の杉林の奥にひっそりとまつられ、楢原塚《ならはらづか》と呼ばれている。

＊明法ゆかりのお寺

玉川山《たまがわさん》 宝寿院《ほうじゅいん》 常弘寺《じょうこうじ》

浄土真宗本願寺派

＊慈善ゆかりのお寺

大和《やまと》橘《たちばな》寺《でら》から伝わった聖徳太子像

常弘寺《じょうこうじ》を開いた慈善《じぜん》は、橘重義《たちばなしげよし》という公家であったといわれている。重義は出家したいと思い立ち、東国に下り、常陸奥郡《おうぐん》の玉川沿いにあった太子堂で一夜を過ごしたときのこと、夢のなかに聖徳太子が現れて、「ここより西南の地で説法をしている高僧は阿弥陀如来の化身である」と告げたという。

稲田の草庵に親鸞《しんらん》を訪ねた重義は、親鸞の弟子となり、慈善の法名《ほうみょう》を授かった。

慈善は太子堂に戻り、専修念仏をひろめた。一〇年後、その様子を知った親鸞が一二二五（嘉禄《かろく》元）年に太子堂を常弘寺と名づけたという。

データ

住所＝茨城県常陸大宮市石沢

衆宝山《しゅうほうざん》 無量光院《むりょうこういん》 浄光寺《じょうこうじ》

浄土真宗本願寺派

＊唯仏ゆかりのお寺

かつて常陸国《ひたちのくに》一を誇った巨刹

浄光寺《じょうこうじ》は一二二二（貞応《じょうおう》元）年、唯仏《ゆいぶつ》によって開かれた。唯仏は出家前の名を藤原頼貞《よりさだ》といい、稲田の草庵に親鸞《しんらん》を訪ねて弟子となり、枝川（ひたちなか市）にあった自邸をお寺とし、当初は常光寺《じょうこうじ》といった。

常光寺は水戸城主江戸《えど》氏の帰依《きえ》を受けて発展、さらに佐竹氏の援助を受けて一五九一（天正《てんしょう》一九）年に枝川から水戸城内へ移転、三代将軍徳川《とくがわ》家光《いえみつ》より朱印地を賜って一六四八（慶安《けいあん》元）年に那珂湊《なかみなと》に移り、浄光寺と改められたという。

現在地の館山に移されたのは一六九六（元禄《げんろく》九）年で、水戸光圀《みとみつくに》の命《めい》により城下の寺院が集められた。

データ

住所＝茨城県ひたちなか市館山

外森山《ともりさん》 西岸院《さいがんいん》 唯信寺《ゆいしんじ》 真宗大谷派

データ

住所＝茨城県笠間市大田町《おおたまち》

戸守の唯信が一生をかけたお寺

唯信寺《ゆいしんじ》は、常陸守護職八田知家《はったともいえ》の三男宍戸義治《ししどよしはる》が開いたとされる。稲田の草庵に親鸞《しんらん》を訪ねて説法を聞くうちに二二歳のときに弟子となり、常に親鸞と行動をともにしていたが、親鸞が京都に帰ったのちは、常陸奥《おう》郡《ぐん》戸守《ともり》(外森・現在地不明)を拠点として布教活動を行った。

＊戸守の唯信ゆかりのお寺

唯信が戸守にお堂を建てたのは一二六一(弘長《こうちょう》元)年で、一二七八(弘《こう》安《あん》元)年、戸守の地で往生をとげた。

一六六七(寛文《かんぶん》七)年に現在地へ移転し、唯信寺としたとされるが、一説に、唯円の没後間もない一二八二(弘安五)年に移転し、当初は浄安寺《じょうあんじ》といったとも伝わる。

徳池山《とくちさん》 蓮生院《れんしょういん》 信願寺《しんがんじ》 浄土真宗本願寺派

データ

住所＝茨城県水戸市緑町《みどりちょう》

水戸偕楽園《かいらくえん》の隣に建つ

信願寺《しんがんじ》を開いた唯信《ゆいしん》は、戸守の唯信とは別の人物で、幡谷《はたや》(茨城県小《お》美玉《みたま》市)の城主信勝《のぶかつ》とされる。一二一六(建保《けんぽう》四)年の夏の夜、守り本尊観音菩薩の夢のお告げによって親鸞《しんらん》と出会って弟子となり、唯信の法名《ほうみょう》を授かった。

親鸞が関東教化《きょうけ》に区切りをつけて、

＊幡谷の唯信ゆかりのお寺

京都に帰ることになった一二三二(貞永《じょうえい》元)年、唯信が親鸞を招いて出身地の幡谷にお寺を開いたのが、信願寺のはじまりである。

信願寺は移転を繰り返し、水戸に移ってきたのは戦国時代天正《てんしょう》年間で、現在地に落ちついたのは一六八一(天和《てんな》元)年のことである。

畠谷山《はたやさん》 晴岸院《せいがんいん》 覚念寺《かくねんじ》 浄真宗高田派

＊幡谷の唯信ゆかりのお寺

データ
住所＝茨城県日立市金沢町

水戸光圀の休息の場

覚念寺《かくねんじ》を開いた幡谷《はたや》の唯信《ゆいしん》は、源平合戦で有名な佐々木《ささき》高綱《たかつな》の三男高《たか》重《しげ》とされている。

父高綱も、一一九五（建久《けんきゅう》六）年に家督をゆずって高野山の僧となったのち、常陸へ向かう途中の親鸞《しんらん》から教えを受けて了智《りょうち》という法名《ほうみょう》を授かったといわれている。

一二一八（建保《けんぽう》六）年、三三歳で親鸞の弟子となった幡谷唯信が畠谷《はたや》（茨城県常陸大宮市）に開いた覚念寺は何度も兵火で焼かれ、一六〇〇（慶長《けいちょう》五）年に現在地へ移転した。

水戸光圀《みとみつくに》は領内視察のたびに、覚念寺に立ち寄って休息をとったといわれている。

鳥喰山《とりばみざん》 無量光院《むりょうこういん》 西光寺《さいこうじ》 真宗大谷派

データ
住所＝茨城県常陸太田市谷河原町《やがわらちょう》

『歎異抄』の作者唯円には一人説、二人説がある

寺伝によれば、唯円《ゆいえん》は武州楢山《ならやま》城主であったが、一子を亡くしたことから家督を弟に譲り、諸国行脚《あんぎゃ》の途中、鳥喰《とりばみ》（茨城県那珂市豊喰《とよばみ》）で、守り本尊薬師如来の夢のお告げによって親鸞《しんらん》の弟子となり、鳥喰に戻って円寿院本泉寺《えんじゅいんほんせんじ》を建立し、八三歳で往生をとげたとされる。

＊唯円ゆかりのお寺

一六二六（寛永《かんえい》三）年、水戸藩初代藩主頼房《よりふさ》の命《めい》によって現在地に移り、西光寺《さいこうじ》と改められた。

なお、西光寺と、もう一つの本泉寺（常陸大宮市野上）の鳥喰の唯円は別人とされ、『歎異抄《たんにしょう》』の作者は河《か》和田《わだ》の唯円か鳥喰の唯円かといわれてきたが、同一とする説もある。

第6章

知っておきたい「浄土真宗の仏事作法・行事」

仏壇のまつり方
門徒のたしなみ
葬儀・法要のしきたり
お墓のまつり方
仏前結婚式
人生の節目の儀式
浄土真宗の年中行事
お彼岸とお盆のしきたり

花まつり　東京・築地本願寺

仏壇のまつり方

仏壇の意味

仏壇を、亡くなった人をまつっておくものと考えて、まだ家族に亡くなった人がいないからいらないのだと思っている人がいるが、これは間違いである。

仏壇は、むしろ生きている私たちにとって日々の生活の中心となるもので、いたらない私たちを育み導いてくださる阿弥陀如来《あみだにょらい》のお慈悲にあう場所なのである。

したがって、仏壇をよりどころに念仏生活を送るのが、真宗門徒のうるわしい家庭の姿といえる。常に礼拝できる場所に仏壇を置いて、仏前に家族そろっておまいりするようにしたいものである。

仏壇を新しくしたら

仏壇の購入や置き場所などについて、さまざまな誤解や迷信があるようだが、そのようなことにとらわれないようにしたい。

仏壇を購入する際には、同じ浄土真宗といっても、内部の荘厳《しょうごん》や仏具の違いがあるので、浄土真宗本願寺派とか真宗大谷派とか宗派名をはっきり伝えることが大切だ。

仏壇を新しくしたら、所属のお寺の住職に入仏式《にゅうぶつしき》(入仏法要)をしてもらう。本尊を新たに本山からお受けして仏壇に掛ける場合は「おひもとき」ともいう。また、古い仏壇から新しい仏壇に本尊を移す場合は遷座《せんざ》法要《ほうよう》ともいう。

買い換えたときの古い仏壇の処理には困るものだが、住職に相談し、永代経をあげてもらって処分してもらうのがよいだろう。

本尊のまつり方

浄土真宗の本尊は、阿弥陀如来である。これを「方便法身《ほうべんほっしん》の尊形」と呼ぶ。如来の真実の智慧《ちえ》と慈悲が形になって現れたもの、という意味である。その阿弥陀如来の絵像か木像、または「南無阿弥陀仏《なむ(も)あみだぶつ》」と書かれた六字名号を本尊とする。この三種類のうちのどれかを本尊として安置する。家庭では阿弥陀如来の立ち姿の絵像が一般的である。

仏壇の上段中央(宮殿《くうでん》)に本尊をかけ、その両がわに脇掛《わきがけ》をかける。右に十字名号《みょうごう》「帰命尽十方無碍光如来《きみょうじんじっぽうむげこうにょらい》」、左に九字名号「南無不可思議光如来《なも(む)ふかしぎこうにょらい》」とする。または、右に親鸞聖人《しんらんしょうにん》、左に蓮如上人《れんにょしょうにん》の御影《ごえい》をかけることもある。

御本尊・脇掛の規格

規　　格	たてcm	よこcm
二 百 代	79.0	29.4
百五十代	66.7	24.2
百　　代	51.5	18.2
七 十 代	42.4	15.2
五 十 代	34.8	12.1
三 十 代	27.3	9.1
二 十 代	19.7	9.1

※上記は本願寺派の規格
大谷派も規格はほぼ同じ

九字名号

絵像

十字名号

蓮如上人御影

絵像

親鸞聖人御影

これらは、本山からお受けすることになっているので、所属のお寺の住職にとりついでもらうとよい。

荘厳（おかざり）のしかた

仏壇の荘厳《しょうごん》（おかざり）のしかたは、各派によっても多少違う。また、法要の種類によっても違ってくるので、住職に相談するとよい。

浄土真宗では本来、位牌を用いる習慣はなく、故人の法名軸を仏壇の左右両側面にかけたり、代々の法名を記載した法名帳《ほうみょうちょう》（過去帳）を置いたりする。

それらは礼拝の対象ではないので、仏壇の上段や中央には置かないようにする。

位牌を用いないのは、それらに故人の霊がやどっているのではないかという、あやまった観念を抱き、浄土真宗の絶対他力の教えをくもらせるおそれがあるという理由からだ。

本願寺派用の仏壇

これは、先祖や故人を大事にしないことではない。すでに故人は、如来の救済を受けて阿弥陀如来と同じ悟りを得ているのだから、如来を礼拝《らいはい》することで先祖や故人へのお礼の気持ちをはたしていることになる。

また、他宗派の絵像やお札、お守りなども入れない。

浄土真宗本願寺派の場合

通常の場合、手前の前卓《まえじょく》は花瓶《かひん》・香炉《こうろ》・ろうそく立を三具足《みつぐそく》の配置にしておく。上段の本尊の前に上卓《うわじょく》があれば、四具足《しぐそく》を配置し、華瓶《けびょう》には樒《しきみ》など青木のものをさす。ここに色花はささない。

経卓には日常用いる勤行聖典《ごんぎょうせいてん》をのせ、左に御文章箱《ごぶんしょうばこ》、右に鏧《きん》を置く。

報恩講《ほうおんこう》や新年やお盆、法要などあらたまった場合には、三具足を五具《ごぐ》足《そく》にする。また、打敷《うちしき》という三角形

大谷派用の仏壇

これだけはそろえたい

近年は住宅事情などから、省スペースの仏壇を求める家庭が増えた。荘厳の趣旨は、阿弥陀如来のまことの心を形を通して味わうことにある。したがって、本尊を中心に安置し、三具足(花瓶・香炉・ろうそく立)を配置するだけでも、最小限の荘厳は整う。

の布は上卓・前卓にかけるが、これも普段はしまっておき、あらたまった場合に用いる。

真宗大谷派の場合

通常、前卓には、中央に土香炉《どごうろ》、向かって左に花瓶《かひん》、右に鶴亀《つるかめ》の燭台《しょくだい》の三具足を置く。

上卓があれば、中央に火舎香炉《かしゃこうろ》、その前に香盒《こうごう》(香入れ)、前方左右に華瓶《けびょう》一対をのせて、後方左右に仏供《ぶく》(仏飯《ぶっぱん》)を供えるのが正式だが、上卓が小さいときなどは、香盤《こうばん》を置いて仏供を供える。

脇掛が御影のときは、それぞれの前にも仏供を供える。

和讃卓《わさんじょく》に日常用いる勤行聖典をおさめた和讃箱《わさんばこ》を置き、左に御文箱《おふみばこ》、右に鏧《きん》と撥《ばち》をそろえて置く。

あらたまった場合には、上卓の前方両側に供笥《くげ》を飾る。

おもな仏具

大谷派　　本願寺派

三具足《みつぐそく》

仏壇ではもっとも基本となる仏具。線香をともす香炉《こうろ》、花をさす花瓶《かひん》、ろうそく立（大谷派では燭台《しょくだい》）の三つで三具足という。大谷派でも三具足が基本となっているが、本願寺派が銅に漆《うるし》塗《ぬ》りの宣徳《せんとく》製《せい》を用いるのに対し、大谷派は真鍮製《しんちゅうせい》を用いている。なお、大谷派の燭台は鶴亀燭台《つるかめしょくだい》というもので、亀の背にのった鶴が蓮の軸をくわえている独特の燭台だ。これは亀の尾を手前を向くように置く。なお、ろうそく立や香炉に 3 本の足がついている場合は、1 本を手前に向くようにする。花瓶には生花をさすが、トゲのあるものやにおいのきつい花はさける。

四具足《しぐそく》

本願寺派

仏壇の上段に上卓《うわじょく》があれば、華瓶《けびょう》、仏飯《ぶっぱん》(大谷派では仏供《ぶく》)各 1 対、ろうそく立、火舎香炉《かしゃこうろ》の四具足を用意する。華瓶には樒《しきみ》など青木のものをさす。大谷派では燭台を置かない。また、火舎香炉の手前に香盒《こうごう》(香入れ)を置く。

仏飯(仏供)は毎朝供え、昼前に下げるのが原則。朝のおつとめがすんだら下げて温かいうちに仏飯をいただいてもよい。大谷派では盛槽《もっそう》という器具で仏供を円筒形につくって供える。

大谷派　　本願寺派

五具足《ごぐそく》

三具足に花瓶、ろうそく立が増えて 1 対ずつになったもの。報恩講、年忌、新年、お盆などあらたまった場合に五具足を用い、普段は三具足でよい。

浄土真宗の

過去帳《かこちょう》

大谷派では法名帳《ほうみょうちょう》という。亡くなった先祖の記録。法名、俗名、死亡年月日、年齢などを記録しておく。過去帳は礼拝の対象ではないので、本尊の前や仏壇の上段には置かない。

大谷派　本願寺派

供笥《くげ》

供物を供えるときの器。普段は仏飯だけを供えるが、年中行事や仏事など特別の場合に供える。本願寺派では餅を第一、菓子を第二、果物を第三の順に本尊の近くに置く。大谷派では供笥にはお華束《けそく》といって小餅だけを供える。

御文章箱《ごぶんしょうばこ》

大谷派では御文箱《おふみばこ》という。蓮如上人の『御文章(御文)』を納める箱。

和讃箱《わさんばこ》

親鸞聖人の『正信偈《しょうしんげ》』『三帖和讃《さんちょうわさん》』を納めておく箱。おつとめのときには和讃箱から取り出して経《きょう》卓《じょく》(大谷派では和讃卓《わさんじょく》)と呼ばれる机の上に置く。

仏壇の掃除

立派な仏壇でもほこりがたまったり、花が枯れていたりしてはいけない。仏壇は欠かさず掃除し、常にきれいにしておく。羽ぼうきで軽くほこりをとり、花瓶(華瓶)の水をかえたり、花をさしかえたりする。仏具の金箔のところは手を触れたり拭いたりしないように気をつける。報恩講、新年、お彼岸、お盆、年忌法要などの前には特に入念な掃除をし、仏具をみがき、香炉の灰をきれいにする。

大谷派　本願寺派

鏧《きん》(鈴《りん》)

おつとめの始めや区切り、終わりに鳴らす。仏飯や供物を供えるときに鳴らすものではない。

門信徒のたしなみ

真宗門徒としての勤行の心

いくら立派な仏壇があっても、いつもその扉がしまっているようでは、何の意味もない。真宗門徒であれば、朝夕のおつとめは毎日欠かさず行いたい。真宗のおつとめは仏徳讃嘆《ぶっとくさんだん》と報恩感謝の行《ぎょう》である。

ともすれば、私の側から追善、追福の思いを込めて仏さまに回向することが勤行だとうけとめられがちだが、そうではない。常に仏さまのほうより、私たち浅ましき煩悩具足《ぼんのうぐそく》の凡夫《ぼんぶ》を救おうと、はたらいてくださっている。私たちからすれば、ただただ報恩感謝の念でおつとめさせていただくばかりなのである。

そして勤行は、事情の許すかぎり家族そろって行いたい。しかし、現代生活では家族一人ひとりの生活形態が違ってくる場合も多い。たとえ一人であっても朝夕のおつとめをおこたらないようにする。

花をかえたり、仏飯《ぶっぱん》(仏供《ぶく》)をあげたりすることをお給仕《きゅうじ》というが、子供のいる家庭では、子供にお給仕をさせることで教えを身につけることにもつながる。

合掌

合掌の心

仏を礼拝するもっとも基本的な作法が合掌である。阿弥陀如来への挨拶も合掌で始まり合掌で終わる。

合掌はもともとインドに伝わる礼法で、仏教徒としての礼拝の方法として定着した。インドでは左手は不浄の手で、右手は浄であると考えられている。つまり、左手は迷いの世界で、右手は悟りの世界ということ。その両手を合わせる姿こそ、仏に帰依し、仏に救われていく姿であるといわれる。礼拝は祈ることではなく、感謝と仏徳讃嘆なので「お礼をする」ともいう。

正しい合掌は、両手をみぞおちあたりで自然に合わせる。そのときに力まずに背筋をまっすぐのばすとよい。

合掌礼拝のしかた

両手を胸の前に合わせて、指をそろえて約四五度上方にのばし、念珠《ねんじゅ》をかけて親指で軽くおさえる。肩やひじを張らず、目は本尊のほうに向ける。そして静かに「南無阿弥陀仏」と数回となえる。

礼拝は、合掌のまま上体を約四五度かたむけてお礼をし、上体をおこしてから合掌をとく。

念珠のもちかた

念珠《ねんじゅ》は数珠《じゅず》ともいい、仏前に礼拝するときには欠かせない法具である。念珠は大切な法具なのでていねいに取り扱うものだ。投げたり、畳の上に直接置くことのないようにする。もったままトイレに行くこともつつしみたい。また、家族全員が自分専用の念珠をもつようにしよう。

念珠のもちかたは各派により多少ことなる。本願寺派の場合は、合掌のときは両手にかけてふさを下にたらし、親指で軽く押さえる。合掌しないときはふさを下にして左手でもつ。

大谷派は、もちかたは本願寺派と基本的に変わらないが、二輪の念珠の場合は二つの親玉を親指のところではさみ、房は左側に下げる。

礼拝

焼香のしかた

焼香は、仏教の儀式には欠くことのできない大切なものだ。灯明とともにお釈迦さまの時代から行われている。

葬儀や法要での焼香には数種類の香木を刻んで調合した抹香《まっこう》が使われる。日常使う線香は、長持ちするので、おつとめやお墓参りなどで使われるようになった略式のもの。焼香の一連の動作は、次頁のとおり。本願寺派の注意点は、「香をたくまえに合掌はしない」「香をおしいただかない」「焼香は一回」「焼香のとき磬《きん》をたたかない」など。大谷派では「焼香は二回」する。日常のおつとめで使う線香は他宗派のように立てない。短く折って横にしてたく。本数に決まりはない。

念珠のかけかた

手に持つときは、
左手にかけておく。

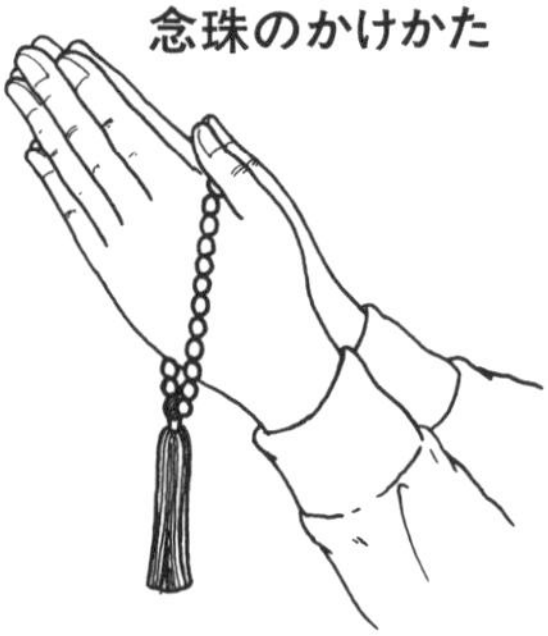

一輪の場合は、親玉を下にして
かける。

一輪の念珠

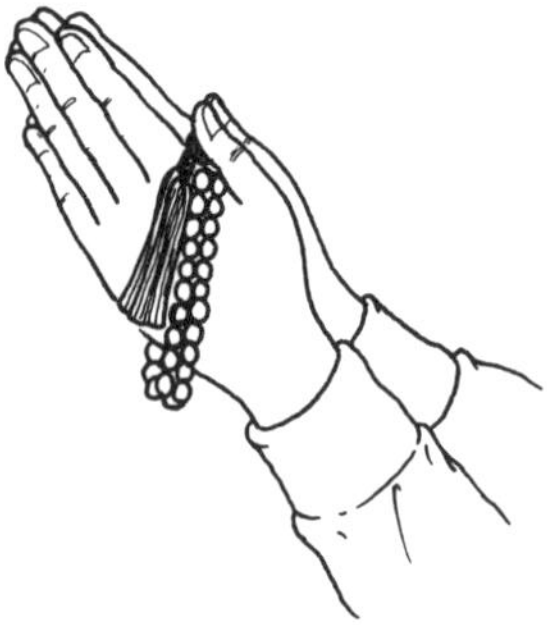

二輪の場合、大谷派はふたつの
親玉を親指のところではさみ、房
を左側に下げてかける。

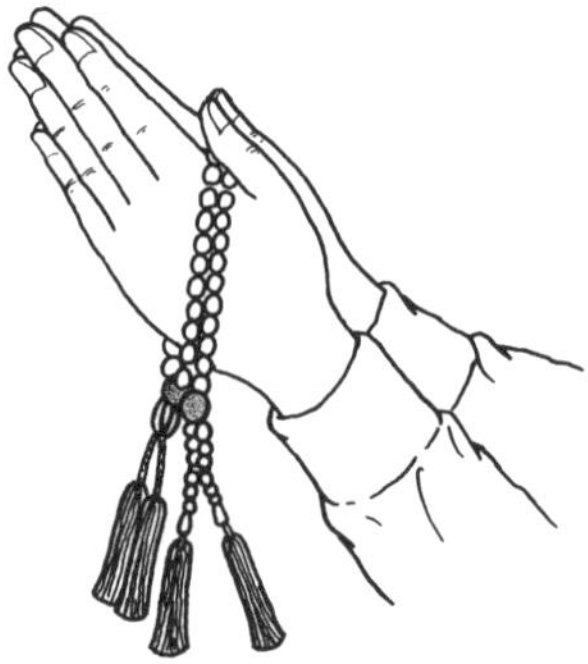

二輪の場合、本願寺派は親玉・
房を下にしてかける。

二輪の念珠

家庭でのおつとめ

家庭は家族全員の安らぎの場であり、子供の心を育てる大切な場所である。そして、その中心となっているのが阿弥陀如来の本尊だ。

現代社会は人間の心が失われつつある時代といわれる。こういったときこそ、家庭での朝夕の仏参が人格形成に大きな役割をもっている。

おつとめの作法

朝夕のおつとめは、口をすすぎ、手を洗い、衣服をととのえて仏前に出る。灯明をあげ、香をたき、仏飯を供え(夜は供えない)、合掌・礼拝して勤行をはじめる。

勤行するお経は、正信偈《しょうしんげ》と和讃《わさん》六首ずつを繰り読みし、御文章を拝読、領解文《りょうげもん》を唱和するのが本願寺派の正式な勤行だ。しかし、ときに応じて178頁のいずれかを組み合わせて

焼香のしかた

①本尊に向かって一礼する。

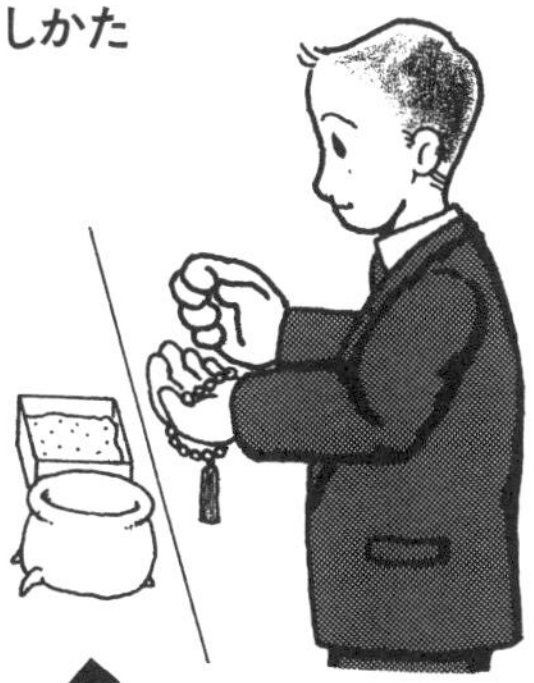

②香を右手でつまみ、おしいただかずに、香炉に入れる。

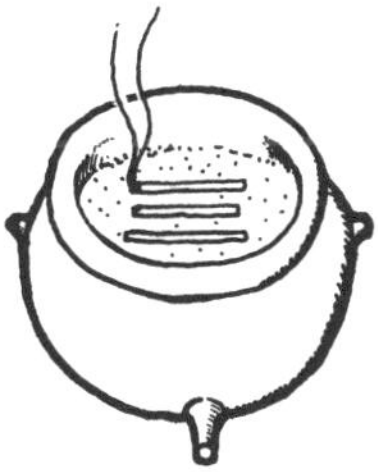

線香の場合は香炉に入るくらいに短く折り、火をつけて横に寝かせる。

③焼香の回数は、本願寺派は1回、大谷派は2回。

④念珠をかけて手を合わせ、合掌・礼拝する。

もよい。『浄土真宗聖典―勤行集―』を参考にするとよい。

大谷派では、灯明をあげ、香をたいてから勤行。勤行後に仏供を供える。おつとめに関しては東本願寺出版部発行の『真宗大谷派・勤行集』を参考にするとよい。

仏法聴聞のこころえ

〈阿弥陀如来のお心を聞く〉〈聞法こそ真宗門徒のつとめ〉

仏事はすべて、阿弥陀如来の本願にふれるよき縁である。浄土真宗では、「聞法《もんぼう》」すなわち、教えを聞くことを最も大切なつとめとしている。「聞即信」といわれるように、阿弥陀仏の本願のお心をよく聞き開くことが信心の行者のすがたなのである。したがって、仏法を聴聞しないようでは、真宗門徒とはいえない。お寺で法座があるときには、すすんで参詣し、教えを聞きつづけていくことが大切である。

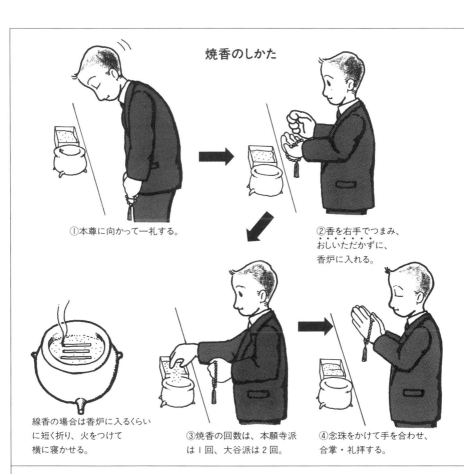

本願寺派の勤行例

勤　行	拝　読	唱　和
正信偈・和讃 讃　仏　偈 重　誓　偈 意訳勤行 和訳正信偈 十　二　礼	御　文　章 浄土真宗の法語 まことのことば	領解文 生活信条 仏教讃歌

家庭での行事

毎月一六日は、親鸞聖人の命日にあたるので、報恩感謝の心を表すため家族そろって仏前にお参りする。また、この日は精進料理にして生命の尊さと宗祖の恩を思うのが真宗門徒の伝統である。大谷派は旧暦を採用し、二八日を親鸞聖人の命日として同じようにお参りしている。

毎年の故人の命日を祥月命日といい、月々の命日を月忌という。この日はお寺の住職がお参りにみえる習慣のところもある。できるかぎり都合をつけて家族全員でお参りしたいものである。

年中行事としては報恩講《ほうおんこう》、元旦会《がんたんえ》、彼岸、宗祖降誕会《ごうたんえ》、盂蘭盆会《うらぼんえ》などがあり、これらの行事を営んでいるお寺は多い。お寺との関係を深め、教えを聞くチャンスでもあるのでぜひ参加してみよう。なお、これらの行事は家庭でもおつとめをすることが望ましい。

俗信・迷信にたよらない

仏壇やお墓については、さまざまな俗信があるが、浄土真宗では、方位方角、墓相・家相などに一切とらわれない。吉日凶日などを選ぶこともしない。また、占いをたよったり、まじないを行うこともしないのが、真宗門徒の態度である。

親鸞は、「かなしきかなや道俗《どうぞく》の　良時《りょうじ》・吉日《きちにち》えらばしめ　天神・地祇《じぎ》をあがめつつ　卜占祭祀《ぼくせんさいし》つとめとす」（かなしいことに、出家も在家も日時の善し悪しを選ぶことをすすめたり、天地の神々を崇めて仏を崇めることを忘れている。占いをたよりとし、災いをはらい福をもとめようとするお祭りごとに心を奪われている）と『和讃《わさん》』に詠んで、阿弥陀仏の本願に背を向けたり、俗信迷信に迷ったりしないように戒めている。

おつとめの作法

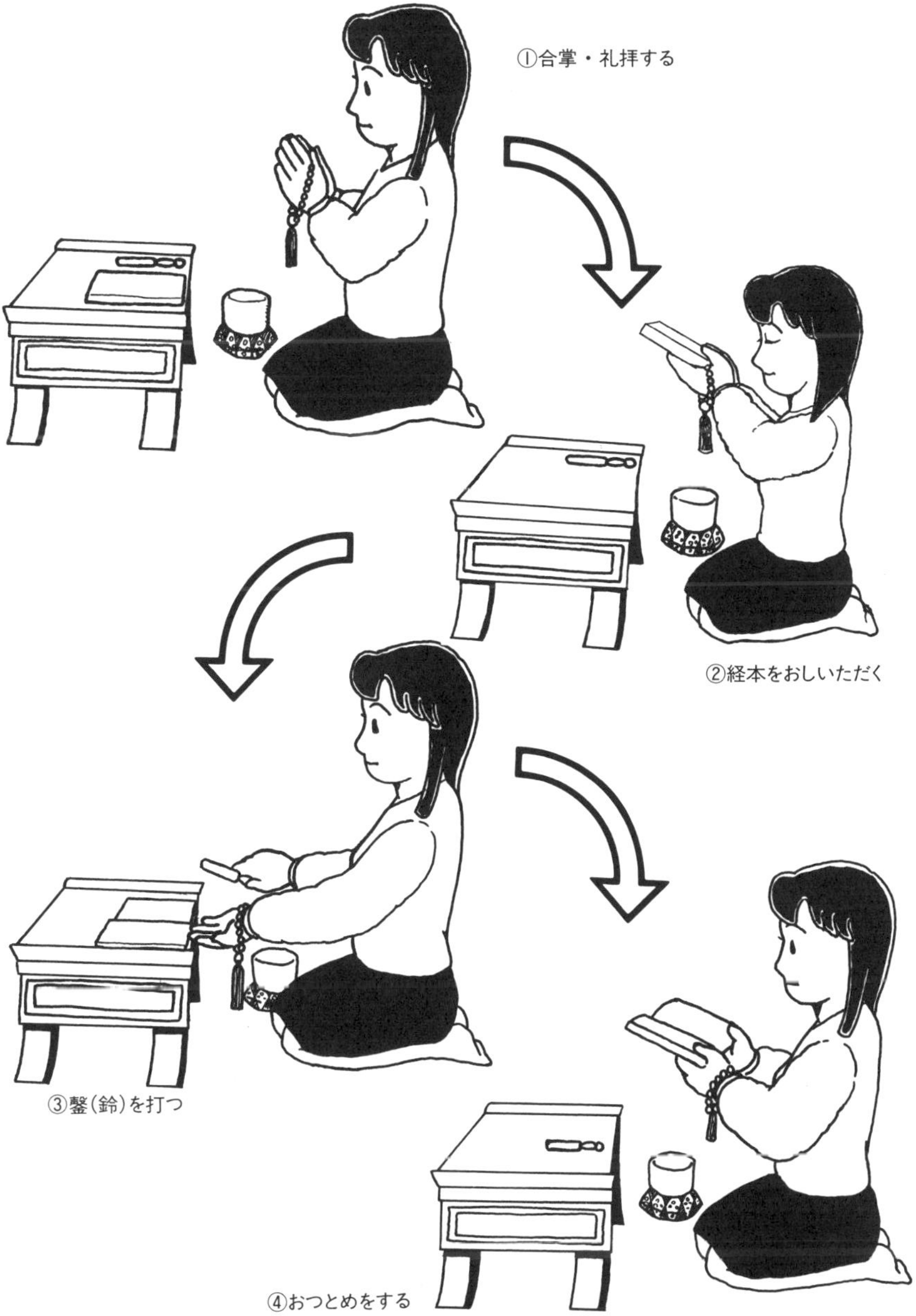

①合掌・礼拝する
②経本をおしいただく
③鏧（鈴）を打つ
④おつとめをする

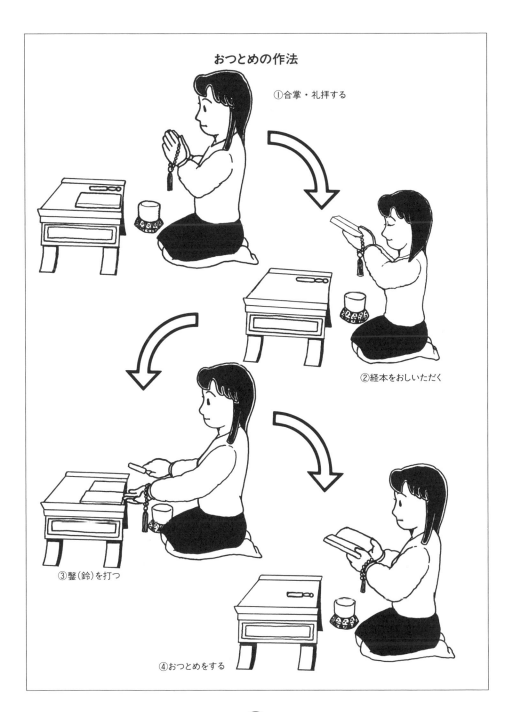

葬儀・法要のしきたり

浄土真宗の葬儀・法要の意味

仏事というと、死者の冥福《めいふく》を祈り、仏を供養し、僧侶に施しをすることであると考えられてきた。これは江戸時代以降、死者のための年回法要（年忌法要）が仏事の中心となり、そのために死者の追善のための行事と考えられるようになったからだ。

しかし、浄土真宗では年回法要は故人をしのぶとともに、自らも仏法を聴聞し、仏恩に感謝する行事として行われるものである。

親鸞自身「親鸞は父母《ぶも》の孝養《きょうよう》のためとて、一返にても念仏申したること、いまだ候はず」（『歎異抄《たんにしょう》』より）と、亡き人への追善、追福の供養のために念仏をとなえたことはないと述べている。縁ある命を真実世界へと導くためには、まずもって、この私が仏となる道を歩むことが肝要である。その意味で、仏事は、阿弥陀如来のお慈悲を仰ぎ、仏法を聞く縁としてのぞむべきである。

葬儀も、亡き人に永遠の別れを告げるための儀礼ではなく、阿弥陀如来の願力によってふたたび浄土で会えるという思いを確かめあう法会である。

葬儀には昔からさまざまな迷信があり、現在にもそのまま伝えられているものがある。

たとえば日の吉凶、守り刀、逆さ屏風《びょうぶ》、魔《ま》除《よ》け、死装束《しにしょうぞく》、六文銭《ろくもんせん》、塩をまくなどである。

浄土真宗ではこうした迷信は一切必要ない。

臨終

●遺体の安置

医師の宣告により臨終を確認したら、各方面への連絡が必要になる。臨終直後は親族とごく身近な人に知らせる。

遺体は顔を白布で覆い、両手を胸の上で組ませて念珠をもたせる。敷布団や掛布団は白で清潔なものを使用する。納棺するまでは北枕といって頭を北へ向けて安置する。これはお釈迦さまの入滅のときに頭北面西《ずほくめんさい》といって、頭を北にして顔を西に向けたということにちなんでいる。しかし、家の間取りや仏壇の位置などの都合によっては必ずしもそうしなくてもよい。

それから仏壇を荘厳《しょうごん》する。仏壇に灯明をともし香をたく。花は生花から樒か青木のものにかえる。

浄土真宗の仏事はすべて本尊を中心につとめるので仏壇のない部屋の場合は、本尊と三具足を用意する。

なお、水、一膳飯《いちぜんめし》、枕団子《まくらだんご》などは供えない。

大谷派では、仏壇とは別室に遺体を安置する場合、その部屋の床の間に本尊をかけ、その前に三具足を置く。また、遺体の枕元には灯明をともし、香炉を置く。

前にも述べたが、衣服を逆にかぶせたり、逆さ屏風、守り刀などは必要ない。

●臨終勤行（枕経）

遺体の安置が整ったら所属のお寺へ死亡の連絡をし、臨終勤行《りんじゅうごんぎょう》と通夜・葬儀のお願いをする。

臨終勤行は臨終にさいして長年お仕えした仏壇の本尊に対して、行う感謝のおつとめ。本来は臨終をむかえる人が息のあるあいだに行うものである。

浄土真宗では礼拝の対象はあくまでも阿弥陀如来であり、遺体ではない。であるから、臨終勤行にはじまる葬儀儀礼も、遺体に対してするものではなく、本尊に対して行うものである。

なお、臨終勤行は地方によっては通夜と一緒に行われることもある。不明点があれば、随時住職と相談しておくようにする。

●納棺

納棺する前に遺体をぬるま湯で清める。最近はアルコールを含ませたガーゼや脱脂綿を使用することが多い。病院で亡くなった場合は、その場で看護婦さんがしてくれる。

清めが済んだら、男性なら髭をそり、女性は薄化粧をしてあげる。

浄土真宗では、故人にいわゆる「死装束《しにしょうぞく》」はつけない。

死装束は死出《しで》の旅に出るという発想からきている。しかし、浄土真宗の教えでは、仏の誓いを信じて念仏をとなえるものは、すでに浄土にかえることは約束されているのだから、死出の旅に出る必要もない。そのため、死装束はまったく無意味なものである。

服装については、故人が愛用していた服などを着せる。

通夜

通夜とは近親者を中心に夜を徹して、自らの死をもって人生の実相（人は必ず死ぬということ）を教えてくれた故人を語り、自分と故人の関係を語り、教えを聞く場である。

通夜のおつとめは、故人が長年お仕えした仏壇（本尊）での最後のおつとめという意味がある。このときのおつとめが、『阿弥陀経《あみだきょう》』や『正信《しょうしん》偈《げ》』であれば、僧侶について一緒に拝読することがのぞまれる。

葬儀から還骨まで

葬儀は、深い縁に結ばれた人との人生最後の別れをする儀式である。

葬儀から還骨までの一連の流れを本願寺派の勤行の一例とともに追ってみよう。

《葬場《そうじょう》勤行》葬儀の式場で行う。
『正信偈』『和讃二首』

＊葬儀のおつとめ後、出棺となる。

《火屋《ひや》勤行》遺体を火葬にするときに行う。『重誓偈《じゅうせいげ》』

《収骨《しゅうこつ》勤行》遺骨を拾うときに行う。
『讃仏偈《さんぶつげ》』

《還骨《かんこつ》》遺骨をもちかえったときに行う。『阿弥陀経』『御文章（白骨の章）』

葬儀にまつわる習俗
（すべきでない習俗）

葬儀は、地方によってさまざまな習俗《しゅうぞく》があるが、浄土真宗としてすべきではない習俗に、清め塩がある。これは、死をけがれと見なしたり、死者のタタリをおそれる考え方に由来するようだが、そもそも亡き人をケガレやタタリと見なすこと自体、故人に対して失礼な行為となるわけであり、こうした習慣は行うべきではない。

そのほか、箸を立てて陰膳を供え

通夜の進行例

一、一同着座

二、導師（僧侶）入堂

三、読経・焼香

焼香は、喪主・遺族・親戚・弔問客の順に行う。部屋が狭い場合は、回し焼香にする場合がある。

四、法話（省略されることもある）

五、導師（僧侶）退堂

六、喪主あいさつ

故人に代わって感謝の気持ちを伝える。通夜ぶるまいの準備があるときは、その旨を知らせる。

七、通夜ぶるまい

僧侶が辞退されたときは、折詰をお寺に持参するか「御膳料」を包む。

浄土真宗の葬儀の進行例

一、一同着座

遺族は一般の会葬者より早めに席についておく。

二、導師(僧侶)入堂

会葬者は正座で導師を迎える。

三、開式の辞

四、読経

五、導師(僧侶)焼香

六、喪主・遺族焼香

七、一般会葬者焼香

八、弔辞拝受

九、弔電代読

読みおえた弔電と弔辞は、必ず祭壇に供える。

一〇、導師(僧侶)退堂

一一、喪主あいさつ

会葬者に参列、焼香のお礼を述べる。

一二、閉式の辞

ることや、棺の上に守り刀を置くこと、出棺のときに故人が使用していた茶碗を割ること、火葬場との往復の道順を変えることなども、正しい信仰からはずれ、かえって私たちを迷わす習慣であるので、浄土真宗では行わない。

お布施・謝礼

葬儀をつとめていただいたお寺への謝礼は、葬儀の翌日あらためてお寺へ出向いて渡してもよい。

正式には奉書紙で中包みしてさらに上包みし、筆で「御布施」と表書きするが、一般の不祝儀袋を使ってもかまわない。水引は黒白のものにする。

お布施を渡すときは、直接手渡すよりも、小さな盆などにのせてさしだすと、よりていねいなかたちになる。

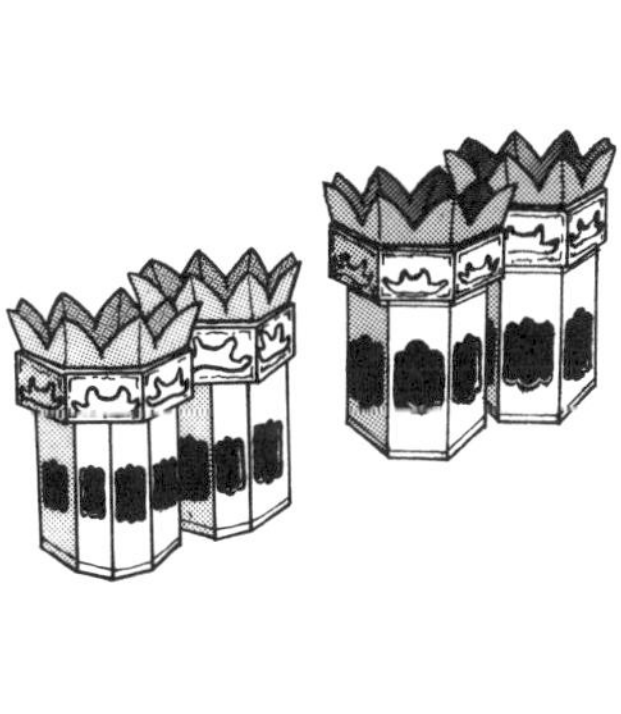

香典と表書き

香典は薄墨で「御香資《ごこうし》」あるいは「御仏前」「御供」と表書きし、遅くとも四十九日までに届くようにする。一般的には連名で包むときには、表に姓名を書くのは三名まで。それ以上のときには「〇〇一同」「〇〇有志」などと記して、別紙に全員の名前を書いて、中包みに入れておくようにする。

葬儀のあいさつ例

【親族代表のあいさつ】

●注意点

・態度は真剣に

・演説調にならない

・不適当な言葉に注意（例）

×草葉《くさば》のかげで喜ぶ　×永眠した

○なくなりました

○往生をとげました

×天国　×天国浄土

○お浄土　×地下の故人　○故人

●導師へのあいさつ例

「お寺さま方には、ねんごろに式を執行していただきありがとうございました」

●会葬者へのあいさつ例

「本日はわざわざ会葬くださいまして、ありがとうございました。親族を代表して一言お礼を申させていただきます。

故○○は、当地に来て△△年、つい、昨日まで皆さまのお世話を願って□□歳の生涯を終えました。○○の死は、三人の子供をはじめ、私たちに数々の教訓を残してくれました。考えてみますと、私たちは毎日の生活をあくせくと暮らしていますが、肝心なことを忘れて過ごしていたのではないかと、深く反省しています。今や故人は、み仏にいだかれてみ仏の国に往生したことと確信しております。遺族たちは、みな若く、至らぬものばかりですが、聞法とご報謝の生活を送りたいと申しておりますので、なにとぞ皆さまのご厚情で、あたたかく見守ってくださるよう、よろしくお願いいたします。

以上、粗辞《そじ》ながら、今後のお願いをかねてご会葬のお礼の言葉といたします」

【喪主あいさつ】

●喪主あいさつでは次のポイントを簡単に述べる。

・見舞の礼　・惜別の悲しみ（私自身の）

・故人の略伝（長くならないように）

・最後の様子　・往生成仏の確信

・私の自覚と今後の決意　・参列の礼

●導師へのあいさつ例

「本日の葬儀にあたりまして、お寒いなか◇◇寺さまはじめ法中の方々には、たいへん厳粛かつ丁重な儀式を執行していただき、ありがとうございました」

●会葬者へのあいさつ

「会葬くださいました皆さまへ、一言ごあいさつさせていただきます。本日は、ご多用のなか、しかも長時間ご参列いただきまして、本当にありがとうございました。母○○が、△月▽日、病を得て倒れまして以来、お見舞や励ましをいただきましたが、昨日、□□歳を一期として往生をとげました。年老いていましたが、私にとってかけがえのない母でした。

『十億の人に、十億の母あれど、わが母にまさる母あらめやも』とうたわれていますが、まさにその通りで、生涯身をもって数々のものを教えてくれました。三人の子を同じように接して育て、やさしいなかに、きびしい一面をもった母でした。とくに、死を目前にして、不安の色を見せず、平成業成《へいぜいごうじょう》のみ教えそのままに、病のなかでも称名している姿は、わが母ながら尊いものでした。

これもみ仏と皆さまのお育てであったと喜んでいます。残された家族一同、いっそうの聞法とご報謝に励みたいと存じています。至らないものですが、今後ともよろしくお力添えください。本日は、皆さまのおかげで式が終わりましたことを厚くお礼申します」

（浄土真宗本願寺派（西本願寺）出版部編『門信徒手帳』より）

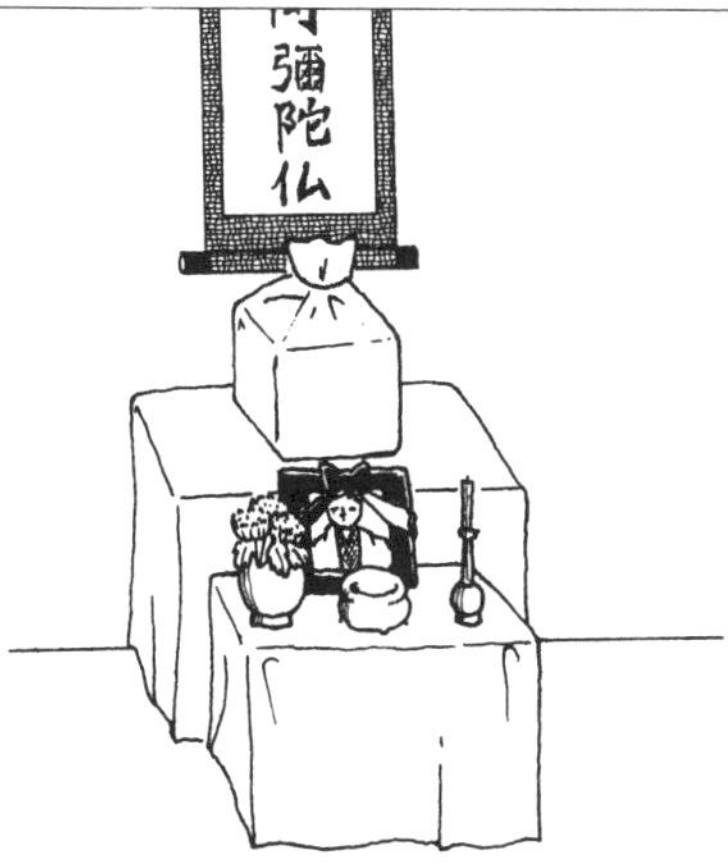

中陰

命日から四十九日間を中陰《ちゅういん》の期間とし、七日目ごとに仏事をつとめ、四十九日目を満中陰《まんちゅういん》という。

四十九日という儀礼は、故人は七日ごとをひとつの節として、死後の行き場所を決められるという十王経や十三仏などのいわれが、定着したものだ。

そのため、一般的には故人が一日も早く成仏できるように七日ごとに追善の意味で法要が行われている。

しかし、浄土真宗では本尊である阿弥陀如来の救いにより、息を引きとると同時に浄土へ往生するという教えなので、追善という意味よりも故人の遺徳をしのび、人生の意義について考える法縁としてとらえるべきだろう。

中陰は、亡くなった日を一日目とし、七日目を初七日《しょなぬか》、十四日目を二《ふた》七日《なぬか》、二十一日目を三《み》七日《なぬか》、二十八日目を四《よ》七日《なぬか》、三十五日目を五《いつ》七日《なぬか》、四十二日目を六《む》七日《なぬか》、四十九日目を七七日《しちしちにち》または満中陰という。

また、月ごとの命日を月忌という。死亡の翌月の命日は初月忌《はつがっき》といい、おつとめを行う。百か日目にもおつとめをする。

浄土真宗門徒は毎日朝夕のおつとめを日課としているが、こうした日はとくに家族全員でおつとめをしたいものである。

年回（年忌）法要

年ごとの命日を祥月命日といい、この日に行う仏事を年回法要（年忌法要）という。年回法要は、日ごろの忙しさの中で自分を見失いがちな私たちが、先祖の命日を縁にして阿弥陀如来の教えに会わせていただく大切な仏事である。

死亡の翌年を一周忌とし、それ以降は死亡の年を一として数えるため三回忌は死亡から丸二年目となる。その後の年回法要は、七回忌、十三回忌、十七回忌、二十五回忌、三十三回忌、五十回忌と行われ、そのあとは五〇年ごととなる。

また、地域によっては二十三回忌、二十七回忌、三十七回忌などを行うところもある。

一般に一周忌は親族はもちろん、友人、知人などにも参列してもらって盛大に営まれることが多いが、三

中陰忌日と年忌

初七日(七日目)
二七日(一四日目)
三七日(二一日目)
四七日(二八日目)
五七日(三五日目)
六七日(四二日目)
七七日(四九日目)
百カ日(一〇〇日目)
一周忌(一年目)
三回忌(二年目)
七回忌(六年目)
十三回忌(一二年目)
十七回忌(一六年目)
二十三回忌(二二年目)
二十五回忌(二四年目)
二十七回忌(二六年目)
三十三回忌(三二年目)
三十七回忌(三六年目)
五十回忌(四九年目)

回忌以降は故人と血縁の濃い親族やとくに親しかった人を招くか、家族だけで営まれる。

年回法要がたまたま同じ年に重なるときには、あわせて行うこともある。これを併修《へいしゅう》という。ただ、併修できるといっても、七回忌までは、できるだけ故人一人について行いたいものである。詳しくは所属のお寺にたずねてみるとよいだろう。

法事の準備

法事はどの程度の規模で執り行うのかによっても違ってくるが、早めに準備をしておくことが大切だ。お寺や僧侶、招待者の都合もあるから、できれば半年前、最低でも三カ月前には準備を始めたい。

法事の日取りは、故人の祥月命日にあわせて行うのがいちばんだが、休日などとの兼ね合いもあって、多少日をずらすこともある。

実際に日取りを決める際には、なによりも所属の寺に相談するのが最初である。

会場の決定と予約、招待客への案内状、料理、引き物など、準備は数多くある。料理や引き物の手配をするためにも、早めに招待者を決定し、案内状に返信用のはがきを同封するなどして出席の有無をあらかじめ知らせてもらうようにしたい。

法事の会場については、人数の関係や、お寺、地域の習慣によって異なる。自宅で行うのか、お寺にお願いするのか明確にしておく。

また、忘れてはならないのは経費である。確実に計算にいれておかなければならないのは、会場費、会食費、引き物、お布施、案内状の印刷費などだ。このほかにも、招待客の送迎の車代や場合によっては宿泊費なども考えなければならないこともある。

法事の進行例

一、導師（僧侶）を出迎える
施主が玄関まで必ず迎えにでて、控室まで案内する。

二、一同着座
故人との血縁の深い人から順に着席する。

三、施主のあいさつ
省略することもある。

四、導師着座

五、読経
導師の礼拝にあわせて、参会者一同が合掌礼拝する。経本があるときは、参会者もあわせて読経する。

六、焼香

七、法話

八、施主のあいさつ
お墓参りも行う場合は、施主から説明し、お墓へ向かう。

九、お墓参り

一〇、お斎
会食が終わったら参会者に引き物を渡す。

基本的に法事の費用は施主が負担することになるが、最近では、兄弟などで分担するということも多くなっている。

お斎と引き物

法要、お墓参りが終わったら、僧侶や参会者に食事をふるまうが、これをお斎《とき》と呼ぶ。

自宅か、お寺の一室を借りて、仕出し料理をとる場合もあるが、料理屋やレストランなどを借りることも多い。

料理は精進料理が望ましい。せめてこの日だけでも生命の尊さを思い、仏道に精進しようという気持ちからである。

施主および家族は末席に座り、施主は下座から参会者へのお礼を述べ、あいさつする。

お斎の正客は僧侶であるから上座に座っていただき、お膳やお酒などは、必ず僧侶から先にだすようにする。

一般的には参会者へのお礼と記念として、引き物の用意も大切だ。遠来の人のことも考え、かさばるもの、重いものは避ける。

以前は菓子、海苔、お茶などが多くみられたが、最近ではブランドもののハンカチ、プリペイドカードなど多様化してきた。

引き物の表書きは「粗供養《そくよう》」または「志」とする。

また、都合でお斎をしないときは、引き物と一緒に料理の折詰やお酒の小瓶を用意して手渡すなどの配慮をしたい。

ただ、年回法要はあくまでも命日を縁として故人をしのび、経典をいただき仏徳《ぶっとく》を讃嘆《さんだん》し、仏の恩を喜ぶ行事で、聞法《もんぼう》を大切にするものである。その法要の本質をはずして、飲食や引き物ばかりに重点がかからぬ

お斎の席次の一例

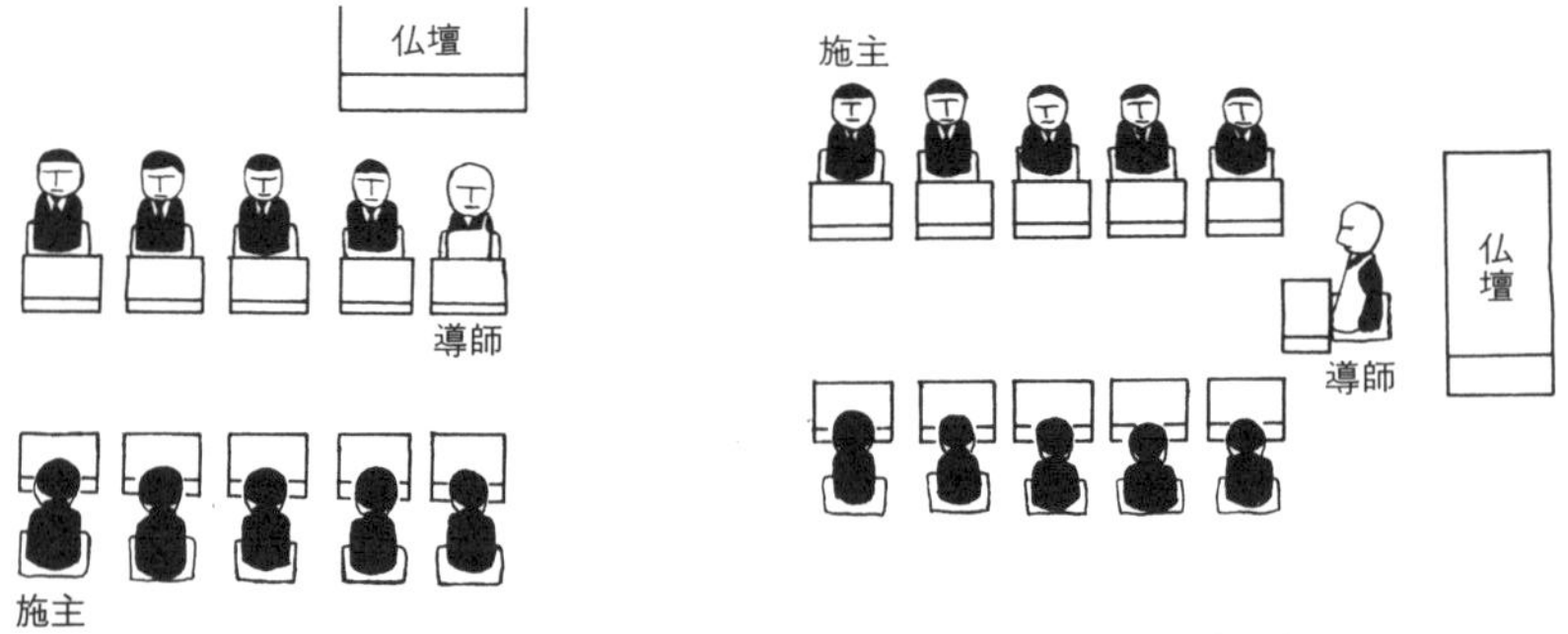

正客となる僧侶には必ず仏壇の前に座っていただき、施主は下座に座る

ように注意したい。

また、会席での話題も故人の思い出と、仏の教えを中心に話すようにしたい。

お寺への謝礼

法事の際のお寺への謝礼は、お布施として渡す。

金封に「御布施」と表書きし(「御経料」「回向料」とは書かない)、その下に施主の名前、もしくは「○○家」と記せばよい。

読経が終わったあと、僧侶に渡すようにする。

金額については、地域の習慣によって違ってくるが、せいいっぱいの気持ちを込めて包むものである。

一般的には、僧侶に自宅などに出向いてもらったときには、送迎の有無にかかわらずお車代を用意する。

また、お斎を省略したときや僧侶が列席されないときには御膳料を包む。

供物料と表書き

法事に招かれたときには、供物料を持参する。

不祝儀袋に「御仏前」「御香資」「御供」などと表書きする。

または、生花、菓子、果物、線香などのお供物を持参してもよい。

法要のあいさつ例

【施主の進行とあいさつ】

●開式の言葉

「ただいまから、釈○○(故◇◇)の△回忌の法要を、☆☆寺さまのお導師によりおつとめさせていただきます。皆さま、ご本尊に向かって合掌してください」

・読経、焼香、ご文章、法話のあと、お斎の席になる。そのとき、下座に座って次の要領であいさつする。

「本日、☆☆寺さまにはお忙しい中お参りくださいまして、いとも厳粛な読経と、身心にしみいる法話をいただきまして誠にありがとうございました。平素忘れがちな私たちに、仏恩の広大なことをお聞かせいただき、ひとつひとつ気づかせていただいたことでした。故○○は、私を産み育ててくれた母ですが、何の孝行もつくすことができなかったことを、はずかしく思っています。そういう私に対し、数々の教訓を身をもって示してくれましたし、亡くなった今も、こうして仏縁に導いてくれています。先ほどのご法話のとおり、個人をしのぶことをとおして、今の私の上にはたらいていてくださる阿弥陀如来のお慈悲を喜ばせていただくことが、なによりも母が喜んでくれることではないかと思うのでございます。母によせられたご厚情を、今後とも私どもに変わらずおよせくださるようお願い申します。お粗末なお斎ですが、充分におめしあがりながら、故人の思い出話などをお聞かせください。最後になりましたが、本日はいろいろお供えをいただき、ありがとうございました」

(浄土真宗本願寺派(西本願寺)出版部編『門信徒手帳』より)

浄土真宗で使わない言葉

浄土真宗の葬儀や法事は、仏徳讃嘆(阿弥陀如来の徳をたたえること)と、仏法にあわせていただく得がたい縁として営まれる。ただ、故人の生前の印象が強いため、どうしても故人の霊を鎮めるという古い宗教的な色彩を感じてしまうこともある。

念仏の教えを正しく理解し伝えるには、浄土真宗の教義上使用しない言葉を知っておくとよい。

×御霊前・御霊→○御仏前・御尊前
×祈る→○念ずる
×冥福を祈る→○慎んでお悔やみ申し上げます
×戒名→○法名
×魂→○故人
×回向→○読経・おつとめ
×告別式→○葬儀
×引導を渡す→○おかみそりを行う
×やすらかにお眠りください→○私たちをお導きください
×天国に昇天する→○浄土に往生する
×草葉のかげ→○お浄土
×おかくれになる→○浄土に往生する
×追善供養→○追悼法要
×開眼法要→○入仏法要
×お魂ぬき→○遷《せん》座《ざ》法要
×地鎮祭→○起工式

(『浄土真宗ほのぼのゼミナール・日常の作法と心得』探究社刊より)

お墓のまつり方

お墓とは

日頃、我々は深く考えずに遺骨を埋葬するところという意味で「お墓」といっている。お墓というと土地がつきものというイメージもある。しかし最近、大都市圏などでは、マンションのような土地つきでないお墓も増えている。

また、お墓について誤解されやすいのが、「お墓を買う」という言い方だ。お墓を建てる土地を買うかのように聞こえるが、実際には半永久的に借りるのだ。つまり、墓地の永《えい》代《たい》使用料を一度に払うのである。

浄土真宗でもほかの仏教宗派と同じように、お墓を死者を埋葬した目じるしとして大切に扱ってきた。ただ、お墓はあくまでも遺骨の奉安所であり、私たちが故人とのつながりを確かめあい、今日のあることに感謝の心をあらわす場所である。

「お墓に霊が宿っている」「墓相や方位を考えるべきである」といった迷信には一切とらわれてはいけない。

墓参りについては、それを縁として、阿弥陀如来の前に手を合わせ、自身が教えにあうことが何よりも大切である。

墓地と納骨堂

墓地にも、経営形態の違いなどによって、いろいろな種類がある。

●寺院墓地

お寺の境内にある墓地で、もともとそのお寺の門徒のためにあるものだ。寺院墓地をもとうとすれば、そのお寺の門徒にならなければならない。当然、法要などはそのお寺の宗派のやり方に則って行われるから、故人や家の宗派と同じお寺を見つけなければならない。

●公営墓地

都道府県、市町村などの自治体が経営している墓地である。宗派に関係ないうえに、永代使用料が安く、管理もしっかりしているので、人気が高い。公営墓地の有無や申込方法などは、住んでいる自治体に問い合わせてみるとよい。

●民営墓地

財団法人や宗教法人が経営し、郊外に大規模な墓地を造成しているケースが多い。財団法人が経営する場合は、公営墓地と同じく、宗派に関係のないところがほとんどであるが、宗教法人経営の場合、宗教宗派に関しての規制があることもあ

納骨堂

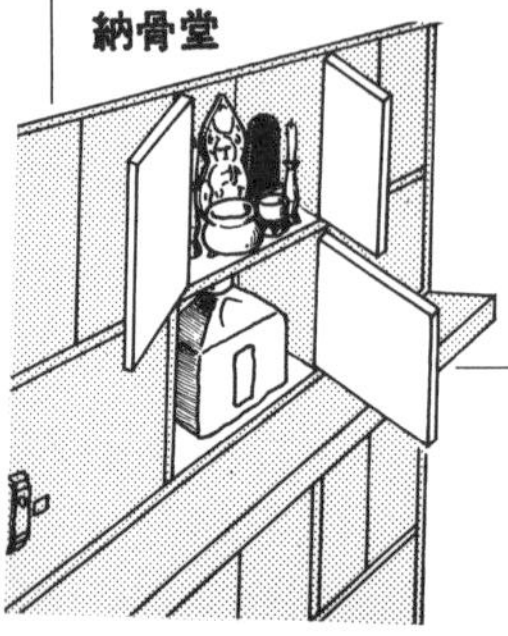

る。

●納骨堂

もともとは墓地に埋葬するまで遺骨を一時預かりする目的でつくられたものだったが、最近は永代使用ができるものも増えてきた。ロッカー形式のものと、仏壇があってその下に遺骨を納めるスペースが設けられたものと二タイプある。経営も寺院・民営・公営といろいろだ。

お墓の種類

●家墓《いえばか》

現在、もっとも多いのがこの形式のお墓で、一族で一つのお墓とし、子孫へと代々受け継がれていくものである。浄土真宗では、墓石の正面には六字名号の「南無阿弥陀仏」と刻むのがのぞましい。

●個人墓《こじんばか》

一人に一つずつ墓石を立てていくもの。正面に法名を刻み、側面または裏面に俗名、没年月日、業績などを刻む。かつてはよく見られたが、最近は土地不足などから減っている。

●比翼墓《ひよくぼ》

夫婦二人のためのお墓。

●合祀墓《ごうしぼ》

事故や災害などで一度に大勢の人が亡くなったときに建てる。石碑に名前を刻み、名簿を納めたりする。

●一墓制《いちぼせい》

お寺に一基だけお墓があって、檀家の人が亡くなると、すべてそのお墓に入るというもの。

ごく少数派であったが、最近では地縁血縁をこえた仲間同士による、新しいかたちの一墓制が生まれつつある。

お墓の構成

お墓は一般的に、墓石とその前に花立て、線香台などを配置する。墓石の下には、遺骨を納めるカロート（納骨室）がある。

家墓では、埋葬者が多くなると法名や没年月日などを墓石に刻みきれなくなってしまうため、墓誌（法名《ほうみょう》碑《ひ》）を立てることが多い。

また、墓石はふつう角石塔が多いが、そのほかにも、自然石型、五輪塔型など、いろいろなかたちがある。

墓石の文字は、「〇〇家先祖代々之墓」などが多いが、前述のように「南無阿弥陀仏」の六字名号を刻むのがのぞましい。あるいは、ともに浄土に救われてゆくことを確認するために、「倶会一処《くえいっしょ》」（ともに一処に会する）と刻むのもよい。そして、側面に建立年月日・建立者などを刻む。なお、墓石に刻む文字は、間違いのないように石材店に正確に注文することが大切だ。

建墓と改葬

お墓を建てたり、墓石を新しくし

お墓のつくりの一例

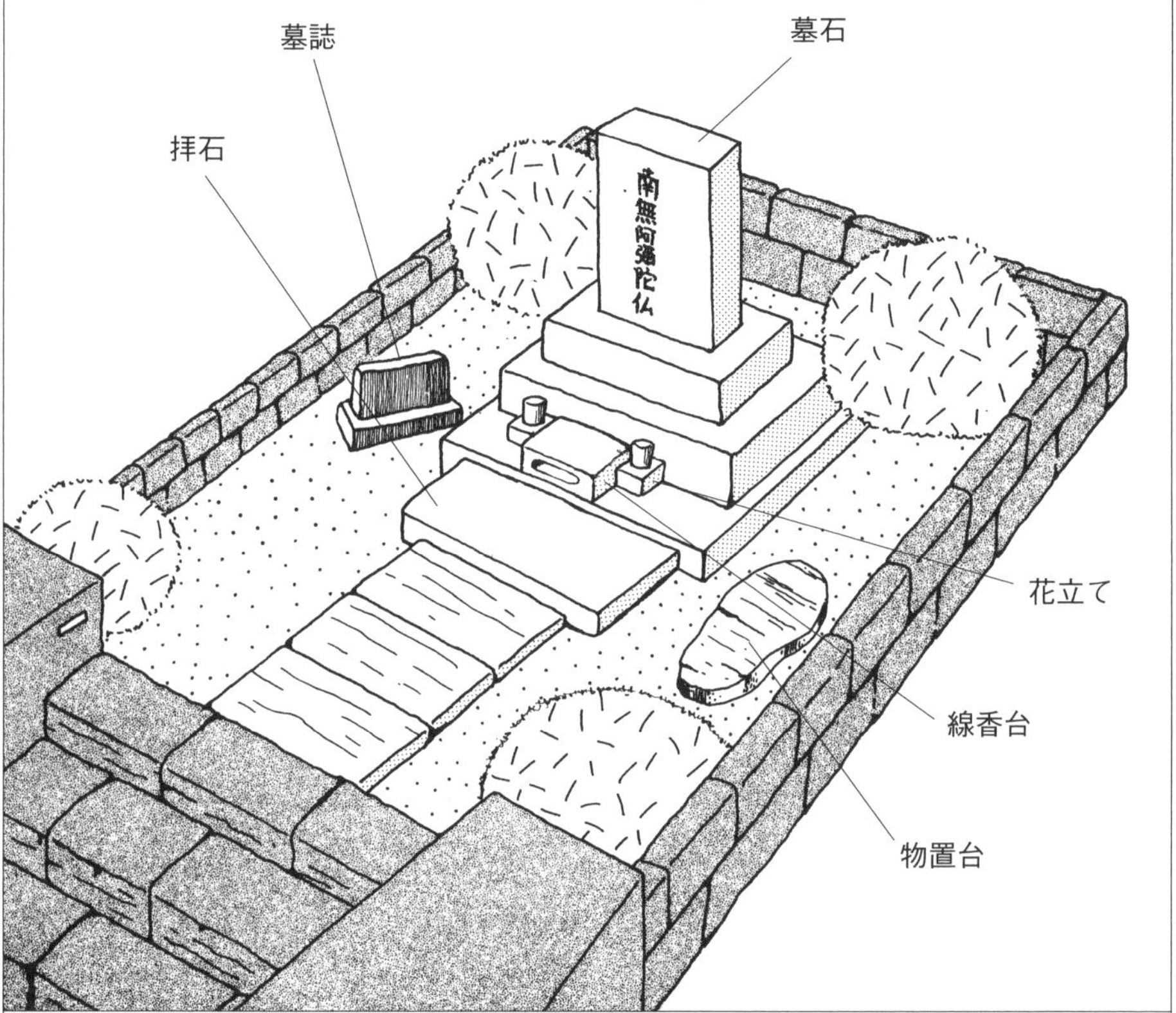

たときには、建碑式《けんぴしき》を営む。また、個人墓を整理して家墓にしたり、故郷から離れて暮らしているため、お墓を近くに移したいなどの理由から改葬することがある。

古い墓石はお寺や霊園に頼んで処分していただくが、その時の法要の行い方については、所属のお寺に相談する方がよい。

お墓参りの作法

故人の命日や年回法要、お盆、お彼岸などにでかけることが多いが、入学、進学、就職、結婚など、人生の節目にお墓参りをするのもよい。それを縁として阿弥陀如来をよりどころとする人生を確認することが大切だ。

お墓参りのときに注意しなければならないのは、帰りにはゴミが残っていないか、火が完全に消えているかをよく確認する。

お墓参りの手順

一、お寺の墓地の場合には、まず本堂のご本尊にお参りをする。そして住職または霊園の管理事務所にあいさつし、必要なものを借りる。
二、手を洗い清め、手桶に水をくんでお墓に向かう。
三、全員で合掌礼拝してから、お墓の掃除をする。落ち葉やゴミを拾い、雑草を抜き、墓石を洗う。花立てのなかのゴミ、香炉の灰も始末する。
四、花立てに生花を飾る。
五、線香を供える。
六、全員で合掌礼拝しおつとめをする。
七、火が完全に消えているかを確かめ、ゴミをもってお墓をあとにする。

●墓参りに持っていくもの

ほうき、たわし、雑巾、バケツ、ひしゃく、手桶、マッチ、ロウソク、線香、念珠、お供物の花など
＊掃除用具などは、お寺や霊園事務所で借りられるところもある。

仏前結婚式

仏前結婚式の意義

この世にいのちを恵まれた多くの人々の中から、まったく生活習慣の違うふたりが結ばれるということは、仏の導きによる深い因縁といえるだろう。

それだけに、浄土真宗では阿弥陀如来の尊前で、人生の新しい門出を誓うことは何よりも尊いことととらえている。

住職にお願いして、お寺の本堂はもとより、家庭の仏間でもとり行うことができる。

最近はホテルや結婚式場でも行えるところができているのでたずねてみるとよい。仏教徒であれば仏教徒らしく、仏前で誓うのが本筋といえるだろう。

仏前結婚式は、ほかの仏事と同様に地域やお寺によって内容が異なる場合がある。詳しくは所属のお寺に相談するのがよいだろう。

なお、一般には結婚式の日取りは大安吉日を選び、仏滅や友引などは避けることが、なかば習慣となっているが、大安吉日でなければいけないということはまったくない。

浄土真宗ではこうした迷信は否定すべき習慣であり、それにとらわれずに日取りを決めるべきである。

仏前結婚式の荘厳

結婚式のことを華燭の典というが、浄土真宗の結婚式はその名にふさわしく厳粛華麗な式典である。

仏壇の荘厳は、打敷をかけ、花は松一式、または若松の真に色花をさしまぜる。

そして紅白の鏡餅を供え、金色か朱色のろうそくを使用する。鏡餅は、地域によっては紅白の饅頭を用いるところもある。

打敷には規定はないが、緋の地色に雲鶴や鳳凰《ほうおう》、あるいは松竹梅の模様など華麗なものにする。

松一式とは、松の葉のみをそろえてさし、これに白赤の色彩を施したもの、あるいは季節によって松竹梅をさしこむのもよいだろう。

紅白の鏡餅は、本尊の前に一対供える。

式次第

ここでは本願寺派と大谷派の結婚式式次第の一例を紹介する。家庭で仏前結婚式を行う場合は、式次第を基本として事情にあわせて適宜アレンジ（つくりかえて）して行ってもよい。

《本願寺派の結婚式式次第の一例》

一、父母親族着席

二、新郎新婦入場
仲人が案内し、仏前に向かって着席する。

三、行事鐘

四、司婚者《しこんしゃ》(住職)登礼盤《とうらいばん》
一同仏前を向き、司婚者にあわせて合掌・礼拝

五、勤行
『讃仏偈《さんぶつげ》』または『十二礼』

六、『表白《ひょうびゃく》』
司婚者が仏前で拝読

七、司婚者降礼盤
司婚者は礼盤からおり、所定の席につく

八、司婚、誓いの言葉
司婚の前文、誓いの言葉、司婚の後文の順に行う

九、念珠授与
司婚者が授与する

一〇、新郎新婦焼香

一一、婚姻章《こんいんしょう》拝読
司婚者が控え席で拝読
(次頁参照)

一二、司婚者退出

一三、新郎新婦退出
仲人が案内する

一四、父母親族来賓退出

(『仏教儀礼辞典』東京堂出版刊より)

《大谷派の結婚式式次第の一例》

一、参列者入場着座

二、新郎新婦入場着座

三、司婚者(住職)着座

四、開式のことば
司会者が述べる

五、総礼《そうらい》
司婚者が焼香し、全員が合掌・礼拝

六、讃仏《さんぶつ》
司婚者がつとめる

七、表白《ひょうびゃく》
司婚者が仏前で拝読

八、司婚のことば
司婚者が新郎新婦に述べる
(次頁参照)

九、誓いのことば
新郎がよみ、新婦は自分の名前だけをよむ(次頁参照)

一〇、念珠授与
司婚者から新郎新婦へ授与される。新郎新婦は式場へかけてきていた念珠を司婚者へさしだす

一一、新郎新婦献花・焼香
新郎新婦が仏前に花をささげ、焼香する

一二、婚姻届署名
媒酌人にさしだされた婚姻届に新郎新婦が署名する

一三、式杯《しきはい》
司会者の「式杯」の合図により両親族は対座する。そして夫婦交杯が行われる

一四、乾杯

一五、祝詞

一六、讃歌
『祝婚の歌』を一同で合唱

一七、総礼
司婚者が焼香し、全員が合掌・礼拝

一八、閉式のことば

一九、司婚者退場

二〇、新郎新婦退場

二一、参列者退場

婚姻章《こんいんしょう》

「夫《そ》れ、夫婦は倫常《りんじょう》の大本《たいほん》にして、婚姻は人生の要道《ようどう》なり。しかれば当流の一義は、在家《ざいけ》相応《そうおう》万機《ばんき》普益《ふやく》の妙教なれば宗祖聖人は遥《はる》かに上宮太子《じょうぐうたいし》の行儀に倣《なら》いて、在家示同《じどう》の宗風を創め給えり。されば、本宗に流れを汲《く》めるもの、他力回向の本願を信じ、光明摂取《こうみょうせっしゅ》の勝益《しょうやく》を仰ぐ身に候えば、今日茲《ここ》に婚姻の式典を挙げたるを喜び、夫婦相和し、芳契《ほうけい》変わらず、父母孝養《きょうよう》のまことをつくし、長幼和敬《ちょうようわけい》の誼《よしみ》を厚くし、家庭を齋《ととの》え、生業にいそしみ、あい携えて如教奉行《にょきょうぶぎょう》の金言《きんげん》を守り、以って荘厳《しょうごん》し、奉《たてまつ》らるべきこと、肝要《かんよう》に候うなり。あなかしこ、あなかしこ。」(本願寺派)

(『浄土真宗の仏事』世界文化社刊より)

司婚のことば

「ただ今、仏前に婚儀を挙げるに当り、新郎〇〇〇〇さん、新婦〇〇〇〇さんに申します。あなた方は、今から夫婦としてあたらしい家庭生活を歩み出そうとしておられます。ともに受けがたき人身をうけ、しかも、ここに二人が結ばれることは、まことにふかい因縁によることであって、その家庭は、人間としての人生に対する責務を果たすべき、厳粛な場であります。互いに夫となり妻となり、やがて又、親となることによって、人類の歴史を荷負う一員となるのであります。家庭における日常生活の苦楽のなかに、人間としての無限の意味を照らし出すものこそ、み仏の教えであります。なにとぞ念仏生活者として、心身ともに健やかな人生をすごされることを念じてやみません。ここに、両人の誓いを求めます」

誓いのことば

「私達は、ただ今よりあたらしい生活を歩みはじめるにあたり、今日までお育てをいただいた方々のご恩を忘れず、み仏の教えをみちびきとし、ともに力をあわせ励ましあって、清らかな家庭を営むことを誓います。

年　月　日

〇〇〇〇

〇〇」

「今、両人の誓いを得て、一同来会の諸氏と共に円満な婚儀の成立を認めます。

この上は、今日の感激を忘れず、親鸞聖人のご教化に従い、いよいよ真摯な聞法者となられることを願って、念珠を授与します」(大谷派)

(『お内仏のお給仕と心得』東本願寺出版部刊より)

人生の節目の儀式

冠（節目）とは

私たちは日常生活のなかで、前述した葬儀や結婚式をはじめとして一般に「冠婚葬祭」と呼ばれるいろいろな儀式や法要をつとめている。そのあり方は宗派や地域によりさまざまである。浄土真宗においてもこれら一生の通過儀礼に対しては、仏縁を深くする節目としてとらえている。以下、人生の節目における行事を紹介するので、その時どきにとり行うように心がけたい。

命名式《めいめいしき》

家族に子供が生まれ名前が決まったら、それを半紙に「命名○○」と書き、仏前に置いて新しい御同朋のいのちの誕生を奉告する。

初参式《しょさんしき》

初参りともいい、子供が生まれたことを祝い、所属しているお寺や本山に初めてお参りする式。生まれがたき人間として生まれ、ありがたき仏法にあえる人生が恵まれたことを親子ともに喜ぶ。

生後一ヵ月から一〇〇日目くらいの適当な時期に連れてお参りする。

誕生日・入学・卒業

特別な儀式ではないが、誕生日や入学、卒業のときには家族でいっしょに仏前に参り、祝うとともに成長の思い出や将来について語り合う。

そうしたことの繰り返しが、念仏に香る家庭を築き、豊かな情操をそなえた「仏のこども」を育てることにもなる。

成人式

二十歳になると社会的に独立した人間として認められる。本当の独立とは自分を知り、自分の人生の方向

誕生から浄土までの「冠婚葬祭」

- 命名式
- 初参式
- 誕生日・入学式・卒業
- 成人式
- 入門式
- 婚約式
- 結婚式
- 帰敬式（おかみそり）
- 慶讃法要
- 葬儀

をもつことである。成人式はいかなる困難にあおうとも、阿弥陀如来の本願をたよりとして、せいいっぱい生き抜く人間となることを誓う儀式なのである。

本山や別院で行われており、最近では一般寺院でも行うところが増えてきたので問い合わせるとよい。

入門式

阿弥陀如来の教えに帰依《きえ》し、浄土真宗門徒の一員としてその本分をつくすことを、仏前に宣言する儀式。各寺院の住職がとり行う。入門式を終えると、お寺の門徒名簿に名前が記載される。

帰敬式（おかみそり）

帰敬式《ききょうしき》は、浄土真宗門徒として仏弟子となり信心に生きる決意をあらわす儀式。本願寺派では親鸞聖人の得度にならってご門主さまから「おかみそり」を受けるので、そのように呼ばれることもある。仏弟子として「釈○○」という法名をいただく。本山において行われるが、場合によってはほかの場所で行われることもある。あらたに仏弟子となられた方々には、記念として門徒式章・念珠などが進呈される。

慶讃《きょうさん》法要《ほうよう》

本尊をはじめて安置したり、新たに仏壇を求めたりした場合は、喜びの行事である慶讃法要を行う。慶讃法要は住職を招いておつとめをし、法話やお給仕の心得を聞く。

また、家の新築落成などの喜びごとのときにも慶讃法要をつとめるようにしたい。

年回(年忌)早見表

回忌 / 没年	一周忌	三回忌	七回忌	十三回忌	十七回忌	二十三回忌	二十五回忌	二十七回忌	三十三回忌
1992(平成4)年	1993	1994	1998	2004	2008	2014	2016	2018	2024
1993(平成5)年	1994	1995	1999	2005	2009	2015	2017	2019	2025
1994(平成6)年	1995	1996	2000	2006	2010	2016	2018	2020	2026
1995(平成7)年	1996	1997	2001	2007	2011	2017	2019	2021	2027
1996(平成8)年	1997	1998	2002	2008	2012	2018	2020	2022	2028
1997(平成9)年	1998	1999	2003	2009	2013	2019	2021	2023	2029
1998(平成10)年	1999	2000	2004	2010	2014	2020	2022	2024	2030
1999(平成11)年	2000	2001	2005	2011	2015	2021	2023	2025	2031
2000(平成12)年	2001	2002	2006	2012	2016	2022	2024	2026	2032
2001(平成13)年	2002	2003	2007	2013	2017	2023	2025	2027	2033
2002(平成14)年	2003	2004	2008	2014	2018	2024	2026	2028	2034
2003(平成15)年	2004	2005	2009	2015	2019	2025	2027	2029	2035
2004(平成16)年	2005	2006	2010	2016	2020	2026	2028	2030	2036
2005(平成17)年	2006	2007	2011	2017	2021	2027	2029	2031	2037
2006(平成18)年	2007	2008	2012	2018	2022	2028	2030	2032	2038
2007(平成19)年	2008	2009	2013	2019	2023	2029	2031	2033	2039
2008(平成20)年	2009	2010	2014	2020	2024	2030	2032	2034	2040
2009(平成21)年	2010	2011	2015	2021	2025	2031	2033	2035	2041
2010(平成22)年	2011	2012	2016	2022	2026	2032	2034	2036	2042
2011(平成23)年	2012	2013	2017	2023	2027	2033	2035	2037	2043
2012(平成24)年	2013	2014	2018	2024	2028	2034	2036	2038	2044
2013(平成25)年	2014	2015	2019	2025	2029	2035	2037	2039	2045
2014(平成26)年	2015	2016	2020	2026	2030	2036	2038	2040	2046
2015(平成27)年	2016	2017	2021	2027	2031	2037	2039	2041	2047
2016(平成28)年	2017	2018	2022	2028	2032	2038	2040	2042	2048
2017(平成29)年	2018	2019	2023	2029	2033	2039	2041	2043	2049
2018(平成30)年	2019	2020	2024	2030	2034	2040	2042	2044	2050
2019(平成31/令和元)年	2020	2021	2025	2031	2035	2041	2043	2045	2051
2020(令和2)年	2021	2022	2026	2032	2036	2042	2044	2046	2052
2021(令和3)年	2022	2023	2027	2033	2037	2043	2045	2047	2053
2022(令和4)年	2023	2024	2028	2034	2038	2044	2046	2048	2054
2023(令和5)年	2024	2025	2029	2035	2039	2045	2047	2049	2055
2024(令和6)年	2025	2026	2030	2036	2040	2046	2048	2050	2056
2025(令和7)年	2026	2027	2031	2037	2041	2047	2049	2051	2057
2026(令和8)年	2027	2028	2032	2038	2042	2048	2050	2052	2058
2027(令和9)年	2028	2029	2033	2039	2043	2049	2051	2053	2059
2028(令和10)年	2029	2030	2034	2040	2044	2050	2052	2054	2060
2029(令和11)年	2030	2031	2035	2041	2045	2051	2053	2055	2061
2030(令和12)年	2031	2032	2036	2042	2046	2052	2054	2056	2062
2031(令和13)年	2032	2033	2037	2043	2047	2053	2055	2057	2063
2032(令和14)年	2033	2034	2038	2044	2048	2054	2056	2058	2064
2033(令和15)年	2034	2035	2039	2045	2049	2055	2057	2059	2065
2034(令和16)年	2035	2036	2040	2046	2050	2056	2058	2060	2066

浄土真宗の年中行事

浄土真宗の年中行事には、仏教各宗派に共通した季節の行事やお釈迦さまにゆかりの行事のほか、浄土真宗独特の行事もある。

浄土真宗独特の行事としては、親《しん》鸞《らん》聖人の生誕を祝う宗祖降誕会と聖人の恩徳をたたえる報恩講がある。このほか、各地の名刹、古刹では寺院独自の行事も行われている。

御正忌報恩講《ごしょうきほうおんこう》

宗祖親鸞聖人の命日に恩徳をたたえ、聖人のおすすめになった念仏の教えを聞くことを趣旨とするもので、浄土真宗最大の行事。大谷派は聖人の命日である一一月二八日を最終日に二一日から八日間、本願寺派は新暦に改めて一月九日から一六日まで行う。

報恩講は聖人の没後、門徒たちが聖人の遺徳をしのび、毎月二八日に開いた念仏の集会がはじまりといわれている。そして、三世覚如《かくにょ》上人が集会を「講」と称し、聖人の恩に報いる「報恩講」と名づけた。

この行事のなかで、聖人の一生を綴った『本願寺聖人親鸞伝絵』が朗読される。これは覚如上人が著したもので、八世蓮如《れんにょ》上人も自ら読まれたという記録もある。本願寺派は一〇～一三日の昼、大谷派は二五日の夕刻に拝読される。

また、報恩講では門主がお斎《とき》(午前中にいただく正式な食事)、非時(定められた時間以外にいただく食事)のときに、参詣者と一緒に精進料理をいただく。

そして、大谷派では最終日に坂東

報恩講の行事予定

本願寺派	1月9～16日	大谷派	11月21～28日
高田派	1月9～16日	興正派	11月21～28日
佛光寺派	11月21～28日	木辺派	11月21～28日
三門徒派	11月21～28日	誠照寺派	11月21～28日
山元派	11月21～28日	出雲路派	11月22～28日

曲《ぶし》のおつとめが行われる。坂東曲とは上半身を前後左右に激しく動かしながら念仏をとなえる。坂東曲がとなえられた理由については諸説があるが、親鸞聖人が関東にいたときに好んでとなえていたことから、門徒たちが親鸞聖人の命日にとなえたといわれている。

本願寺が大谷派と本願寺派に分かれてからは本願寺派は廃止している。大谷派でも、一時中止されたが、門徒たちの希望で再開され現在も行われている。

お取越《とりこし》

報恩講は僧侶、門徒ともに本山へ参拝するのがたてまえである。一般の寺院での報恩講は、それより早めにつとめるので「お取越」または「お引きあげ」ともよばれている。

形式は本山に準じておつとめと、法話が行われる。お斎の膳がだされるところもある。

元旦会《がんたんえ》（一月一日〜三日）

修正会《しゅしょうえ》ともいう。修正とは、過ちをあらため、正しきを修めるということであるから、年のはじめに身を正し、思い新たにして、念仏を申すことが生活の原点であることを確かめる法要をいう。

修正会は宗派を問わず行われている行事である。

一般寺院においても元旦会を行っているところは多く、足を運ぶ人もいる。

涅槃会《ねはんえ》（二月一五日）

二月一五日はお釈迦さまの入滅の日である。

最後の説法の旅にでたお釈迦さまは、クシナガラ郊外でついに動けなくなり、弟子に沙羅双樹のあいだに床を敷かせ、そこに頭を北にして、顔を西向きにして横たわった。そして、弟子や集まった人たちが嘆き苦しむのを慰めながら、その夜半に静かに涅槃に入ったと伝えられている。

その光景を描いた涅槃図を掲げ、お釈迦さまの業績をたたえ、追慕、感謝するので涅槃会という。

浄土真宗の寺院のなかでも、涅槃会を行っているところがある。

花まつり（四月八日）

お釈迦さまの誕生した日を記念した法会。花で飾られた花《はな》御堂《みどう》にまつられた誕生仏に甘茶をそそぎながら祝う。各宗派共通の行事で、灌仏会、釈尊降誕会ともいう。寺院によっては白象に花御堂《はなみどう》をの

花まつり　東京・築地本願寺

せて稚児行列をくりだすなどして、賑《にぎ》やかに行われるところも多い。

宗祖降誕会《しゅうそごうたんえ》（旧暦四月一日、新暦五月二一日）

親鸞聖人の誕生を祝う行事。親鸞聖人は一一七三（承安《じょうあん》三）年、京都の日野有範《ひのありのり》と吉光女《きっこうにょ》のあいだに生まれた。

聖人が生まれ、幼年時代を過したのは日野の法界寺あたりといわれ、境内には日野家五代の祖である資業《すけなり》の発願により建てられた薬師堂と阿弥陀堂がある。

また、近くに日野家の墓もあることから、本願寺派二〇世広如《こうにょ》上人が聖人誕生の聖地と顕彰している。

浄土真宗の寺院では特別法要を行い、多くの門徒が参加している。

成道会《じょうどうえ》（一二月八日）

お釈迦さまが悟りを開き、仏陀となられた日を記念して行われる法要。もろもろの教えを説いたお釈迦さまの徳をしたい、教えに耳をかたむけるのが成道会である。

お釈迦さまはインドのブッダガヤの菩提樹《ぼだいじゅ》の下に座して、明けの明星が輝きだすとともに悟りを開かれたといわれるが、その前に、長年の苦行を捨てて河で身を清め、スジャーターという女性から牛乳粥の供養を受けて体力を回復したという故事があることから、寺院によってはお粥や牛乳の供養を行っているところもある。

除夜会《じょやえ》（一二月三一日）

歳末昏時、歳末勤行ともいわれる。大晦日の夕刻に一年の反省と、無事に過ごすことができたことへの感謝をこめ、家族揃っておつとめする。

おつとめ前には翌日の元旦会にそなえて、かざりつけを終えておく。

仏前の荘厳は基本的に五具足とし打敷と水引をかける。花は松あるいは梅を真として、南天、柳、水仙などをあしらう。

ロウソクは朱のものを使い、供物は餅や菓子などを供える。大谷派では本尊、脇掛、法名軸の前に鏡餅を供える。

また、寺院に参詣し、梵鐘のある寺ならば除夜の鐘をつく。

永代経法要《えいたいきょうほうよう》

永代経は忌日ごとに永代にわたって読経する行事で、本山では毎日行われている。一般の寺院では一年に一回あるいは二回、法座を開いて行うのが通例である。

浄土真宗では、他宗派のように死者に追善回向するといった意味ではなく、故人を縁として寺院に参詣し、故人をしのぶとともに、自分自身が仏法聴聞を重ねていく機会としてとらえている。

お彼岸とお盆のしきたり

彼岸会（三月、九月）

お彼岸は、春分の日と秋分の日を中日とする前後三日間の合計七日間をいう。彼岸とは、此岸《しがん》に対する言葉で、私たちが生きている迷いの世界が此岸であるのに対し、彼岸は悟りの世界、浄土のことをさす。

彼岸という語は、正しくは到彼岸《とうひがん》の略で、その語義は、迷いの世界から悟りの世界へいたるための修行を意味している。

浄土真宗においては、悟りの世界すなわち浄土へいたるための修行は、阿弥陀如来が成し遂げて「南無阿弥陀仏」の名号として、衆生に与えてくださっていると示される。したがって彼岸という行事は、私たちが阿弥陀如来のお心を聴聞し、念仏を申す人となることを確認する法縁としなければならない。

仏壇をきれいにして、季節の花やお供え物をしたり、家族そろってお墓参りをする風習も大切だが、お寺で法要があれば、すすんで参詣し仏法に耳をかたむけたいものである。

盂蘭盆会（七月または八月）

お盆は七月もしくは、八月の一三日から一五、一六日に行われるところが多いが、新暦、月遅れ、旧暦と地域によってさまざまである。

そもそも、お釈迦さまの弟子の目《もく》連《れん》尊者が、亡き母を餓鬼道から救おうとお釈迦さまの教示により、雨期の修行期間の最終日にあたる七月一五日に、仏弟子たちに、もてなしの供養をしたことで救われたという故事に由来している。

一部の風習では、精霊棚を設けて、団子や野菜を並べ、ナスやキュウリでつくった牛や馬を供え、お盆入りの日には迎え火を焚き、お盆明けには送り火を焚いて先祖の霊を案内するという。しかし、浄土真宗ではこういった風習は行わない。

浄土真宗の仏事は、追善回向ではない。生きているものの方から亡き人に対して功徳をふり向けようとすることは、自力のはからいである。

亡き人は、浄土より阿弥陀如来のはたらきとともに、常日ごろから私たちに対して真実への目覚めを促してくださるのである。だから、お盆の時期だけ先祖を迎え入れるという行為はしないのである。

阿弥陀如来の慈悲を仰いで、私たちが念仏を喜ぶ人となることにお盆の意義があり、それがひいては先祖のご恩に報いることになる。

浄土真宗のおもな行事

一月

一日　修正会（元日会）　各寺院
七・八日　佛光寺中興了源上人御祥忌　京都市・佛光寺
八日　大御身　京都市・西本願寺
九～一六日　御正忌報恩講　本願寺派、高田派
一二日　鯉魚料理規式　東京都・報恩寺
二五日　法然上人祥月　京都市・興正寺

二月

七日　如月忌　京都市・西本願寺
一五日　涅槃会　京都市・佛光寺
中旬　お紐始め　福井県・毫攝寺
二二日　聖徳太子祥月　京都市・興正寺

三月

一〇日　涅槃会　滋賀県・錦織寺
二一・二二日　太子講　福井県・毫攝寺
春彼岸　春季彼岸会（讃仏会）　各寺院

四月

上旬～中旬　春の法要　京都市・東本願寺、佛光寺、興正寺
八日　灌仏会（花まつり）　京都市・西本願寺
九日　車の道場 春の法要　福井県・誠照寺
一五日前後　立教開宗記念法要　各派本山
中旬　千部法会／十万人講法会　三重県・専修寺
一七日～五月九日　蓮如上人御影道中　京都市・東本願寺

五月

二一日前後　親鸞聖人降誕会　各派本山

六月

上旬　大谷本廟納骨・永代経総追悼法要　京都市・西本願寺
中旬　総永代経　福井県・毫攝寺
一八・一九日　麦参り法要（開基如覚上人御命日）　福井県・誠照寺

七月

一五日前後　盂蘭盆会（歓喜会）　各寺院

八月

上旬　墓参会・永代経会　福井県・證誠寺
七日　法宝物虫干展観　東京都・報恩寺
一一日　お寄会　福井県・専照寺、證誠寺
一五日前後　盂蘭盆会（歓喜会）　各寺院
二七・二八日　大寄り　福井県・毫攝寺

九月

一二日　順徳天皇聖忌　京都市・興正寺
一六日　錦織寺開創記念法要　滋賀県・錦織寺
秋彼岸　秋季彼岸会（讃仏会）　各寺院

一〇月

一五・一六日　龍谷会　京都市・西本願寺
中旬　お紐納め　福井県・毫攝寺

一一月

三・四日　納骨堂法会　三重県・専修寺
五～一〇日　秋法会　三重県・専修寺
二一～二八日　御正忌報恩講　大谷派、佛光寺派、興正派、木辺派、三門徒派、誠照寺派、山元派
二二～二八日　御正忌報恩講　出雲路派
一一月中　のゑ女法要　福井県・毫攝寺

一二月

八～一〇日　専修寺中興上人御正当　三重県・専修寺
二〇日　お煤払い　京都市・西本願寺、東本願寺
三一日　除夜会（歳暮法要）　各寺院

浄土真宗年表

時代	西暦	年号	天皇	宗教関係	一般事項
平安時代	七九四	延暦一三	桓武		平安京遷都
	八〇一	延暦二〇			坂上田村麻呂、蝦夷を討伐
	八〇四	延暦二三		最澄・空海、入唐	
	八〇五	延暦二四		最澄、唐より帰国（翌年、天台宗を開く）	
	八〇六	大同元	平城	空海、唐より帰国（真言宗を開く）	
	八一六	弘仁七	嵯峨	空海、高野山（和歌山県）を開創	
	八二二	弘仁一三		最澄没（七六六〜）	
	八三五	承和二	仁明	空海没（七七四〜）	
	八九四	寛平六	宇多		菅原道真により遣唐使廃止
	九〇五	延喜五	醍醐		「古今和歌集」なる
	九三五	承平五	朱雀		承平・天慶の乱（〜九四一）：平将門、東国で反乱。
					藤原純友、西海で反乱
					このころ「土佐日記」なる
	九三八	天慶元		空也、京都で念仏行脚。浄土教の流行	
	九七二	天禄三	円融	空也没（九〇三〜）	
	九八五	寛和元	花山	源信（恵心僧都）『往生要集』を著す	
	一〇〇〇	長保二	一条		このころ「枕草子」なる
	一〇〇六	寛弘三		奈良興福寺の僧徒強訴	
	一〇一〇	寛弘七			このころ「源氏物語」なる
	一〇一七	寛仁元	後一条	源信没（九四二〜）	藤原道真、太政大臣となる。頼通、摂政となる
	一〇五一	永承六	後冷泉		前九年の役：安倍頼時の反乱（〜一〇六二）

時代	西暦	年号	天皇	院	宗教関係	一般事項
平安時代	一〇五二	永承七	後冷泉		末法第一年といわれ、末法思想流行	
	一〇五三	天喜元			藤原頼通、平等院鳳凰堂(京都府宇治市)を建立	
	一〇八三	永保三	白河			後三年の役:清原家衡の反乱(〜一〇八七)
	一〇八六	応徳三	堀河	白河		白河天皇、院政を開始。上皇となる
	一一〇一	康和三				このころ「栄花(華)物語」なる
	一一〇七	嘉承二	鳥羽			このころ「今昔物語集」なる
	一一一七	永久五			良忍、融通念仏宗を開く	
	一一二四	天治元	崇徳		藤原清衡、中尊寺金色堂(岩手県平泉町)を建立	
	一一三一	天承元		鳥羽		このころ「大鏡」なる
	一一三二	天承二			良忍没(一〇七三〜)	
	一一三三	長承二			法然誕生	
	一一五六	保元元	後白河			保元の乱:皇位継承争い。後白河天皇が勝利、上皇となる
	一一五九	平治元	二条	後白河		平治の乱:後白河上皇の近臣間(源義朝対平清盛)の対立
	一一六四	長寛二			このころ平家納経がさかんに行われる	
	一一六七	仁安二	六条			平清盛、太政大臣となる。平氏全盛
	一一六八	仁安三	高倉		栄西、入宋・帰国(第一回)	
	一一七三	承安三			**親鸞誕生**	
	一一七五	承安五			法然、比叡山をおり、浄土宗を開く	
	一一八〇	治承四	安徳	高倉	平重衡、南都を焼き打ちし、東大寺・興福寺など焼失	源頼朝・源義仲の挙兵。源平の争乱始まる
	一一八一	養和元		後白河	**親鸞、青蓮院の慈円のもとで出家得度、比叡山にのぼる**	
	一一八二	寿永元			**恵信尼誕生**	
	一一八五	元暦二	後鳥羽			平氏、壇の浦に滅亡
	一一八七	文治三			栄西、入宋(第二回)	
	一一九一	建久二			栄西、宋より帰国(臨済宗を伝える)	
	一一九二	建久三		将軍 源頼朝		頼朝、征夷大将軍となる(鎌倉幕府の成立)

鎌倉時代

一一九五	建久六	東大寺大仏殿再建	
一一九八	建久九	法然、『選択本願念仏集』を著す 栄西、『興禅護国論』を著す	
一一九九	建久一〇		源頼朝没。頼家、家督相続
一二〇一	建仁元	**親鸞、京都六角堂に参籠し夢告を得て、法然の門に入る**	このころ『平家物語』なる
一二〇三	建仁三		頼家、修禅寺に幽閉される
一二〇四	元久元	法然、七箇条制誡を定める(元久の法難)	
一二〇五	元久二		このころ『新古今和歌集』なる
一二〇七	建永二	**念仏停止。親鸞は越後(新潟県)へ、法然は四国へ流罪となる(建永の法難)**	
一二一一	建暦元	**親鸞、流罪赦免**	
一二一二	建暦二	法然没(一一三三〜)	
一二一四	建保二	**親鸞、妻子を伴い関東へ。常陸国(茨城県)稲田に草庵を設け、念仏の教えをひろめる**	
一二一五	建保三	栄西没(一一四一〜)	
一二二一	承久三		承久の乱:討幕計画に失敗した後鳥羽上皇ら三上皇流罪となる
一二二三	貞応二	道元、入宋	
一二二四	元仁元	**親鸞、『教行信証』を著す(浄土真宗を開く)。末娘覚信尼誕生**	
一二二五	嘉禄元		頼朝の妻北条政子没
一二二七	嘉禄三	道元、宋より帰国(曹洞宗を開く)	
一二三五	文暦二	**親鸞、このころ関東の門弟や門徒たちと別れて京都に帰る**	
一二五三	建長五	道元没(一二〇〇〜) 日蓮、鎌倉で布教開始(日蓮宗を開く)	
一二五四	建長六	**恵信尼、親鸞や覚信尼と別れて越後に帰る**	

天皇	後鳥羽 / 土御門 / 順徳 / 仲恭 / 後堀河 / 四条 / 後深草
院政	後鳥羽 / 後高倉院 / 後嵯峨
将軍	源頼朝 / 源実朝 / (北条政子) / 藤原頼経 / 宗尊親王
執権	北条時政 / 北条義時 / 北条泰時 / 北条時頼

時代	西暦	年号	天皇	院	執権	宗教関係	一般事項
鎌倉時代	一二五六	建長八	後深草	後嵯峨	北条時頼	**親鸞、長男善鸞を義絶する**	
	一二六〇	文応元	亀山	後嵯峨	北条長時	日蓮、『立正安国論』を著す	
	一二六二	弘長二	亀山	後嵯峨	北条長時	**親鸞没(一一七三～)。覚信尼、恵信尼に親鸞の往生を知らせる**	
	一二六八	文永五	亀山	後嵯峨	北条長時	**このころ恵信尼没(一一八二～)**	
	一二七〇	文永七	亀山	後嵯峨	北条時宗	**覚如誕生**	
	一二七一	文永八	亀山	後嵯峨	北条時宗	日蓮、佐渡に流罪となる	
	一二七二	文永九	亀山		北条時宗	**覚信尼、親鸞の墓所を移して大谷廟堂とし、初代留守職となる**	
	一二七四	文永一一	後宇多	亀山	北条時宗	一遍、熊野の神勅を受け、念仏をひろめる(時宗を開く)	文永の役：元軍、九州に来襲
	一二七八	弘安元	後宇多	亀山	北条時宗	**覚如、如信(善鸞の子)から教えを受ける**	
	一二八一	弘安四	後宇多	亀山	北条時宗		弘安の役：元軍、九州に再度来襲
	一二八二	弘安五	後宇多	亀山	北条時宗	日蓮没(一二二二～)	
	一二八九	正応二	伏見	後深草	北条貞時	一遍没(一二三九～)	
	一二九五	永仁三	伏見		北条貞時	**覚如『親鸞聖人伝絵』を著す**	
	一三〇〇	正安二	後伏見	伏見	北条貞時		このころ『吾妻鏡』なる
	一三〇一	正安三	後二条	後宇多	北条師時	**大谷廟堂留守職の相続争い始まる**	
	一三〇九	延慶二	花園	後伏見	北条師時	**覚如、関東の門弟たちに懇望状を書く**	
	一三一〇	延慶三	花園	後伏見	北条師時	**覚如、門弟たちの同意を得て大谷廟堂留守職を継承**	
	一三二一	元亨元	後醍醐	後宇多	北条高時	**覚如、大谷廟堂を「本願寺」とする**	
	一三二二	元亨二	後醍醐		北条高時	**覚如、長男存覚を義絶する**	
	一三二四	正中元	後醍醐		北条高時		正中の変：後醍醐天皇の討幕計画、失敗
	一三三〇	元徳二	後醍醐		北条高時		このころ『徒然草』なる
	一三三一	南朝 元弘元／北朝 元徳三	南朝 後醍醐／北朝 光厳		北条守時		元弘の変：後醍醐天皇、隠岐流罪となる
	一三三三	南朝 元弘三／北朝 正慶二	南朝 後醍醐／北朝 光厳		北条守時		鎌倉幕府の滅亡。後醍醐天皇、京都に戻る

時代	西暦	年号	浄土真宗	一般事項
南北朝	一三三四	建武元／建武元		後醍醐天皇、建武の新政
	一三三五	建武二／建武二		足利尊氏、新政権に反旗をひるがえす
	一三三六	延元元／建武三		南北朝の対立：後醍醐天皇、吉野に移る
	一三三八	延元三／暦応元		尊氏、征夷大将軍となる（室町幕府の成立）
	一三五一	正平六／観応二	**覚如没（一二七〇〜）**	
	一三五六	正平一一／延文元		『菟玖波集』なる。倭寇の活動さかん
	一三七〇	建徳元／応安三		このころ『太平記』なる
	一三九二	元中九／明徳三		南北朝の統一
室町時代	一四〇〇	応永七		このころ能楽なる
	一四〇一	応永八		義満、第　回遣明船派遣（明と国交樹立）
	一四〇四	応永一一		勘合貿易始まる（一四一一〜二一中断）
	一四〇八	応永一五	足利義満の北山殿を鹿苑寺（金閣寺）とする	
	一四一五	応永二二	**蓮如誕生**	
	一四二八	正長元		正長の土一揆
	一四二九	正長二		播磨の土一揆
	一四三一	永享三	**蓮如、青蓮院で得度、比叡山や奈良で学ぶ**	
	一四四一	嘉吉元		嘉吉の乱：足利義教、殺される。嘉吉の土一揆
	一四五七	長禄元	**蓮如、大谷本願寺を継ぐ**	
	一四六一	寛正二	**蓮如、最初の『御文章（御文）』を書く**	
	一四六五	寛正六	**蓮如、大谷本願寺を比叡山衆徒に焼き討ちされる**	
	一四六七	応仁元		応仁の乱（〜一四七七）：将軍家の相続争いと幕府の実権をめぐる争い
	一四七一	文明三	**蓮如、越前（福井県）に移り、吉崎に坊舎を建立**	
	一四七七	文明九		応仁の乱ほぼ鎮まる。京都焦土と化す
	一四八三	文明一五	**蓮如、山科本願寺（京都市）完工**	
	一四八五	文明一七		山城の国一揆（〜一四九三）
	一四八八	長享二	加賀（石川県）の一向一揆（〜一五八〇）	

天皇（南朝）	天皇（北朝）
後醍醐	光明
後村上	崇光
長慶	後光厳
後亀山	後小松

天皇
後小松
称光
後花園
後土御門

将軍
足利尊氏
足利義満
足利義持
足利義教
足利義政
足利義尚

時代	西暦	年号	天皇	将軍	宗教関係	一般事項
戦国時代	一四九〇	延徳二	後土御門	足利義尚	足利義政の遺言により東山殿を慈照寺（銀閣寺）とする	
	一四九五	明応四		足利義澄		『新撰菟玖波集』なる
	一四九七	明応六			**蓮如、大坂石山御坊（石山本願寺）完工**	
	一四九九	明応八			**蓮如没（一四一五〜）**	
	一五三二	天文元	後奈良	足利義晴	**畿内各地に一向一揆・法華一揆さかん。山科本願寺、法華衆徒らに焼き討ちされる**	
	一五三六	天文五			天文法華の乱：比叡山僧徒、京都の法華衆徒を破る	
	一五四三	天文一二			**顕如誕生**	鉄砲伝来
	一五四九	天文一八		足利義輝	フランシスコ・ザビエル来日（キリスト教を伝える）	
	一五五四	天文二三			**顕如、石山本願寺を継ぐ**	
	一五五八	永禄元	正親町		**教如（顕如の長男）誕生**	
	一五六八	永禄一一		足利義栄		織田信長、足利義昭を奉じ、京都に入る
	一五六九	永禄一二		足利義昭	織田信長、キリスト教の布教許可	
	一五七〇	永禄一三			**教如、父顕如のもとで得度する。石山合戦始まる（〜一五八〇）**	
	一五七一	元亀二			信長、比叡山を焼き討ち	
安土・桃山時代	一五七三	天正元				信長、義昭を追放。室町幕府の滅亡
	一五七五	天正三			信長、越前（福井県）の一向一揆を平定	
	一五七七	天正五			**准如（顕如の三男）誕生**	
	一五八〇	天正八			**顕如、石山本願寺を退去し、紀伊（和歌山県）に移る**	
	一五八二	天正一〇			天正遣欧使節：大友宗麟ら、ローマ教皇に使節を派遣（〜一五九〇）	本能寺の変：信長没
	一五八四	天正一二			**石山本願寺跡に豊臣秀吉が大坂城築城**	
	一五八五	天正一三				豊臣秀吉、関白となる。翌年、太政大臣となる
	一五八七	天正一五	後陽成		秀吉、バテレン追放令	
	一五八八	天正一六				秀吉、刀狩令
	一五九〇	天正一八				秀吉、全国統一。このころ千利休が茶道を完成
	一五九一	天正一九			**顕如、秀吉より寺地を寄進され、本願寺（現在の通称西本願寺）を再建**	
	一五九二	文禄元			**顕如没（一五四三〜）。教如、本願寺を継ぐ**	文禄の役：秀吉、朝鮮に出兵。朱印船を発遣

安土・桃山時代	一五九三	文禄二	後陽成	将軍	**教如、隠退。准如、本願寺を継ぐ**	
	一五九七	慶長二				慶長の役：秀吉、朝鮮に再出兵
	一六〇〇	慶長五				関ヶ原の戦い
	一六〇二	慶長七			**教如、徳川家康より寺地を寄進され、分流（現在の通称東本願寺）**	
江戸時代	一六〇三	慶長八		徳川家康	このころ阿国歌舞伎始まる	徳川家康、征夷大将軍となる（江戸幕府の成立）
	一六一二	慶長一七	後水尾	徳川秀忠	幕府、キリスト教禁止令（〜一六一三）	
	一六一三	慶長一八			幕府、修験道法度を制定	
	一六一四	慶長一九			**教如没（一五五八〜）**	
	一六一五	元和元			幕府、諸宗諸本山法度を制定	大坂夏の陣：豊臣氏滅亡。武家諸法度・禁中並公家諸法度の制定
	一六一六	元和二				幕府、欧州船の寄港地を長崎と平戸に制限
	一六一七	元和三				俳諧さかん
	一六二九	寛永六	明正	徳川家光	このころ、長崎で絵踏みが始まる	
	一六三〇	寛永七			**准如没（一五七七〜）**	
	一六三二	寛永九			幕府、諸宗本山の末寺帳（寛永本末帳）を作成（〜一六三三）	
	一六三五	寛永一二			幕府、寺社奉行の設置	幕府、参勤交代を制度化
	一六三七	寛永一四			島原の乱：キリスト教徒を中心とする農民一揆。寺請制度始まる	
	一六三九	寛永一六				鎖国の完成
	一六四〇	寛永一七			幕府、宗門改役の設置。宗門人別帳の作成	
	一六四九	慶安二	後光明			慶安の御触書：農民のぜいたくを禁じる
	一六五四	承応三	後西	徳川家綱	明僧隠元、来日（黄檗宗を伝える）	
	一六五七	明暦三				明暦の大火（江戸） 水戸光圀『大日本史』編纂（〜一九〇六）
	一六六五	寛文五	霊元		幕府、各宗派共通の諸宗寺院法度を制定	
	一六八二	天和二		徳川綱吉		井原西鶴『好色一代男』（浮世草子のはじめ）刊行
	一六八五	貞享二				徳川綱吉、生類憐みの令（〜一七〇九）
	一六八九	元禄二	東山			松尾芭蕉『奥の細道』の旅に出る
	一六九二	元禄五			幕府、全国的な寺院本末帳の作成	

時代	西暦	年号	天皇	将軍	宗教関係	一般事項
江戸時代	一六九七	元禄一〇	東山	徳川綱吉	このころ、江戸三三観音札所の成立	
	一七〇〇	元禄一三				朱子学さかん
	一七〇三	元禄一六				近松門左衛門『曾根崎心中』初演
	一七一六	享保元	中御門	徳川吉宗		享保の改革(〜一七四五)
	一七二二	享保七			幕府、諸宗僧侶法度を制定	
	一七三二	享保一七				享保の大飢饉
	一七五四	宝暦四	後桃園	徳川家重	仙台藩で真言系念仏(秘事法門)が摘発される	
	一七七四	安永三		徳川家治		前野良沢・杉田玄白ら『解体新書』刊行
	一七八二	天明二	光格			天明の大飢饉(〜一七八七)
	一七八七	天明七		徳川家斉		天明の打ち壊し。寛政の改革(〜一七九三)
	一七九八	寛政一〇				このころ、滑稽本が流行 本居宣長『古事記伝』刊行
	一八〇〇	寛政一二				寺子屋、歌舞伎さかん
	一八一四	文化一一				滝沢馬琴『南総里見八犬伝』刊行(〜一八四一)
	一八二三	文政六	仁孝		このころ、おかげ参りが流行。巡礼さかん	このころ人情本が流行
	一八二五	文政八				幕府、異国船打払令(無二念打払令)
	一八三三	天保四				天保の大飢饉(〜一八三九) 安藤広重『東海道五十三次』刊行
	一八四一	天保一二		徳川家慶		天保の改革(〜一八四三)
	一八四二	天保一三			縁日・出開帳さかん	
	一八五三	嘉永六	孝明	徳川家定		米使節ペリー浦賀に来航
	一八五四	安政元				日米和親条約
	一八五八	安政五		徳川家茂		日米修好通商条約
	一八六七	慶応三	明治	徳川慶喜		大政奉還、王政復古の大号令 このころ、京阪一帯に「ええじゃないか」起こる
明治時代	一八六八	明治元			神仏分離令(廃仏毀釈運動起こる)	明治維新

●参考文献一覧（順不同・敬称略）

『やさしい浄土真宗ほのぼのゼミナール』ういず仏教文化研究会編　探究社
『よくわかる仏事の本　浄土真宗』田中教照　世界文化社
『わが家の宗教　浄土真宗』花山勝友　大法輪閣
『覚如』重松明久　吉川弘文館
『吉崎御坊の歴史』浅倉喜祐　国書刊行会
『写真紀行　日本の祖師　親鸞を歩く』佼成出版社
『詳説日本史』井上光貞ほか　山川出版社
『浄土の本』学研
『浄土真宗　必携』本願寺出版社
『浄土真宗』真継伸彦　小学館
『浄土真宗のおつとめと心得』池田書店
『浄土真宗の仏事』世界文化社
『浄土真宗名句辞典』藤村義彰　国書刊行会
『心にしみる名僧名言逸話集』松原哲明監修　講談社
『真宗新辞典』法藏館
『親鸞さま』早島鏡正解説校閲　青山書院
『親鸞と真宗』読売新聞社
『親鸞の妻　恵信尼』菊村紀彦・仁科龍　雄山閣出版
『親鸞の生涯』豊原大成　法藏館
『親鸞聖人二十四輩巡拝』新妻久郎　朱鷺書房
『図説　日本の仏教四　鎌倉仏教』新潮社
『図説　日本仏教の歴史　鎌倉時代』高木豊　佼成出版社
『図説　日本仏教の歴史　江戸時代』圭室文雄　佼成出版社
『図説　日本仏教の歴史　室町時代』竹貫元勝　佼成出版社
『図録　顕如上人余芳』（本願寺）
『大谷探検隊と本多恵隆』本多隆成　平凡社
『歎異抄』組織教化部　本願寺出版社
『日本の仏教』渡辺照宏著　岩波書店
『日本の仏教を知る事典』奈良康明著　東京書籍
『日本の仏教全宗派』大法輪閣
『日本仏教宗派のすべて』大法輪選書
『入門教行信証　正信偈をよむ』早島鏡正著　日本放送出版協会
『念仏とこころ』読売新聞社
『念仏一茶』早島鏡正著　宣正寺
『仏教宗派の常識』山野上純夫ら共著　朱鷺書房
『仏教早わかり事典』藤井正雄監修　日本文芸社
『仏教早わかり百科』ひろさちや監修　主婦と生活社
『仏事の基礎知識』藤井正雄著　講談社
『本願寺史』一・二巻（本願寺資料研究所）
『本願寺年表』
『妙好人のことば』梯實圓著　法藏館
『名僧百人話①②』青人社
『蓮如　その教えと生き方』早島鏡正著　日本放送出版協会
『蓮如さま』早島鏡正指導校閲　青山書院
『棟方志功の世界』長部日出男　講談社

●写真提供・取材協力一覧（順不同・敬称略）

茨城・稲田禅房西念寺
茨城・信願寺
茨城・法専寺
新潟・本願寺国府別院
東京・築地本願寺
東京・法専寺
愛知・浄顕寺
三重・専修寺
京都・西本願寺
京都・東本願寺
京都・佛光寺
京都・廬山寺
比叡山延暦寺
福井・専照寺
福井・願慶寺
福井・吉崎東別院
広島・長善寺
群馬県前橋市教育委員会
茨城県下妻市ふるさと博物館
滋賀県長浜市立長浜城歴史博物館
日本民藝館
大阪城天守閣
龍谷大学図書館
京都国立博物館
奈良国立博物館

STAFF

編集協力／早島大英（横浜市・浄土真宗本願寺派宣正寺住職）
漫画／多田一夫
イラストレーション／亀倉秀人・石鍋浩之
撮影／佐藤久・山本健雄
デザイン・図版／インターワークビジュアルセンター（ハロルド坂田）
編集制作／小松事務所（小松幸枝・小松卓郎）
制作協力／伊藤菜子・尾島由扶子・阪本一知・内田晃・森高裕実子
※所属・役職等は発刊当時のものです。

総監修　藤井正雄（ふじい・まさお）
昭和9年東京都出身。平成30年没。
大正大学文学部哲学科宗教学卒。同大大学院博士課程修了。昭和48年日本宗教学会賞受賞。日本生命倫理学会第6期代表理事・会長。
『仏事の基礎知識』（講談社）、『お経　浄土宗』（講談社）、『仏教再生への道すじ』（勉誠出版）、『戒名のはなし』（吉川弘文館）など著書多数。

わが家《や》の宗教《しゅうきょう》を知《し》るシリーズ
［新版《しんぱん》］うちのお寺《てら》は浄土真宗《じょうどしんしゅう》 *JODOSHINSHU*

2024年7月28日　第1刷発行

編著　小松事務所《こまつじむしょ》
発行者　島野浩二
発行所　株式会社双葉社
〒162-8540
東京都新宿区東五軒町3番28号
☎03-5261-4818（営業）
☎03-5261-4854（編集）
http://www.futabasha.co.jp/
（双葉社の書籍・コミック・ムックが買えます）
印刷所　中央精版印刷株式会社

ISBN978-4-575-31895-1　C0014